施工会计

图解案例版

周龙腾◎编著

中国宇航出版社
·北京·

图书在版编目(CIP)数据

施工会计：图解案例版 / 周龙腾编著. -- 北京：中国宇航出版社，2014.1
ISBN 978-7-5159-0511-2

Ⅰ. ①施… Ⅱ. ①周… Ⅲ. ①施工企业-会计 Ⅳ. ①F407.967.2

中国版本图书馆 CIP 数据核字(2013)第 250369 号

策划编辑　董　琳　　封面设计　文道思
责任编辑　董　琳　许　磊　　责任校对　陈晓敏

出版发行　中国宇航出版社
社　址　北京市阜成路 8 号　　邮　编　100830
（010）68768548
网　址　www.caphbook.com
经　销　新华书店
发行部　（010）68371900　　（010）88530478（传真）
（010）68768541　　（010）68767294（传真）
零售店　读者服务部　　北京宇航文苑
（010）68371105　　（010）62529336
承　印　三河市君旺印装厂
版　次　2014 年 1 月第 1 版　　2014 年 1 月第 1 次印刷
规　格　787×960　　开　本　1/16
印　张　25　　字　数　422 千字
书　号　ISBN 978-7-5159-0511-2
定　价　48.00 元

前　言
PREFACE

施工企业一般是指从事房屋建筑、公路、水利、电力、桥梁、矿山等土木工程的企业。它包括建筑公司、设备安装公司、建筑装饰工程公司、地基与基础工程公司、土石方工程公司、机械施工公司等。施工企业的基本职能是为社会提供建筑产品和安装产品，完成工程建设任务。施工企业的基本经济活动是施工活动。

施工企业与其他行业企业相比，在产品生产、经营活动等方面具有许多显著的特点，而这些特点又导致施工企业会计具有与众不同的核算特点。施工企业会计核算的特点包括：① 分级核算。施工企业的生产具有流动性大、生产分散、地点不固定等特点，为了实现会计核算与施工生产的有机结合，准确计量施工企业的经济活动事项，需要采用分级核算、分级管理的办法，以避免集中核算造成会计核算与施工生产相脱节的现象。② 需要分别计算每项工程。由于施工企业的每一项工程都是独立进行的，因而要求施工企业会计按照每项工程的成本进行独立核算，即要求采用“定单成本计算法”，并力求实际成本与预算成本的计算口径相一致，以便于分析考核。③ 工程成本核算与工程价款结算的分段性。诸如建筑安装工程等的施工周期比较长，如果等到工程全部完工后才进行成本核算的价款结算，施工企业就要垫支大量资金，给施工企业的资金周转带来困难，而且不利于正确反映各项工程的经营成果。因此，施工企业要按照“已完工工程”分期计算预算成本和实际成本，并与建设单位进行工程价款的结算。

基于以上特点，为了保证施工企业会计核算的准确性，本书以《企业会计准则》(2006)和《施工企业会计核算办法》(2003)为依据，详细地讲解了施工企业会计核算的各项问题，包括会计科目的设置、各项经济活动的确认和计量、各会计要素的具体核算方法及会计处理和施工企业财务报告的编制等内容。

作　者

2014 年 1 月

目　录
CONTENTS

第一章
001

会计理论基础

不同的行业在实施《企业会计准则》的过程中，仍然需要按所处行业特点和惯例灵活运用，而这对于大多数从业人员是有一定难度的，本章将在《企业会计准则》的基础上，对施工企业会计进行简单的介绍。

第二章
019

货币资金

"现金为王"，顾名思义就是只有拥有现金才是硬道理，"现金"实际就是我们这里要讲的"货币资金"。货币资金管理对公司的兴衰成败起着至关重要的作用，因此必须加强对公司货币资金的管理。

第三章
047

应收款项

应收款项是指企业在日常生产经营过程中由于销售商品、提供劳务等原因发生的各项债权，包括应收款项和预付款项。赊销一方面可以增加企业的销售收入，另一方面可能会导致大量的应收账款无法收回，所以企业须在这两方面中权衡利弊，根据自身特点保持合理的应收账款保有量。

第四章
066

存货

存货是反映企业流动资金运作情况的晴雨表，它不仅在企业营运资本中占很大比重，而且又是流动性较差的流动资产。因此，存货的管理、利用状况如何，直接关系到企业的资金占用水平及资产的运作效率。

第五章
099

固定资产

固定资产是企业进行生产经营的基础，固定资产的价值在公司资产总额中一般占比例较大，因此固定资产的管理对于公司运营起着重要的作用。

第六章 139 金融资产

随着我国金融市场的日益发展，企业进行金融投资、获取投资收益的机会将越来越多。金融资产已经成为一项重要的投资方式，可以做到迅速变现，而同时不受价值上的损失。因此，利用金融资产投资已经成为一种重要的投资方式。

第七章 156 投资性房地产

随着房地产行业的兴起，企业在进行资产管理时，目光也越来越集中到房地产行业。为了适应企业发展的需要，更好地为企业发展服务，新会计准则中新增了投资性房地产的内容。

第八章 171 无形资产和其他资产

在知识经济社会中，知识产权等无形资产越来越受到企业的重视。美国可口可乐公司的老板曾夸下海口说即使公司在一夜之间被大火吞没，第二天仍会有众多大银行争着为其贷款。可见，无形资产将成为新时代的一项重要资产。

第九章 183

流动负债

在现代商业社会中，不再会存在“无债一身轻”的公司，学会用别人的钱做自己的事将是企业家的重要任务。合理的负债，将加速企业的发展；不合理的负债，将成为企业沉重的包袱。

第十章 208

非流动负债

非流动负债是指流动负债以外的负债，可以帮助企业获得发展所必需的长期资金。非流动负债是企业获得可用资金的重要方式。

第十一章 223

或有事项

企业在日常经营活动中，经常会出现一些潜在的义务，如未决诉讼或仲裁、债务担保、产品质量保证等。正是因为或有事项的不确定性，基于会计处理的谨慎性原则，我们需要对或有事项中的或有资产和或有负债进行不同的处理。

第十二章 239

所有者权益

从本质上讲，所有者权益是所有者对企业剩余资产的要求权，是一种“剩余权益”。实际上，所有者权益才是股东真正在乎的部分。

第十三章 255

工程成本

在施工企业会计中，最大的难点就在于工程成本的会计核算。因为施工项目具有周期长、成本类别繁多、价值的转移方式不尽相同等诸多特点，导致了工程成本计算的复杂性。认真做好成本核算工作，对于加强成本管理、促进增产节约、发展企业生产都有着重要的意义。

第十四章 294

施工企业收入

施工企业的收入包括建造工程合同收入和其他业务收入，前者是施工企业的主营业务收入。由于建筑工程的施工周期较长，这给施工企业的会计核算带来了很大的困难。对于施工企业的会计人员来说，正确核算企业的收入是一项艰巨而必要的任务。

第十五章 320

施工企业的期间费用与利润

期间费用是指不计入产品生产成本、直接计入发生当期损益的费用。期间费用主要包括管理费用、销售费用和财务费用。利润是企业的收入减去成本费用之后的余额，是企业的经营成本。

第十六章
334

所得税

企业所得税是对我国企业和经营单位的生产经营所得和其他所得征收的一种税。通过税收筹划，可以使企业合理避税，有利于企业经济利益的实现。

第十七章
350

会计报表

会计报表是会计部门和会计人员最终的工作成果，它是高度概括地说明企业财务状况、经营成果以及现金流量的文件。会计报表是企业财务状况及经营状况的晴雨表，是一个有机的整体，是财务会计报表分析的基础。

第一章
会计理论基础

本章导读

随着经济全球化和我国市场经济的发展，公司如雨后春笋般迅速成长，作为“金砖四国”之一的中国，经济也在迅猛发展。加入世贸组织后，机遇与挑战并重，对我国企业的成长与发展提出了更高的要求。

为了适应企业快速发展的需要，使我国的企业会计准则在保留中国特色的基础上能够尽快地与国际接轨，我国新近颁布了《企业会计准则》。我国新实施的《企业会计准则》是一部跨行业、跨所有制的指导企业进行会计核算的法规，不同的行业在实施《企业会计准则》过程中，仍然需要按所处行业特点和惯例灵活运用，而这对于大多数从业人员是有一定难度的，本章将在《企业会计准则》的基础上，对施工企业会计进行简单的总结和介绍。在本章中，我们重点学习以下内容：

- ☑ 施工企业会计具有什么特点，它的核算包括哪些内容。
- ☑ 施工企业会计具有什么样的职能与任务。
- ☑ 什么是会计假设，施工企业的会计假设包括哪些。
- ☑ 施工企业会计对会计信息的质量有哪些原则与要求。
- ☑ 什么是会计要素，施工企业会计包括哪些会计要素。
- ☑ 规范我国施工企业会计核算的法规有哪些，各自的内容与任务是什么。

第一节　施工企业会计概述

施工企业，一般是指主要从事建筑工程、设备安装工程和其他专门工程施工的企业，主要包括各类建筑安装公司、机械化施工公司、基础工程公司、电力建设工程公司、市政工程公司、装修和装饰工程公司等。作为企业，一般都是具有独立的组织结构，在经济上实行自主经营、独立核算、自负盈亏的经济实体。

施工企业是国民经济中一个重要的物质生产部门，也是从事基本建设、建筑安装施工活动的基层生产单位。由于其从事行业的特殊性，施工企业在经营管理上也有着不同于其他行业的特点，如图1－1所示。

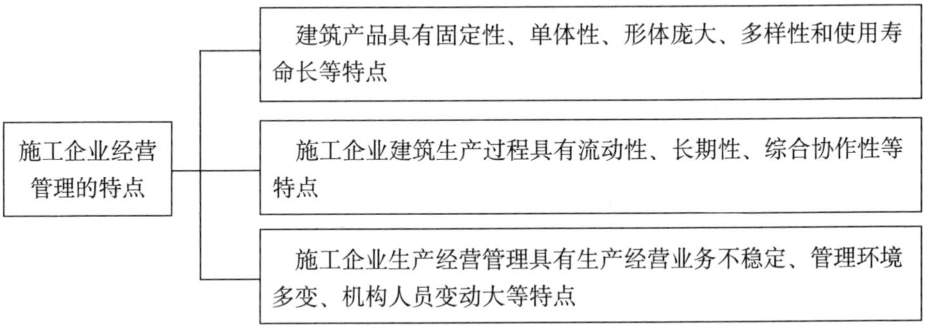

图1－1　施工企业经营管理的特点

一、施工企业会计的概念和特点

施工企业会计是以货币为主要计量单位，按照现行会计法规体系要求，运用一套专门核算方法，对施工企业的经济活动进行连续、系统、全面的核算和监督，真实、准确、及时地提供会计信息。它是加强施工企业管理，促进提高经济效益的经济管理活动。施工企业通过会计计量、计算和登记，能及时地取得生产经营管理所必需的各种信息和数据，这对施工企业的管理具有重要意义。

施工企业在经营和管理上的特点，直接影响和决定了施工企业会计具有不同于其他行业会计的特点。

施工企业会计核算的特点如图 1－2 所示。

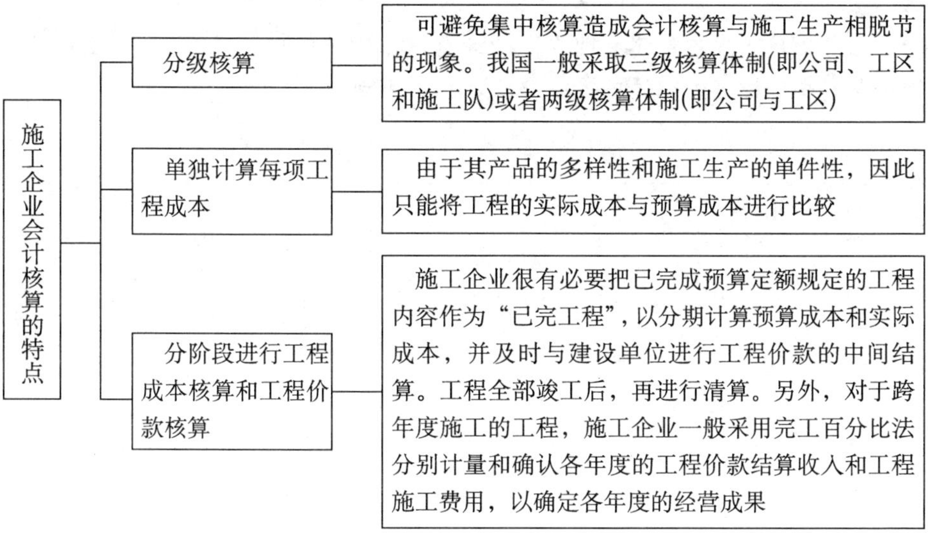

图 1－2　施工企业会计核算的特点

二、施工企业会计的职能

施工企业会计的职能是指会计在施工企业经济管理过程中所具有的功能。从我国当前会计实践和会计法规的规定来看，主要有会计核算和会计监督两大职能，在不同的经济发展水平下，在不同管理水平的企业中，会计职能的发挥有很大的不同。《中华人民共和国会计法》(以下简称《会计法》)第五条明确规定：“会计机构、会计人员依照本法规定进行会计核算，实行会计监督。”如图 1－3 所示。

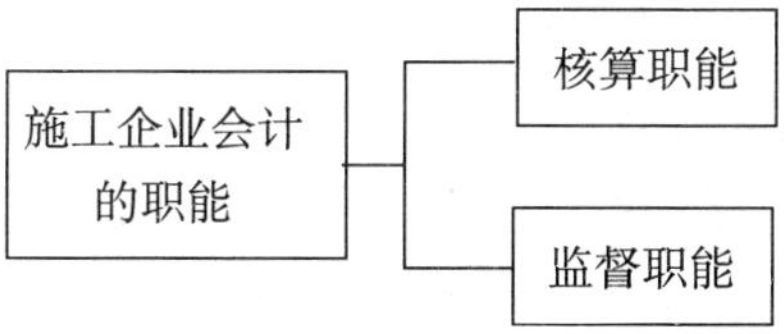

图 1－3　施工企业会计职能

(一)进行会计核算

会计核算贯穿于施工企业的经济活动全过程，是会计最基本的职能，也称为会计的反映职能。它是指会计以货币为主要计量单位，对特定主体的经济活动进行确认、计量、记录和报告，为有关各方提供会计信息。

会计核算的内容具体表现为生产经营过程中的各种经济业务。《会计法》第十条对会计核算内容的具体规定如表 1－1 所示。

表 1－1 《会计法》第十条对会计核算内容的具体规定

项目	内容
《会计法》规定的应当办理会计手续，进行会计核算的经济业务事项	款项和有价证券的收付
	财物的收发、增减和使用
	债权债务的发生和结算
	资本、基金的增减
	收入、支出、费用、成本的计算
	财务成果的计算和处理
	需要办理会计手续、进行会计核算的其他事项

会计核算的要求是真实、准确、完整、及时。会计核算的内容包括确认、计量、计录和报告，详情如表 1－2 所示。

表 1－2 会计核算的内容

项目	内容
确认	运用特定会计方法、以文字和金额同时描述某一交易或事项，使其金额反映在特定主体财务报表的合计数中的会计程序。确认分为初始确认和后续确认
计量	确定会计确认中用以描述某一交易或事项金额的会计程序
记录	对特定主体的经济活动采用一定的记账方法、在账簿中进行登记的会计程序
报告	在确认、计量和记录的基础上，对特定主体的财务状况、经营成果和现金流量情况（行政、事业单位是对其经费收入、经费支出、经费结余及其财务状况），以财务报表的形式向有关方面报告

（二）实施会计监督

会计监督职能，也称会计控制职能。它是指会计人员在进行会计核算的同时，通过预测、决策、控制、分析、考评等具体方法，对特定会计对象所发生的经济业务的合法性、合理性进行审查。会计监督的审查内容及目的的详细内容如表 1－3 所示。

表 1－3　会计监督的审查内容及目的

审查内容	审查目的
合法性审查	保证各项经济业务符合国家法律法规及有关财务会计制度的各项规定
合理性审查	检查各项财务收支是否符合特定会计主体的财务收支计划，是否有利于预算目标的实现，是否有违背内部控制制度要求等现象，为提高企业经济效益严格把关

会计监督是会计工作的重要组成部分，贯穿于企业经济活动的全过程，其主要内容如图 1－4 所示。

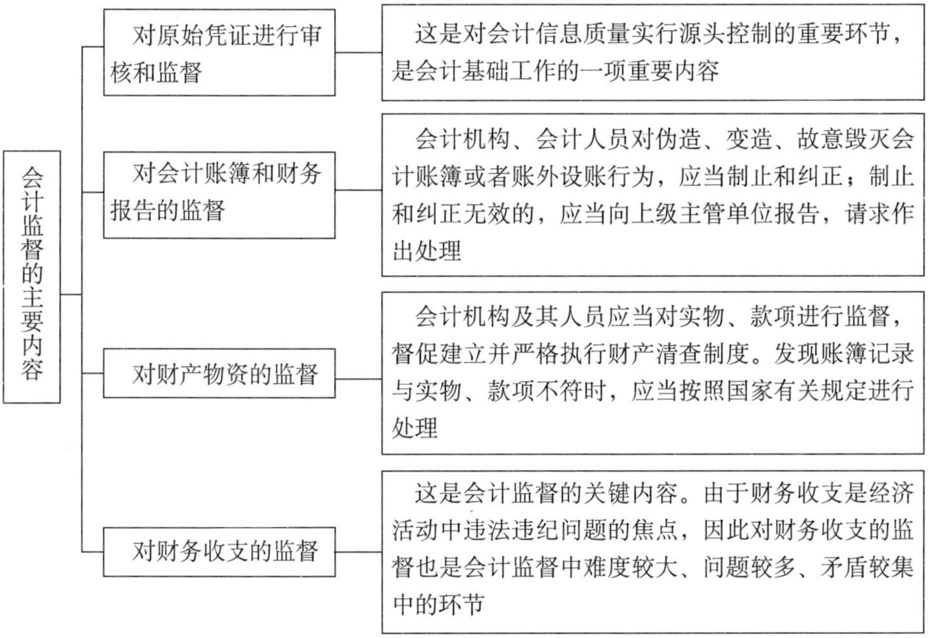

图 1－4　会计监督的主要内容

施工企业会计的核算职能与监督职能是相辅相成的，只有在对经济业务进行正确核算的基础上，才可能提供可靠资料作为监督依据；同时，也只有搞好会计监督，保证经济业务按规定的要求进行，并且达到预期的目的，才能发挥会计核算的作用。

施工企业会计除具有核算和监督两项基本职能外，还具有预测经济前景、参与经济决策、计划组织以及绩效评价等职能。随着生产力水平的日益提高、社会经济关系的日益复杂和管理理论的不断深化，施工企业会计所发挥的作用越发重要，其职能也在不断丰富并将随着经济的发展而不断发展变化。

第二节 会计基本假设

会计基本假设是企业会计确认、计量和报告的前提，是对会计核算所处时间、空间环境等所作的合理设定。其含义和法律规定如表 1－4 所示。

表 1－4 会计基本假设的含义及其法律规定

会计基本假设	含义	关于会计准则的规定
会计主体	企业应当对其本身发生的交易或者事项进行会计确认、计量和报告	《企业会计准则——基本准则》第五条规定："企业应当对其本身发生的交易或者事项进行会计确认、计量和报告。"
持续经营	任何会计主体除非有确切的证据证实其不会再存续下去，否则，便认为它会无限期地延续下去	《企业会计准则——基本准则》第六条明确规定："企业会计确认、计量和报告应当以持续经营为前提。"
会计分期	将会计主体持续不断的经营过程，划分为若干等间距的时期即"会计期间"，会计主体按照会计期间组织会计核算，提供会计报告	我国《会计法》规定："会计年度自公历 1 月 1 日起至 12 月 31 日止"，《企业会计准则——基本准则》规定："企业应当划分会计期间，分期结算账目和编制财务会计报告。会计期间分为年度和中期。中期是指短于一个完整的会计年度的报告期间。"

（续表）

会计基本假设	含义	关于会计准则的规定
货币计量	会计主体在会计核算过程中应主要采用货币计量单位来记录和报告会计主体的财务状况和经营成果	《会计法》第十二条规定：“会计核算以人民币为记账本位币。业务收支以人民币以外的货币为主的单位，可以选定其中一种货币作为记账本位币，但是编报的财务会计报告应当折算为人民币。” 《企业会计准则——基本准则》第八条规定：“企业会计应当以货币计量。” 《企业会计准则第 19 号——外币折算》规定：“记账本位币，指企业经营所处的主要经济环境中的货币。企业通常应选择人民币作为记账本位币。业务收支以人民币以外的货币为主的企业，可以按照本准则第五条规定选定其中一种货币作为记账本位币。但是，编报的财务报表应当折算为人民币。”

第三节　会计信息质量的要求

向企业的利益相关方提供及时可靠的会计信息，是企业会计系统最基本的职能，也是最核心的任务，在 2006 年版《企业会计准则》的修订中，特别重视对企业会计信息质量的要求。

一、客观性

客观性是指会计核算应当以实际发生的经济业务为依据，如实反映企业的财务状况、经营成果和现金流量，要求企业提供的会计信息应做到内容真实、数字准确、项目完整、手续齐备、资料可靠。

二、相关性

相关性要求企业提供的会计信息应当与财务报告使用者的经济决策需要相关，有助于财务报告使用者对企业过去、现在或者未来的情况作出评价或者预测。

会计核算的目标是向有关方面提供对决策有用的信息。如图 1－5 所示。

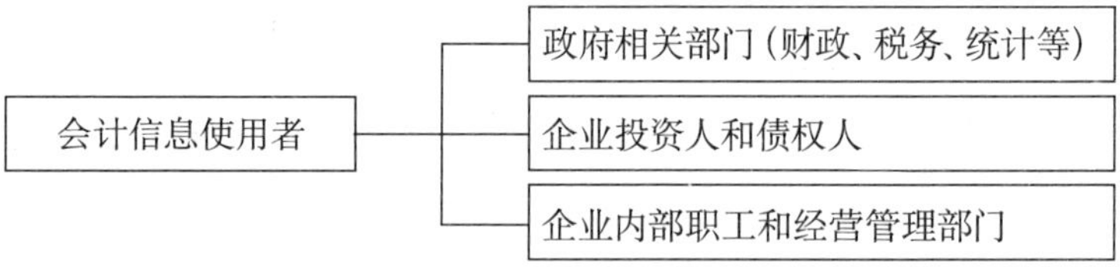

图 1－5　会计信息的使用者

要充分发挥会计信息的有用性，必须使提供的信息与各方面对信息的要求相协调。

三、可理解性

可理解性要求企业提供的会计信息应当清晰明了，便于财务报告使用者理解和使用。企业编制财务会计报告的目标是向财务会计报告使用者提供与企业财务状况、经营成果和现金流量等有关的会计信息，反映企业管理层受托责任履行情况，以有助于财务会计报告使用者作出经济决策。只有这样，才能提高会计信息的有用性，实现财务报告的目标，满足向使用者提供决策有用信息的要求。

四、可比性

可比性要求企业提供的会计信息应当具有可比性。可比性的含义和目的如表 1－5 所示。

表 1－5　会计信息质量的可比性

可比性分类	含义	目的
纵向的可比性	同一个企业在不同时期的比较	为了便于企业管理者等财务信息的使用者，了解企业财务状况和经营成果的变化趋势，比较企业在不同时期的财务报告信息，从而全面、客观地评价过去、预测未来

（续表）

可比性分类	含义	目的
横向的可比性	同一时期，不同的企业之间的比较	为了便于企业管理者等财务信息的使用者评价不同企业的财务状况、经营成果的水平及其变动情况，从而有助于使用者作出科学合理的决策，会计信息质量的可比性还要求不同企业发生的相同或者相似的交易或者事项，应当采用规定的会计政策，确保会计信息口径一致、相互可比，即对于相同或者相似的交易或者事项，不同企业应当采用一致的会计政策

五、实质重于形式

实质重于形式要求企业应当按照交易或者事项的经济实质进行会计确认、计量和报告，而不应当仅仅按照它们的法律形式作为会计核算的依据。实质重于形式的最典型的例子就是对融资租赁的形式租入资产的核算，如表 1－6 所示。

表 1－6 实质重于形式的举例

融资租赁方式租入的资产	法律形式	经济实质
视为企业的资产	企业并不拥有租赁物的所有权	由于租赁合同中规定的租赁期都相当长，接近于该资产的使用寿命；租赁期结束时，承租企业有优先购买该资产的选择权；在租赁期内，承租企业有权支配该资产并从中受益

六、重要性

重要性要求企业在全面核算的前提下，对于在会计核算过程中的交易或事项应当区别其重要程度，采用不同的核算方式。重要性的判断应当根据其所处环境和实际情况，从项目的性质和金额大小两方面来看。从性质上说，当某一事项有可能对决策产生一定影响时，就属于重要项目；从数量方面来说，当某一项目的数量达到一定规模时，就可能对决策产生影响。

七、谨慎性

谨慎性原则亦称稳健性原则，或称保守主义。该原则要求企业在进行会计核算时，不得多计资产或收益，少计负债或费用。但是，谨慎性的应用并不允许企业设置秘密准备，企业不得故意低估资产或者收益，故意高估负债或者费用。

企业是在各种经济风险之中从事经营活动的，坚持谨慎性原则有利于增强企业抗御风险的能力和竞争能力，有利于债权人的利益。谨慎性原则在具体应用中的要求如表1－7所示。

表1－7　谨慎性原则在具体应用中的要求

分类	具体要求
会计确认方面	应尽可能合理预计企业可能发生的费用或损失，避免确认不一定取得的收入
会计计量方面	不得高估资产、负债、所有者权益和利润的数额
会计报告方面	应提供尽可能全面的会计信息，特别是报告有可能发生的风险损失

八、及时性

及时性是指企业的会计核算应当及时进行，不得提前或延后。即使是可靠、相关的会计信息，如果不及时提供，也就失去了时效性，对于使用者的效用就大大降低，甚至不再具有任何意义。及时性的要求如表1－8所示。

表1－8　及时性的要求

要求	具体内容
及时收集会计信息	即在经济交易或者事项发生后，及时收集整理各种原始单据或者凭证
及时处理会计信息	即按照企业会计准则的规定，及时对经济交易或者事项进行确认或者计量，并编制出财务报告
及时传递会计信息	即按照国家规定的有关时限，及时地将编制的财务报告传递给财务报告使用者，便于其及时使用和决策

我国《会计法》规定，企业必须在每年的 4 月 30 日之前公布其上年度财务报告，这就是要求会计信息具备及时性的体现。

第四节 会计要素及其确认

一、会计要素的概念

会计要素就是对会计对象的基本分类，是会计对象的具体化，是反映会计主体财务状况、经营成果的基本单位。

新《企业会计准则》把企业的会计要素划定为资产、负债、所有者权益、收入、费用和利润六项。会计要素既是会计确认和计量的依据，也是确定财务报表结构和内容的基础。会计要素的分类如表 1－9 所示。

表 1－9 会计要素的分类

会计要素分类	具体内容
资产、负债和所有者权益	反映企业财务状况的会计要素
收入、费用和利润	反映企业经营成果的会计要素

二、反映企业财务状况的会计要素及其确认

反映企业财务状况的会计要素包括资产、负债和所有者权益，各要素的含义特征及确认条件如表 1－10 所示。

表 1－10 反映企业财务状况的会计要素的含义、特征及确认

会计要素	概念	特征	确认条件（同时满足）
资产	过去的交易、事项形成并由企业拥有或者控制的资源，该资源预期会给企业带来经济利益	① 资产是由企业过去的交易或者事项形成的；② 资产应该是企业拥有或者能够控制的资源；③ 资产可以预期给企业带来一定的经济利益	① 在一般情况下，与该资源有关的经济利益可以流入企业；② 该项资源的成本或者价值能够比较准确地计量

（续表）

会计要素	概念	特征	确认条件（同时满足）
负债	企业过去的交易或者事项形成的、预期会导致经济利益流出企业的现时义务	①负债是企业承担的现时义务；②负债的清偿预期会导致经济利益流出企业；③负债是由企业过去的交易或者事项形成的	①与该义务有关的经济利益很可能流出企业；②未来流出的经济利益的金额能够可靠地计量
所有者权益	企业资产扣除负债后，由所有者享有的净资产，也叫剩余权益。公司的所有者权益又称为股东权益	企业的投资者对企业净资产的要求权即所有权，也是企业对投资人承担的经济责任；作为所有者权益对象的投资人则有法定参与管理企业或委托他人管理企业的权利，同时也有参与企业利润分配的权利；所有者权益在企业正常经营期间，只要不发生清算、破产、减少注册资本或其他终止经营情况，无需偿还，投资人也不得要求返还投资，并且承担比债权人更大的风险	所有者权益的确认主要依赖于其他会计要素，尤其是资产和负债的确认；所有者权益金额的确定也主要取决于资产和负债的计量

三、反映企业经营成果的会计要素及其确认

反映企业经营成果的会计要素包括收入、费用和利润。它们各自的概念、特征和确认条件如表 1－11 所示。

表 1－11　反映企业经营成果的会计要素

会计要素	概念	特征	确认条件（同时满足）	特别说明
收入	企业在日常活动中形成的、会导致所有者权益增加的、与所有者投入资本无关的经济利益的总流入	①收入应当是企业在日常活动中形成的；②收入应当会导致经济利益的流入，该流入不包括所有者投入的资本；③收入应当最终会导致所有者权益的增加	①与收入相关的经济利益很可能流入企业；②经济利益流入企业的结果会导致企业资产的增加或者负债的减少；③经济利益的流入额能够可靠地计量	—

（续表）

会计要素	概念	特征	确认条件（同时满足）	特别说明
费用	企业在日常活动中发生的、会导致所有者权益减少的、与向所有者分配利润无关的经济利益的总流出	① 费用应当是企业在日常活动中发生的；② 费用应当会导致经济利益的流出，该流出不包括向所有者分配的利润；③ 费用应当最终会导致所有者权益的减少	① 与费用相关的经济利益应当很可能流出企业；② 经济利益流出企业的结果会导致资产的减少或者负债的增加；③ 经济利益的流出额能够可靠计量	费用应当与企业实现的相关收入相配比，并在同一会计期间予以确认，计入利润表。 企业发生的支出不产生经济利益的，或者即使能够产生经济利益但不符合或者不再符合资产确认条件的，应当在发生时确认为费用，计入当期损益
利润	企业在一定会计期间的经营成果。利润为营业利润、投资净收益和营业外收支净额等三个项目的总额减去所得税费用之后的余额。有些补贴收入也计入利润	营业利润是企业在销售商品、提供劳务等日常活动中所产生的利润，为主营业务利润和其他业务利润减去有关期间费用后的余额；投资净收益是投资收益与投资损失的差额；营业外收支是与企业的日常经营活动没有直接关系的各项收入和支出	一旦确认了收入及其相应的成本费用之后，也就意味着确认了该项经济行为的利润	—

第五节　我国企业会计核算法规体系

一、我国施工企业会计核算规范的演变

我国施工企业会计核算所依据的核算规范，自1993年以来前后经历过三次大的变革，具体如表1－12所示。

表1－12　施工企业会计核算规范的演变

阶段	时间	阶段名称	内容
第一阶段	1993—2001年	行业会计制度阶段	由于不同行业的企业在管理体制、会计核算范围、费用结算办法等各方面存在较大的差异，财政部针对施工企业制定并颁布了《施工企业会计制度》，作为施工企业进行会计核算的直接依据
第二阶段	2001—2006年	《企业会计制度》阶段	按照《会计法》的要求，财政部制定了不分行业的、统一的《企业会计制度》。由于《企业会计制度》在规定中过于笼统，忽略了各个行业在会计核算中的特点，后财政部又颁布了一批行业财务管理制度，配合《企业会计制度》成为相关行业企业进行会计核算的规范。例如，施工企业需要依据《企业会计制度》和《施工企业财务制度》办理本企业的会计核算
第三阶段	从2007年开始	《企业会计准则》阶段	尽管我国企业会计准则的颁布与实施已有近十年的历史，但这些会计准则还比较零散，只是就某一事项所作的规定，而且各项会计准则的适用范围仅限于一部分企业，尚没有构成一个基本完整的体系。从2007年开始，财政部颁布了我国新的会计准则体系，并从2007年1月1日开始在上市公司中实行，逐渐推广到其他大型企业，成为我国企业会计核算的基本规范

本书阐述的主要内容就是施工企业如何按照新《企业会计准则》体系的要求，进行各类建设施工业务的会计核算。

二、会计法

《会计法》是我国会计工作的基本法律，其概况如表 1－13 所示。

表 1－13 《会计法》简介

法律名称	简介	意义	规定范围
会计法	于 1985 年由全国人民代表大会常务委员会通过，并于同年 5 月 1 日起施行。为适应我国社会主义市场经济发展和深化会计改革的需要，1993 年 12 月和 1999 年 10 月，全国人大常委会对其进行了两次修订	是我国会计工作的根本大法，在我国的会计规范体系中处于最高层次，是其他会计规范制定的基本依据，是我国进行会计工作的基本依据	对我国会计工作的主要方面作出规定，涉及我国会计工作的各个领域，用法律形式确定了会计工作的地位和作用，对我国会计管理的体制、会计核算和会计监督的对象及内容、会计机构、会计人员的职责和权限以及有关的法律责任作出了明确的规定

三、会计制度

会计制度是在会计法和会计准则基础上制定的具体会计方法和程序的总称。我国的会计制度是国家财政部门通过一定的行政程序制定的、具有一定强制性的会计规范的总称，其中的会计核算制度是重要的组成部分。会计核算制度体系的三个层次如图 1－6 所示。

第三层次：对于各行业企业专业性较强的会计核算，将陆续以专业会计核算办法的形式发布的针对各行各业的个性业务、实际工作中出现的新情况的会计处理办法

↑

第二层次：在第一层次的基础上，分别建立操作性较强的有关会计科目的设置、具体账务处理及财务会计报告的编制和对外报送办法

↑

第一层次：按照企业性质和规模，分别建立《企业会计制度》、《金融企业会计制度》和《小企业会计制度》所应遵循的一般原则

图 1－6 企业会计核算制度体系的三个层次

为此，作为第一步，财政部制定并在2000年发布了《企业会计制度》，该制度2001年1月1日起暂在股份有限公司范围内执行，并采取了有计划、有目标地分步骤在各企业中实施。

《企业会计制度》的结构和内容如表1－14所示。

表1－14 《企业会计制度》的结构和内容

《企业会计制度》的结构	《企业会计制度》的内容
一般规定	对会计要素和重要经济业务事项的确认、计量、报告等，以条款的形式作了原则规定
会计科目和会计报表	规定了经济业务事项应当设置的会计科目及使用说明，会计报表的格式及编制说明
附录部分	列举了主要会计事项的具体账务处理方法

自2007年新《企业会计准则》在上市公司首先实施之后，原先实行《企业会计制度》的企业将逐渐过渡为使用《企业会计准则》；《金融企业会计制度》、《小企业会计制度》在内容结构上与《企业会计制度》基本一致，所不同的只是使用范围的不同，《金融企业会计制度》适用于银行、保险、证券类企业，《小企业会计制度》主要适用于不对外筹资的中小企业，从2005年开始实施以来，以其核算简便、易于学习推广等优势深受广大中小企业财务人员的欢迎；除了上述专业性会计规范外，影响企业财务会计核算工作的还有其他一些相关法规，如公司法、税收法规、证券法规、金融法规等。

四、会计准则

会计准则亦称会计标准，是制定会计核算制度和组织会计核算的基本规范。会计准则最早出现在20世纪30年代的美国，其后，一些西方资本主义国家也相继制定了本国的会计准则。20世纪70年代，一些西方国家的职业会计团体发起成立了国际会计准则委员会，制定并发布国际会计准则。我国会计准则的发展过程如表1－15所示。

表 1－15　我国会计准则的发展过程

准则的不同时期	具体准则	准则包含的层次
我国实施会计准则的探索期	我国的会计准则制定始于1988年。1992年11月发布了我国第一个会计准则，即《企业会计准则》，并于1993年7月1日开始施行。此后，财政部又陆续颁布了“现金流量表”、“资产负债表日后事项”、“收入”、“债务重组”、“中期财务报告”等多项具体会计准则，这些会计准则只是选择性地在部分企业中实施，一直与《企业会计制度》并行使用	—
我国新的会计准则体系的全面建立时期	2006年2月15日，财政部发布了包括1项基本准则和38项具体准则在内的新的企业会计准则体系，11月7日发布了《企业会计——应用指南》	一是基本准则，在整个准则体系中起统驭作用，主要规范会计目标、会计假设、会计信息质量要求、会计要素的确认、计量和报告原则等； 二是具体准则，包括存货、固定资产、无形资产等38项准则，主要规范企业发生的具体交易或者事项的会计处理，为企业处理会计实务问题提供具体而统一的标准； 三是会计准则应用指南，主要包括具体准则解释和会计科目、主要账务处理等，为企业执行会计准则提供操作性规范

新的企业会计准则体系与之前的准则相比有其鲜明的特点，如表 1－16 所示。

表 1－16 新的企业会计准则的体系的显著特点

新的企业会计准则体系的显著特点	含义	意义
通用性	新的企业会计准则不分所有制，不分行业，是针对所有企业的会计核算准则	这一特点相对于我国以前实施的分行业的企业会计制度而言是一大创新，它适应了企业所有制混合化、经营混业化的经济发展新趋势
外向性	随着我国经济的发展，很多企业已实施了“走出去”的战略，加入了全球经济一体化的大潮，会计作为记录经济活动的语言，语言不通也就没法打交道、做生意、谈合作	新的企业会计准则在确保适应我国企业需要的同时，引入了国际会计准则的做法与惯例，架起了密切中外经贸合作的会计技术桥梁，有利于进一步优化我国投资环境，有利于促进我国企业更好更多地“走出去”，全面提高我国对外开放水平
前瞻性	改革开放以来，新的行业、新企业运作模式层出不穷，为保证企业会计准则具有一定的稳定性，在新企业会计准则中，对金融商品等我国企业尚比较陌生的衍生金融业务也作了比较具体的规定	保证了新的会计准则体系在未来一段时期的稳定性，不至于频繁修订

从 2007 年 1 月 1 日起，新的《企业会计准则》在上市公司中全面实施，在我国经济体系中起着举足轻重的作用的中央国有企业，也已从 2008 年起逐步适用《企业会计准则》，本书严格依据新的《企业会计准则》编写，为新的《企业会计准则》在施工企业中顺利推广，尽一份应有之力。

第二章
货币资金

本章导读

当年凭借“脑黄金”名噪一时的巨人集团因为资金链断裂而导致公司破产，便是货币资金短缺所导致。可见，货币资金管理对公司的兴衰成败起着至关重要的作用。

“现金为王”，顾名思义就是只有拥有现金才是硬道理，“现金”实际就是我们这里要讲的“货币资金”。

在本章中，我们重点学习以下内容：

- ☑ 施工企业如何管理库存现金，如何对库存现金的相关业务进行会计核算。
- ☑ 如何开立银行账户。
- ☑ 如何对银行存款进行核算，并按期编制银行存款余额调节表。
- ☑ 其他货币资金包括哪些种类，如何进行会计核算。
- ☑ 施工企业常用的银行结算方式有哪些，如何进行办理。

第一节　库存现金

库存现金是指通常存放于企业财会部门、由出纳人员经管的货币。库存现金是企业流动性最强的资产，企业应当严格遵守国家有关现金管理制度，正确进行现金收支的核算，监督现金使用的合法性与合理性。

一、我国现行的现金管理制度

（一）现金的支付范围

企业发生的费用支出并不是都能以现金进行支付，现金的支付范围有着具体的规定，详情如表2－1所示。

表2－1　现金支付的范围

依据	具体内容
根据国务院发布的《现金管理暂行条例》的规定，企业可用现金支付的款项的范围	职工工资、津贴
	个人劳务报酬
	根据国家规定颁发给个人的科学技术、文化艺术、体育等各种奖金
	各种劳保、福利费用以及国家规定的对个人的其他支出
	向个人收购农副产品和其他物资的款项
	出差人员必需随身携带的差旅费
	结算起点以下的零星支出
	中国人民银行确定需要支付现金的其他支出

（二）现金的限额

现金的限额是指为了保证企业日常零星开支的需要，允许单位留存现金的最高数额。不同情况的企业所规定的现金限额是不同的，如表2－2所示。

表 2－2 留存现金限额表

开户银行核定的单位实际需要	开户单位的库存现金限额
一般单位	3～5 天日常零星开支的金额
边远地区和交通不便地区	可按多于 5 天但不超过 15 天的日常零星开支的金额

注：对核定后的现金限额，开户单位必须严格遵守，超过部分应于当日终了前存入银行。需要增加或减少现金限额的单位，应向开户银行提出申请，由开户银行核定。

（三）现金收支的规定

国家对现金的收支也有详细的规定，如表 2－3 所示。

表 2－3 现金收支规定

现金收支情况	相关规定
开户单位收入现金	当日送存开户银行，当日送存确有困难的，由开户银行确定送存时间
开户单位支付现金	从本单位库存现金中支付或从开户银行提取，不得“坐支”现金，因特殊情况需要坐支现金的单位，应事先报经有关部门审查批准，并在核定的范围和限额内进行，同时，收支的现金必须入账
开户单位从开户银行提取现金	应如实写明提取现金的用途，由本单位财会部门负责人签字盖章，并经开户银行审查批准后予以支付
因采购地点不确定、交通不便、抢险救灾及其他特殊情况必须使用现金	向开户银行提出书面申请，由本单位财会部门负责人签字盖章，并经开户银行审查批准后予以支付
不符合国家统一的会计制度	“白条顶库”；谎报用途套取现金；将银行账户代其他单位和个人存入或支取现金；将单位收入的现金以个人名义储蓄；“公款私存”；设置“小金库”

注：银行对于违反上述规定的单位，将按照违规金额的一定比例予以处罚。

（四）现金盘点的规定

为了及时发现现金收付差错，如实反映现金库存余额，防止贪污挪用等行为的发生，企业建立健全库存现金的定期盘点和不定期盘点相结合的制度对库存现金的管理具有重要的意义。对现金盘点的规定如图 2－1 所示。

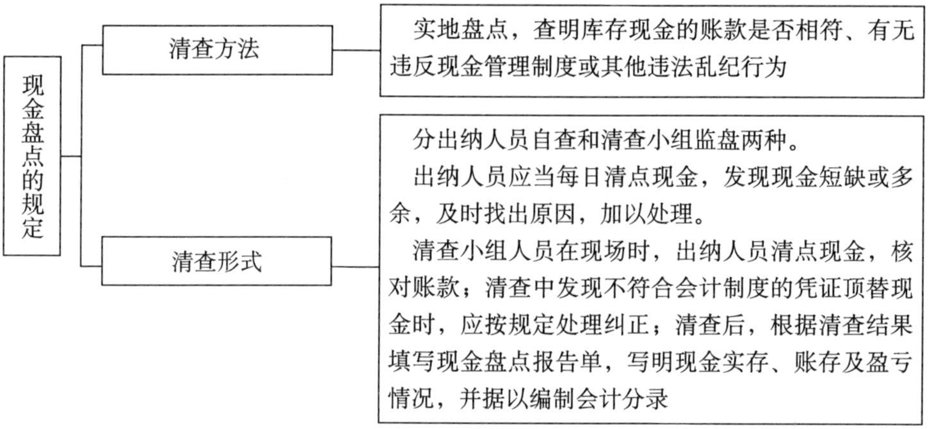

图 2－1　现金盘点的规定

二、现金的会计核算

（一）账户与科目的设置

企业应当设置现金总账和现金日记账，分别进行企业库存现金的总分类核算和明细分类核算。为了较形象地进行说明，我们在表 2－4 中进行了举例。

表 2－4　会计科目的设置举例

会计科目	反映的经济业务	借贷方含义
库存现金	总括地反映企业库存现金的收入、支出和结存情况	借方：现金的增加；贷方：现金的减少；期末余额在借方，反映企业实际持有的库存现金的金额
备用金	企业内部各部门周转使用的备用金	借方：向各部门支付备用金；贷方：各部门报销的备用金

现金日记账由出纳人员根据收付款凭证，按照业务发生顺序逐笔登记。每日终了，应当在现金日记账上计算出当日的现金收入合计额、现金支出合计额和结余额，并将现金日记账的账面结余额与实际库存现金额相核对，保

证账款相符；月度终了，现金日记账的余额应当与现金总账的余额核对，做到账账相符。

（二）库存现金业务的核算

1. 库存现金收支业务的核算

该部分包括库存现金的增加和减少业务，其具体会计分录的做法如表2－5所示。

表2－5 库存现金收支业务的核算

库存现金收支业务	对应的会计分录
库存现金增加	借：库存现金 贷：相关科目
库存现金减少	借：相关科目 贷：库存现金

2. 库存现金清查业务的核算

如果账款不符，发现的有待查明原因的现金短缺或溢余，应先通过“待处理财产损溢”科目核算。具体做法如表2－6所示。

表2－6 库存现金清查业务的核算

库存现金的清查情况，按管理权限报经批准	“待处理财产损溢”科目的处理
现金短缺	应由责任人赔偿或保险公司赔偿的部分，计入其他应收款；属于无法查明的其他原因的部分，计入管理费用
现金溢余	应支付给有关人员或单位的，计入其他应付款；属于无法查明原因的，计入营业外收入

【例2－1】立兴建筑工程公司在盘点现金时发现长款10元，经核查未能发现其实际原因，经财务主管同意，作为营业外收入处理。应编制如下会计分录，反映清查结果。

①发现现金长款时。

借：库存现金　　10

　　贷：待处理财产损溢　　10

② 查明原因后，处理长款结果。

借：待处理财产损溢　　10

　　贷：营业外收入　　10

(三)备用金的会计核算

备用金是指企业预付给职工和内部有关单位用作差旅费、零星采购和日常零星开支，事后需要报销的款项。为了防止浪费和挪用公款，必须建立备用金的预借、使用和报销制度，并严格加以执行。如果企业备用金业务很少，可不设立“备用金”科目，通过“其他应收款——备用金”科目进行核算，账务处理方法与上面一致。不同形式的备用金的具体规定如表2－7所示，其账务处理的具体方法如表2－8所示。

表2－7　不同形式备用金的具体规定

形式	含义及特点	相关内容
定额备用金	为了满足企业有关部门日常零星开支需要的备用金，一经核定不得随意增减，一次领用、定期报销、简化核算、补足定额	领用部门应设置“备用金登记簿”，逐笔序时登记提取和支出情况，并按时将款项支出的单据送交财会部门报销后，财会部门再给予补足定额
非定额备用金	用款单位根据实际需要向财会部门借款，凭各种支付凭证向财会部门报销时，作为冲减备用金处理，如需再用，重新办理借款手续	适用于预借差旅费等备用金的管理

表2－8　备用金的账务处理

经济业务	会计分录
单独设置“备用金”科目的企业，由企业财务部门单独拨给企业内部各单位周转使用的备用金	借：备用金 　贷：库存现金(或“银行存款”科目)

（续表）

经济业务	会计分录
自备用金中支付零星支出	借：管理费用等科目 　贷：备用金（或“银行存款”科目）

注：除了增加或减少拨入的备用金外，使用或报销有关备用金支出时不再通过“备用金”科目核算。

【例2-2】立兴建筑工程公司职工张强出差采购物品，预支备用金600元，出差返回报销差旅费580元，并交回多余现金20元。

① 领出备用金时，根据付款凭证，编制会计分录如下。

借：其他应收款——备用金（张强）　600

　贷：库存现金　600

② 报销差旅费时，根据差旅费报销单，编制会计分录如下。

借：管理费用　580

　库存现金　20

　贷：其他应收款——备用金　600

第二节　银行存款

银行存款是指企业存入银行或其他金融机构的各种款项。企业应当根据业务需要，按照规定在其所在地银行开设账户，运用所开设的账户，进行存款、取款以及各种收支转账业务的结算。银行存款的收付应严格执行银行结算制度的规定。

一、银行存款账户的开立

我国银行存款包括人民币存款和外币存款两种。企业银行存款账户的分类及具体规定如表2-9所示。

表 2-9　银行存款账户的分类

银行存款账户分类	具体内容
基本存款账户	企业办理日常转账结算和现金收付的账户，工资、奖金等现金的支取只能通过本账户办理
一般存款账户	企业因借款或其他结算需要在基本存款账户开户银行以外的银行营业机构开立的银行结算账户，企业可以通过本账户办理转账结算和现金交存，但不能办理现金的支取
临时存款账户	企业因临时需要并在规定期限内使用而开立的账户，本账户可以办理转账和根据国家现金管理的规定办理现金收付
专用账户	企业对其特定用途资金进行专项管理和使用而开立的账户

一个企业只能选择一家银行的一个营业机构开立一个基本存款账户，不得在多家银行机构同时开立基本存款账户，不得在同一家银行的几个分支机构同时开立一般存款账户。

二、银行存款账户的设置

为了总括反映银行存款的收支和结存情况，企业应设置“银行存款”总账科目。有外币业务的企业，应在本科目下分别按人民币和各种外币设置“银行存款日记账”进行明细核算。具体的设置规定如表 2-10 所示。

表 2-10　银行存款账户的设置

银行存款账户的设置	核算内容	相关内容
银行存款总账	进行银行存款的总分类核算	由会计登记掌管
银行存款日记账	企业可按开户银行和其他金融机构、存款种类等设置明细账户，根据收付款凭证，按照业务的发生顺序逐笔登记。每日终了，应结出余额	由出纳逐笔登记，并经常与银行提供的对账单进行核对，以便进行内部控制

银行存款的收付由出纳人员办理，由专人保管空白支票和签发支票。“银行存款日记账”应定期与“银行对账单”核对，至少每月核对一次。企业银行存

款账面余额与银行对账单余额之间如有差额，应编制“银行存款余额调节表”调节相符，如没有记账错误，调节后的双方余额应相等。银行存款余额调节表只是为了核对账目，并不能作为调整银行存款账面余额的记账依据。

三、银行存款收付的核算

单位与银行之间经常发生现金的存入、提取和办理转账结算等收支业务，为了反映和监督银行存款的收付动态，应办理银行存款收付的核算。

企业在不同的结算方式下，根据有关的原始凭证编制银行存款的收付款凭证，记入企业的“银行存款”科目。具体会计分录的做法如表 2－11 所示。

表 2－11　银行存款的核算

相关业务	会计分录
将款项存入银行或其他金融机构	借：银行存款 　　贷：库存现金（或有关科目）
提取或支付在银行或其他金融机构中的存款	借：库存现金（或有关科目） 　　贷：银行存款

四、银行存款的对账

为了保证银行存款的安全和核算的正确，企业应按期对账。银行存款的对账包括如图 2－1 所示的三个方面。

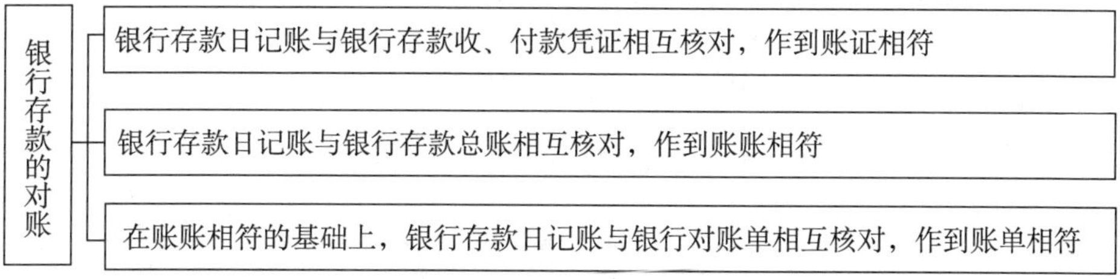

图 2－2　银行存款对账的三个方面

一般说来，即使截止日期一致，银行存款日记账余额与银行对账单余额也有可能是不相等的，除记账错误外，未达账项的影响是主要原因。所谓未达账项，是指银行与企业之间，由于凭证传递上的时间差，一方已登记入账，而另一方尚未入账的收支项目。未达账项分为四种情况，如图 2－3 所示。

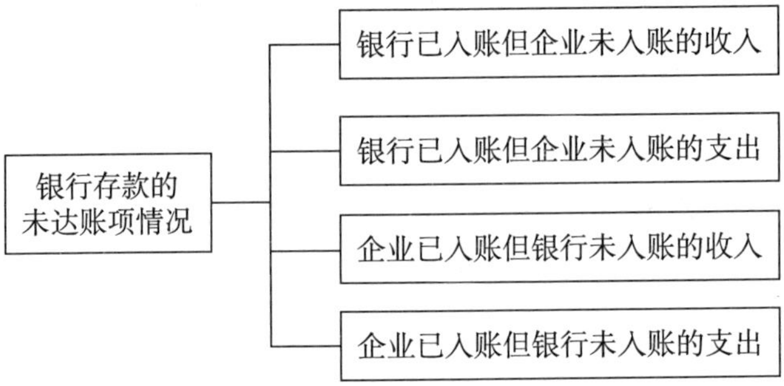

图 2－3　银行存款未达账项的四种情况

对于未达账项，应编制“银行存款余额调节表”进行调节。调节后，若无记账差错，双方调整后的银行存款余额应该相等；调节后，双方余额如果仍不相符，说明记账有差错，需进一步查对，更正错误记录。调节公式如下：

银行存款日记账余额＋银行已收单位未收款项－银行已付单位未付款项＝银行对账单余额＋单位已收银行未收款项－单位已付银行未付款项

调节后的银行存款余额，反映了企业可以动用的银行存款实有数额。

【例 2－3】2013 年 3 月 30 日，某单位的银行存款日记账账面余额是 76 560 元，银行对账单的余额是 76 205 元。经逐项检查，发现下列未达款项。

第一，单位已收，银行未收款项 2 795 元；

第二，单位已付，银行未付款项 9 250 元；

第三，银行已收，单位未收款项 3 500 元；

第四，银行已付，单位未付款项 9 600 元。

根据上述资料，编制银行存款余额调节表如表 2－12 所示。

表 2－12　银行存款余额调节表

单位：元

银行对账单余额	76 560.00	企业银行账余额	76 205.00
加：单位已收银行未收		加：银行已收单位未收	
	2 795.00		3 500.00
减：单位已付银行未付		减：银行已付单位未付	
	9 250.00		9 600.00
调整后存款余额	70 105.00	调整后存款余额	70 105.00

经过调节，双方存款余额均为70 105元，证明双方没有账上差错。如果调节后余额仍不等，则记账有差错，应进一步检查。属于单位方面的记账差错应立即更正，属于银行方面的记账差错要通知银行及时更正。

第三节 其他货币资金

其他货币资金是指企业除库存现金、银行存款以外的各种货币资金，主要包括银行汇票存款、银行本票存款、信用卡存款、信用证保证金存款、存出投资款、外埠存款等。

一、科目的设立

企业通过设立“其他货币资金”科目对企业的银行汇票存款、银行本票存款、信用卡存款、信用证保证金存款、存出投资款、外埠存款等其他货币资金进行核算。其相关规定如表2－13所示。

表2－13 其他货币资金相关内容

其他货币资金	相关分录科目
增加	借记“其他货币资金”科目，贷记“银行存款”科目
减少	借记有关科目，贷记“其他货币资金”科目
明细科目	“银行汇票”、“银行本票”、“信用卡”、“信用证保证金”、“存出投资款”、“外埠存款”

二、其他货币资金的会计核算

其他货币资金的会计核算如表2－14所示。

表2－14　其他货币资金的会计核算

其他货币资金	含义	发生的相关业务	对应的会计处理	其他说明
银行汇票	由出票银行签发的，由其在见票时按照实际结算金额无条件支付给收款人或者持票人的票据	取得银行汇票后，据银行签章退回的申请书存根联编制付款凭证	借记“其他货币资金——银行汇票”科目，贷记“银行存款”科目	付款人为银行汇票的出票银行；单位和个人各种款项的结算均可使用；可用于转账，填明“库存现金”字样的银行汇票可支取现金
		发票账单等有关凭证编制转账凭证	借记“材料采购”或“原材料”、“库存商品”、“应交税费——应交增值税（进项税额）”等科目，贷记“其他货币资金——银行汇票”科目	
		多余款或因汇票超过付款期限等原因而退回款项	借记“银行存款”科目，贷记“其他货币资金——银行汇票”科目	
银行本票	银行签发的、承诺自己在见票时无条件支付确定的金额给收款人或持票人的票据	取得银行签发的银行本票后，应根据银行签章退回的“银行本票申请书”存根联编制付款凭证	借记“其他货币资金——银行本票”科目，贷记“银行存款”科目	单位和个人在同一票据交换区域需要支付的各种款项，均可使用银行本票。银行本票可以用于转账，注明“现金”字样的银行本票可以用于支取现金
		根据发票账单等有关单据编制转账凭证	借记“材料采购”或“原材料”、“库存商品”、“应交税费——应交增值税（进项税额）”等科目，贷记“其他货币资金——银行本票”科目	
		本票因超过付款期等原因要求退款	借记“银行存款”科目，贷记“其他货币资金——银行本票”科目	

（续表）

其他货币资金	含义	发生的相关业务	对应的会计处理	其他说明
信用卡存款	企业为取得信用卡而存入银行信用卡专户的款项	连同支票和有关资料一并送交发卡银行，根据银行盖章退回的进账单第一联进行账务处理	借记“其他货币资金——信用卡”科目，贷记“银行存款”科目	信用卡按使用对象分为单位卡和个人卡；按信用等级分为金卡和普通卡；按是否向发卡银行交存备用金分为贷记卡和准贷记卡
		用信用卡购物或支付有关费用	借记有关科目，贷记“其他货币资金——信用卡”科目	
		向其账户续存资金	借记“其他货币资金——信用卡”科目，贷记“银行存款”科目	
信用证保证金存款	采用信用证结算方式的企业为开具信用证而存入银行信用证保证金专户的款项	向银行交纳保证金	借记“其他货币资金——信用证保证金”科目，贷记“银行存款”科目	企业向银行申请开立信用证，应按规定向银行提交开证申请书、信用证申请人承诺书和购销合同
		开证行交来的信用证通知书及有关单据标明的金额	借记“材料采购”或“原材料”、“库存商品”、“应交税费——应交增值税(进项税额)”等科目，贷记“其他货币资金——信用证保证金”科目	
		未用完的信用证保证金余额转回开户银行	借记“银行存款”科目，贷记“其他货币资金——信用证存款”科目	
存出投资款	企业已存入证券公司但尚未进行投资的资金	向证券公司划出资金	借记“其他货币资金——存出投资款”科目，贷记“银行存款”科目	
		购买股票、债券等	借记“交易性金融资产”等科目，贷记“其他货币资金——存出投资款”科目	

（续表）

其他货币资金	含义	发生的相关业务	对应的会计分录	其他说明
外埠存款	企业为了到外地进行临时或零星采购，而汇往采购地银行开立采购专户的款项	将款项委托当地银行汇往采购地开立专户	借记“其他货币资金——外埠存款”科目，贷记“银行存款”科目	该账户的存款不计利息、只付不收、付完清产，除了采购人员可从中提取少量现金外，一律采用转账结算
		收到采购人员交来的供货单位发货票、账单等报销凭证	借记“材料采购”或“原材料”、“库存商品”、“应交税费——应交增值税（进项税额）”等科目，贷记“其他货币资金——外埠存款”科目	
		用外埠存款采购结束将多余资金转回	借记“银行存款”科目，贷记“其他货币资金——外埠存款”科目	

第四节　银行结算

银行支付结算方式是指用一定的形式和条件来实现企业间或企业与其他单位和个人间货币收付的程序和方法，分为现金结算和支付结算两种。企业除按规定的范围使用现金结算外，大部分货币收付业务应通过银行办理支付结算。银行常用的结算方式如表 2－15 所示。

表 2－15　银行常用的支付结算方式

结算方式	含义	分类	会计核算及其管理	相关内容
支票	出票人签发的，委托办理支票存款业务的银行在见票时无条件向收款人或者持票人支付确定的金额的票据	现金支票（印有“现金”字样，可用于支取现金）、转账支票（只能用于转账）和普通支票（既可支取现金，又可转账，但左上角划有两条平行线的为划线支票，只能用于转账，不得支取现金）	付款的支票：据支票存根和有关原始凭证编制付款凭证。收款的支票，应填写“进账单”连同支票送交银行，根据银行盖章退回的进账单第一联和有关原始凭证编制收款凭证。正确及时反映银行存款的增减情况。企业应按规定使用支票结算方式，明确支票的有关规定，如支票的提示付款期限为出票日起 10 天内，超过提示付款期限提示付款的，持票人开户银行不予付款	同城结算中应用很广泛的一种结算方式；支票的出票人应是在银行开立可以使用支票的存款单位和个人；禁止签发空头支票；按规定出具并填写支票；用于转账的支票在有效期限内可在同城票据交换区域内背书转让等

（续表）

结算方式	含义	分类	会计核算及其管理	相关内容
银行本票	银行签发的，承诺自己在见票时无条件向收款人或者持票人支付确定的金额的票据	定额本票和不定额本票（面额分别为1 000元、5 000元、10 000元和50 000元）银行本票可用于转账，注明“现金”字样的可用于支取现金，但单位不得申请签发现金银行本票	收到银行本票时，应填写进账单，连同银行本票一并送银行转账收款，根据银行盖章退回的进账单第一联和有关原始凭证编制收款凭证，借记“银行存款”科目，贷记“应收账款”等科目；付款企业申请使用银行本票，应填写“银行本票申请书”，依据存根联编制付款凭证，借记“其他货币资金”科目，贷记“银行存款”科目	银行本票的提示付款期限为出票日起最长不得超过2个月，超过期限的银行不受理。在有效期限内，收款人可以将银行本票背书转让给被背书人
银行汇票	出票银行签发的、由其在见票时按照实际结算金额无条件支付给收款人或者持票人的票据	银行汇票可用于转账，填明“现金”字样的可用于支取现金。单位或个人各种款项结算均可使用这种结算方式，但签发现金银行汇票只适用于申请人和付款人均为个人，单位不得使用，具有使用灵活、票随人到、兑现性强等特点	企业取得银行汇票和解讫通知后，应根据“银行汇票申请书”存根联编制付款凭证，借记“其他货币资金”科目，贷记“银行存款”科目。收到付款单位的银行汇票和解讫通知，经审查无误后，在出票金额以内，据实际需要的款项办理结算，并将实际结算金额和多余金额准确、清晰地填入银行汇票和解讫通知的有关栏内，实际结算金额不得超过出票金额；向银行提示付款时，应将银行汇票和解讫通知、进账单一并交开户银行办理结算；据银行盖章退回的进账单第一联编制收款凭证，借记“银行存款”科目，贷记“应收账款”等科目	按规定，银行汇票的出票和付款，全国范围限于中国人民银行和各商业银行参加“全国联行往来”的银行机构办理；银行汇票的提示付款期限为1个月，持票人超过付款期限提示付款的，代理付款人不予受理；代理付款人也不得受理未在本行开立存款账户的持票人为单位直接提交的银行汇票；收款人可以将银行汇票背书转让给被背书人，但银行汇票的背书转让以不超过出票金额的实际金额为准，未填写实际结算金额或实际结算金额超过出票金额的银行汇票不得背书转让；银行汇票的实际结算金额不得更改

（续表）

结算方式	含义	分类	会计核算及其管理	相关内容
商业汇票	出票人签发的，委托付款人在指定日期无条件支付确定的金额给收款人或者持票人的票据	按其承兑人的不同，分为商业承兑汇票（由银行以外的付款人承兑，可由收款或是付款人签发）和银行承兑汇票（存款人签发、银行承兑），出票人应是在银行开立存款账户的法人以及其他组织，与付款人具有真实的委托付款关系，具有支付汇票金额的可靠资金来源	定日付款或者出票后定期付款的商业汇票，持票人应当在汇票到期日前向付款人提示承兑；见票后定期付款的汇票，持票人应当自出票日起1个月内向付款人提示承兑；汇票未按照规定期限提示承兑的持票人丧失对其前手的追索权；经承兑的商业汇票，其付款期限最长不能超过6个月，定日付款的汇票付款期限自出票日起计算，并在汇票上记载具体的到期日，出票后定期付款的汇票付款期限自出票日起按月计算，并在汇票上记载，见票后定期付款的汇票付款期限自承兑或拒绝承兑日起按月计算并在汇票上记载；持票人应在提示付款期（自汇票到期日起10日）内通过开户银行委托收款，或直接向付款人提示付款；商业承兑汇票的付款人应在汇票到期日通过开户银行付款；银行承兑汇票的出票人（即付款人）应于汇票到期前将票款足额交存其开户银行，承兑银行应在汇票到期日或到期日后的一定期限内见票当日支付票款；符合条件的商业汇票的持票人可持未到期的商业汇票连同贴现凭证向银行申请贴现，贴现期限从其贴现之日起至汇票到期日止，实际贴现金额按票面金额扣除贴现日至汇票到期前1日的利息计算，承兑人在异地的，贴现的期限以及贴现利息的计算应另加3天的划款日期	商业汇票在银行开立存款账户的法人以及其他组织之间，必须具有真实的交易关系或债权债务关系才能使用商业汇票。出票人不得签发无对价的商业汇票用以骗取银行或者其他票据当事人的资金；商业汇票可以在出票时向付款人提示承兑后使用，也可以在出票后先使用再向付款人提示承兑

（续表）

结算方式	含义	分类	会计核算及其管理	相关内容
托收承付	根据购销合同由收款企业发货后，委托银行向异地付款单位收取款项、由付款单位向银行承付的一种结算方式	—	企业按经济合同发货后，按规定签发托收承付结算凭证，连同发货单、运单、合同副本一并提交银行办理托收，在银行审查无误并予以受理后，作企业销货实现的账务处理。付款单位接到银行转来的结算凭证及附件后，经审查无误，据购销合同中规定的承付货款方式，办理货款的承付；验单付款的承付期为3天，验货付款的承付期为10天；若承认付款，应于承付时据托收承付结算凭证的承付通知和有关发票账单等原始凭证，编制付款凭证；对于既未承付又未拒付的款项，银行视为默认承付，付款单位应于规定的承付期满的次日，编制付款凭证；若付款单位全部或部分拒绝付款，必须填写“拒绝付款理由书”，注明拒绝付款理由，经开户银行审查同意的方可拒付，经开户银行审查理由不符合拒付规定的，开户银行不予受理，并实行强制扣款。收款企业对于托收款项，应在收到银行的收账通知时，编制收款凭证	使用托收承付结算方式的收款单位和付款单位，必须是国有企业、供销合作社以及经营管理较好并经开户银行审查同意的城乡集体所有制工业企业。办理托收承付结算的款项，必须是商品交易以及因商品交易而产生的劳务供应的款项。代销、寄销、赊销商品的款项，不得办理托收承付结算。据规定，收付双方使用托收承付结算必须签有符合《经济合同法》的购销合同，并在合同上订明使用托收承付结算方式；收付双方办理托收承付结算，必须重合同、守信用；收款单位办理托收，必须具有商品确已发运的证件；托收承付结算的每笔金额起点为10 000元，新华书店系统的托收承付结算每笔的金额可降到1 000元

（续表）

结算方式	含义	分类	会计核算及其管理	相关内容
委托收款	收款人委托银行向付款人收取款项的一种结算方式	—	收款企业委托银行收款时，应签发委托收款凭证，连同有关的债务证明向银行提交，银行审查无误予以受理后，如为销货后委托收款，企业应根据委托托收凭证回单及其他单据，作销货实现的会计处理。付款单位接到银行转来的委托收款凭证和有关附件后，应在接到通知日的次日起3日内付款，并编制付款凭证；如拒绝付款，应在付款期内出具拒绝证明，连同有关债务证明单据送交银行，由银行转交收款人。收款人在收到银行的收账通知时，根据收账通知编制收款凭证	同城异地均可采用，单位或个人凭已经承兑的商业汇票、债券、存单等付款人债务证明办理款项的结算，均可以使用这种结算方式
汇兑	汇款人委托银行将其款项支付给收款人的方式	按凭证传送方法不同分为信汇和电汇两种	汇款单位应在向银行办理汇款后，根据汇款回单编制付款凭证；收款人应在收到银行的收账通知时，据以编制收款凭证	单位和个人的各种款项的结算，如各单位之间的商品交易、劳务供应、资金缴拨、清理旧账等，均可使用这种结算方式

注：另外，还有国内信用证结算方式等。

施工企业采用上述各种结算方式办理结算，必须遵守国家的法律、法规和中国人民银行颁布的《支付结算办法》等的各项规定，遵守结算纪律。严格按照《银行账户管理办法》的规定开立、使用账户，不准出租、出借账户。单位、个人和银行办理支付结算必须遵守下列原则：恪守信用，履约付款；谁的钱进谁的账，由谁支配；银行不垫款。

第五节　外币交易

一、外币、外汇与汇率

（一）外币与外汇的概念

外币和外汇的对比分析如表2－16所示。

表 2－16　外币和外汇

<table>
<tr><th>概念</th><th>含义</th><th>相关内容</th><th>外汇概念和外币概念的区别</th></tr>
<tr><td>狭义的外币</td><td>本国货币以外的其他国家和地区的货币，包括各种纸币和铸币等</td><td rowspan="2">外币是记账本位币以外的另一种货币计量单位。按照我国现行制度的规定，企业一般以人民币作为记账本位币，如果企业的业务收支以外国货币为主，也可以选用某一种外国货币作为记账，本位币记账本位币以外的货币均为外币</td><td rowspan="3">作为外汇，必须是：① 以外币表示的资产；② 在国外能得到偿付的债权；③ 可以兑换成其他支付手段的外币资产。不能自由兑换成其他国货币的外币不能称为外汇。
但在会计上，识别外币的标志是看其是否是记账本位币以外的货币。
另外，外汇对企业来说，一般都表示成外币资金的来源，但外币除了表示外汇资金来源外，还可以作为一种计量单位，在企业并无实际发生外币收付业务时，也可能以外币计价和反映</td></tr>
<tr><td>广义的外币</td><td>所有以外国货币表示的，能够用于国际结算的支付手段，除了国外的纸币和铸币外，还包括企业所拥有的外国的有价证券、外币支付凭证、其他货币资金</td></tr>
<tr><td>外汇</td><td>以外币表示的用于国际结算的支付手段</td><td>根据我国的外汇管理条例规定，外汇的具体内容：
① 外国货币，含纸币和铸币；② 外币有价证券，包括政府公债、国库券、公司债券、股票、息票等；③ 外币支付凭证，包括票据（支票、汇票、期票）、银行存款凭证、邮政储蓄凭证等；④ 其他外汇资金。黄金可以用做国际支付和结算的手段，执行世界货币的职能，所以，在许多国家也将其列入外汇范畴</td></tr>
</table>

(二)汇率

1. 汇率的概念和类别

汇率的相关内容如表 2－17 所示。

表 2－17　汇率的相关内容

<table>
<tr><td rowspan="5">汇率</td><td>含义</td><td colspan="2">又称“汇价”，指两种货币之间的比价，即一种货币兑换成另一种货币的比率</td></tr>
<tr><td rowspan="3">类别</td><td rowspan="3">从银行买卖外汇的角度，可分为买入汇率、卖出汇率和中间汇率</td><td>买入汇率：银行向客户买入外币时所采用的汇率，亦称“买入价”</td></tr>
<tr><td>卖出汇率：银行向客户出售外币时所采用的汇率，即“卖出价”</td></tr>
<tr><td>中间汇率：银行买入汇率与卖出汇率的简单算术平均数</td></tr>
<tr><td>现行汇率制度</td><td colspan="2">外币交易应当在初始确认时，采用交易发生日的即期汇率将外币金额折算为记账本位币金额；也可以采用按照系统合理的方法确定的，与交易发生日即期汇率近似的汇率折算</td></tr>
</table>

注：我国外汇汇率由中国人民银行公布市场汇价，即基准汇价(自 1995 年 4 月 1 日起，只公布人民币对美元、日元、港元等三种货币的基准汇价)，各外汇指定银行以此为依据，在中国人民银行规定的浮动范围内自行挂牌对客户买卖外汇。

2. 汇率的标价方法

汇率的标价方法如表 2－18 所示。

表 2－18　汇率的标价方法

汇率的标价方法	含义	解析	采用国家
直接标价法	也称应付标价法，是指以一定单位的外国货币(1 个或 100、1 000个单位)为标准，计算应付出多少单位的本国货币，即汇率是以本国货币表示的单位外国货币的价格	外汇汇率上涨，说明外币币值上涨，表示单位外币所能换取的本币增多，本币币值下降；外汇汇率下降，说明外币币值下跌，表示外国单位货币能换取的本币减少，本币币值上升	目前世界上大多数国家采用，包括我国

（续表）

汇率的标价方法	含义	解析	采用国家
间接标价法	又称应收标价法，是指以一定单位的本国货币为基准，将其折合为一定数额的外国货币的标价方法	若一定数额的本国货币能兑换的外国货币比原来减少，说明外国货币升值；若一定数额的本国货币能兑换的外国货币比原来增多，则说明外国货币的币值下跌，本国货币的币值上升	只有英国和美国等少数国家使用

二、外币交易的会计处理

（一）外币业务的记账方法

企业外币业务记账方法的选择，与企业记账本位币的确定有密切关系。外币业务记账方法如图 2－4 所示。

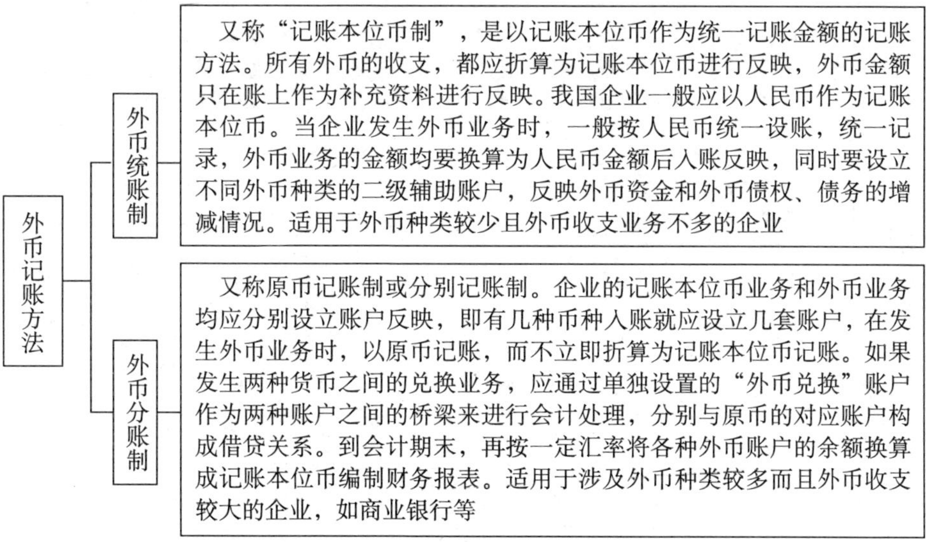

图 2－4 外币业务记账方法

需要注意的是，两种方法只是账务处理方法不同，但其产生的汇兑差额的确认、计量的结果和列报结果一致。

（二）外币交易的内容

外币交易，是指以外币计价或者结算的交易。交易内容如表 2－19 所示。

表 2－19　外币交易的内容

项目	内容
外币交易内容	投入外币资本业务，即投资人以外币作为资本投入企业的业务
	买入或者卖出以外币计价的商品或者劳务
	借入或者借出外币资金
	外币兑换业务，即一种货币兑换为另一种货币的业务
	其他涉及外币的业务

三、外币交易的账务处理

（一）外币交易核算的基本程序

外币交易核算的基本程序图如图 2－5 所示。

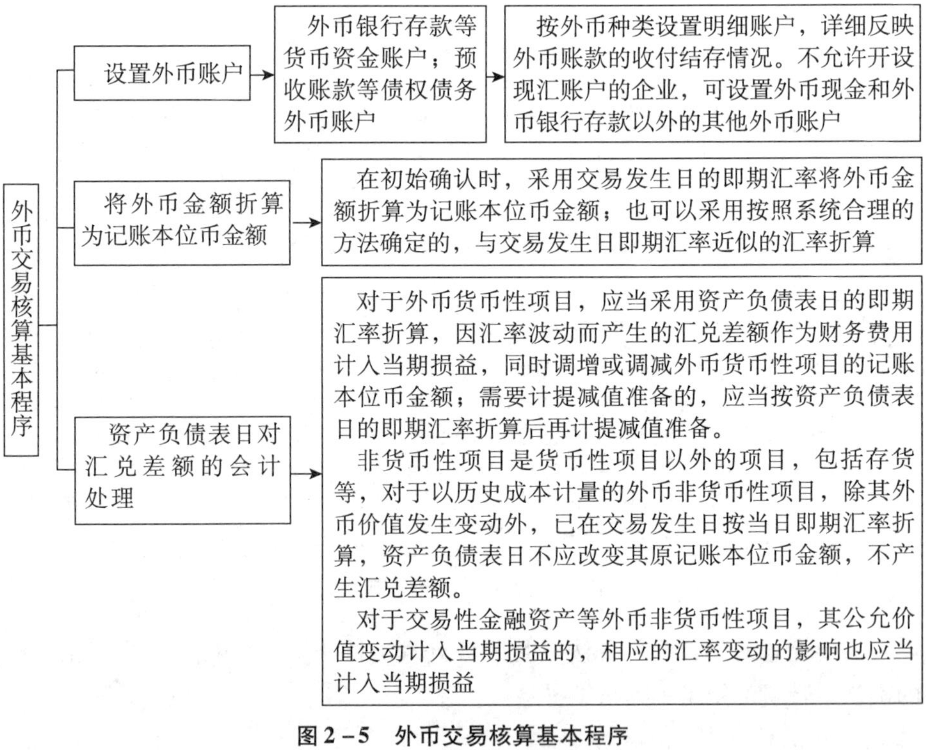

图 2－5　外币交易核算基本程序

需要注意的是，即期汇率通常是指当日中国人民银行公布的人民币外汇牌价的中间价。企业发生的外币兑换业务或涉及外币兑换的交易事项，应当以交易实际采用的汇率，即银行买入价或卖出价折算。即期汇率的近似汇率是按照系统合理的方法确定的，与交易发生日即期汇率近似的汇率，通常是指当期平均汇率或加权平均汇率等。通常情况下，企业应当采用即期汇率进行折算。汇率波动不大的，也可以采用按照系统合理的方法确定的，与交易发生日即期汇率近似的汇率折算，但前后各期应当采用相同的方法确定当期的近似汇率。

【例2－4】国内甲公司的记账本位币为人民币。2013年6月2日，甲公司以30 000港元购入乙公司H股10 000股作为短期投资，当日汇率为1港元＝1.2人民币元，款项已付。2013年6月31日，由于市价变动，当月购入的乙公司H股变为35 000港元，当日1港元＝1人民币元。

2010年6月2日，该公司应对上述交易应作以下处理：

借：交易性金融资产(30 000×1.2)　　36 000

　　贷：银行存款(30 000×1.2)　　36 000

由于该项短期股票投资是从境外市场购入，以外币计价，在资产负债表日，不仅应考虑其港币市价的变动，还应一并考虑汇率变动的影响，上述交易性金融资产以资产负债表日的人民币35 000元(35 000×1)入账，与原账面价值36 000元(30 000×1.2)的差额为1 000元人民币，计入公允价值变动损益。相应的会计分录为：

借：公允价值变动损益　　1 000

　　贷：交易性金融资产　　1 000

1 000元人民币包含甲公司所购H股公允价值变动以及人民币与港币之间汇率变动的双重影响。

(二)外币兑换业务

外币兑换业务，包括企业把外币卖给银行，向银行结汇、购汇以及用一种外币向银行兑换成另一种外币等。接受外币资本投资时的账务处理如图2－6所示。

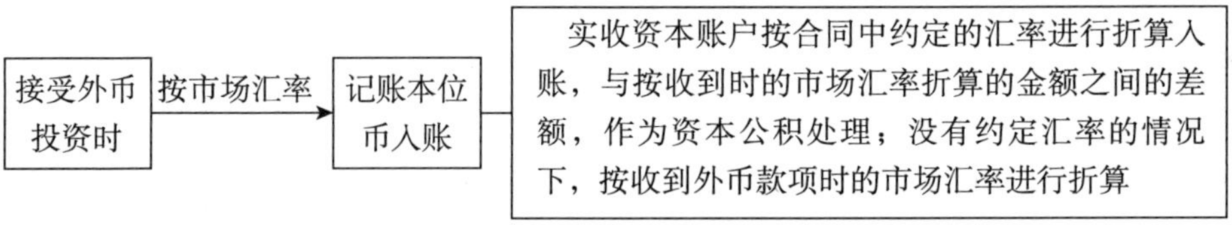

图 2－6　接受外币资本投资的账务处理

【例 2－5】 甲股份有限公司收到外方投资 200 000 美元，收到外币款项时的市场汇率为 1 美元＝8.25 人民币元。投资合同规定的汇率为 1 美元＝8.00 人民币元。

本例中，甲股份有限公司对于收到的外币资本投资，一方面应按照收到时的市场汇率折算为人民币登记相应的资产账户，并按照美元的金额登记相应的外币账户，另一方面应按照投资合同中约定汇率折算的人民币作为股本入账；对于两者由于折算汇率不同所产生的折算差额，作为资本公积处理。会计分录如下：

借：银行存款——美元户（200 000 美元）（200 000 ×8.25）

1 650 000

　　贷：股本（200 000 ×8.00）　　1 600 000

　　　　资本公积　　50 000

除假设投资合同中没有约定汇率外，其他条件与上例同。会计分录如下：

借：银行存款——美元户（200 000 美元）（200 000 ×8.25）

1 650 000

　　贷：股本　　1 650 000

【例 2－6】 普华股份有限公司与外商 A 签订的投资合同中规定外商分次投入外币资本，在投资合同中没有约定折算汇率。普华股份有限公司第一次收到外商投入资本 300 000 美元，当时的市场汇率为 1 美元＝8.25 人民币元；第二次收到外商投入资本 300 000 美元，当时的市场汇率为 1 美元＝8.30 人民币元。会计分录如下：

① 第一次收到外币资本时。

借：银行存款——美元户(300 000 美元)(300 000 ×8.25)
2 475 000

贷：股本 2 475 000

② 第二次收到外币资本时。

借：银行存款——美元户(300 000 美元)(300 000 ×8.30)
2 490 000

贷：股本 2 490 000

2. 企业将外币卖给银行

企业将外币卖给银行的账务处理如图 2 -7 所示。

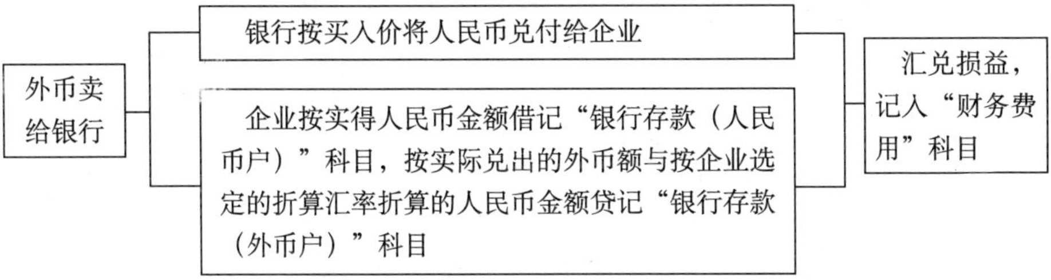

图 2 -7 企业把外币卖给银行的账务处理

【例 2 -7】某企业将 1 000 美元卖给银行，当天美元买入价为 1 美元 =7.8人民币元，实际收入民币 7 800 元。企业采用的记账折算汇率为 1 美元 =7.9人民币元。应进行的会计处理如下：

借：银行存款(人民币户) 7 800

财务费用 100

贷：银行存款(美元户)(1 000 ×7.9) 7 900

3. 向银行购汇

企业向银行购入外汇时，银行按卖出价向企业收取人民币。企业实际支付的人民币金额与按企业选定的折算汇率折合的人民币之间的差额记入财务费用。

【例 2 -8】某企业从银行买入美元 5 000 元，当天银行卖出价为 1 美元 =8.0 人民币元，企业实付人民币 40 000 元。企业折算汇率为 1 美元 =8.1 人民币元。应进行的会计处理如下：

借：银行存款(美元户)(5 000×8.1)　　40 500
　　贷：财务费用　　500
　　　　银行存款(人民币户)　　40 000

4. 借入或借出外币资金业务

企业借入外币资金时，按照借入外币时的市场汇率折算为记账本位币入账，同时按照借入外币的金额登记相关的外币账户。“短期借款”科目借贷方差额在期末作为汇兑损益处理。短期借款的利息均记入“财务费用”科目。

【例2-9】某企业按业务发生当日市场汇率作为记账汇率。4月10日，企业从银行借入50 000美元，当日市场汇率为1美元=8.0人民币元。应进行的会计处理如下：

借：银行存款(美元户)(50 000×8.0)　　400 000
　　贷：短期借款(美元户)(50 000×8.0)　　400 000

若企业于5月10日归还这笔借款，当日市场汇率为1美元=7.95人民币元。应进行的会计处理如下：

借：短期借款(美元户)(50 000×7.95)　　397 500
　　贷：银行存款(美元户)(50 000×7.95)　　397 500

5. 买入或者卖出以外币计价的商品或者劳务

企业发生买入或者卖出以外币计价的商品或者劳务时，应按企业选定的折算汇率将外币金额折合为记账本位币入账。期末(月末或季末、年末)，对所有外币账户余额按期末市场汇率进行调整，调整后的差额记入“财务费用”科目。

【例2-10】某企业外币业务核算采用当月月初的市场汇率作为即期汇率近似汇率，并作为当月外币交易业务的折算汇率，并按月计算汇兑损益。5月1日的市场汇率为1美元=8.10人民币元，4月30日的市场汇率为1美元=8.1人民币元，各外币账户4月30日的期末余额如表2-20所示。

表 2-20　各外币账户的期末余额

外币账户	外币余额(美元)	折算汇率	记账本位币金额(人民币元)
银行存款	100 000	8.1	810 000
应收账款——甲企业	10 000	8.1	81 000
应付账款——A 企业	10 000	8.1	81 000
短期借款	15 000	8.1	121 500

该企业 5 月份外币收支业务如下：

①5 日，收回甲企业货款 8 000 美元。

②8 日，支付 A 企业货款 5 000 美元。

③20 日，归还短期借款 10 000 美元。

④23 日，出售甲企业产品一批，货款 25 000 美元，货已发出，货款尚未收到。根据上述业务资料，该企业应编制如下会计分录(不考虑增值税等相关税金)。

① 借：银行存款(美元户)(8 000 ×8.1)　　64 800
　　贷：应收账款——甲企业(美元户)(8 000 ×8.1)　　64 800

② 借：应付账款——A 企业(美元户)(5 000 ×8.1)　　40 500
　　贷：银行存款(美元户)(5 000 ×8.1)　　40 500

③ 借：短期借款(美元户)(10 000 ×8.1)　　81 000
　　贷：银行存款(美元户)(10 000 ×8.1)　　81 000

④ 借：应收账款——甲企业(美元户)(25 000 ×8.1)　　202 500
　　贷：主营业务收入　　202 500

5 月 31 日的市场汇率为 1 美元 =8.05 人民币元，则该企业调整各外币账户余额如表 2-21，2-22，2-23，2-24 所示。

表 2-21　银行存款(美元户)

摘要	美元	汇率	人民币
期初余额(贷)	100 000.00	8.10	810 000.00
贷方发生额	8 000.00	8.10	64 800.00
借方发生额	15 000.00	8.10	121 500.00
期末余额	93 000.00	8.10	753 300.00
期末调整	93 000.00	8.05	748 650.00
汇兑损益			4 650.00(贷)

表 2-22 应收账款——甲企业(美元户)

摘要	美元	汇率	人民币
期初余额(贷)	10 000.00	8.10	81 000.00
贷方发生额	25 000.00	8.10	202 500.00
借方发生额	8 000.00	8.10	64 800.00
期末余额	27 000.00	8.10	218 700.00
期末调整	27 000.00	8.05	217 350.00
汇兑损益			1 350.00(贷)

表 2-23 应付账款——A 企业(美元户)

摘要	美元	汇率	人民币
期初余额(贷)	10 000.00	8.10	81 000.00
贷方发生额	—	8.10	—
借方发生额	5 000.00	8.10	40 500.00
期末余额	5 000.00	8.10	40 500.00
期末调整	5 000.00	8.05	40 250.00
汇兑损益			250.00(借)

表 2-24 短期借款(美元户)

摘要	美元	汇率	人民币
期初余额(贷)	15 000.00	8.10	121 500.00
贷方发生额	—	8.10	—
借方发生额	10 000.00	8.10	81 000.00
期末余额	5 000.00	8.10	40 500.00
期末调整	5 000.00	8.05	40 250.00
汇兑损益			250.00(借)

根据对上述各外币账户的调整结果，编制如下调整分录：

借：应付账款——A 企业(美元户)　　250
　　短期借款(美元户)　　250
　　财务费用　　5 500
　　贷：银行存款(美元户)　　4 650
　　　　应收账款——甲企业(美元户)　　1 350

第三章
应收款项

本章导读

应收款项是指企业在日常生产经营过程中由于销售商品、提供劳务等原因发生的各项债权，包括应收款项和预付款项。

对于一个企业来讲，应收款项一方面能促进销售、扩大销售收入、增强竞争能力，但是另一方面，应收账款的存在会给企业带来资金周转困难、坏账损失等弊端。因此，如何处理和解决好这种矛盾，便是企业应收账款管理的目标，企业须在这两方面中权衡利弊，根据自身特点保持合理的应收账款保有量。在本章中，我们重点学习以下内容：

- ☑ 什么是应收票据，如何对应收票据进行会计核算。
- ☑ 什么是应收账款，如何对应收账款进行会计核算。
- ☑ 什么是预付账款，如何对预付账款进行会计核算。
- ☑ 什么是其他应收款，如何对其他应收款进行会计核算。
- ☑ 什么情况下应该计提应收款项减值准备，有哪些计提的方法可供选择。

第一节 应收票据

一、应收票据概述

应收票据是指企业因销售商品、提供劳务等而收到的商业汇票。商业汇票的相关内容如表3－1所示。

表3－1 商业汇票相关内容

<table>
<tr><td rowspan="10">商业汇票</td><td colspan="2">含义</td><td colspan="2">出票人签发的，委托付款人在见票时或者在指定日期，无条件支付确定的金额给收款人或者持票人的票据</td></tr>
<tr><td colspan="2" rowspan="3">汇票关系中的三个基本当事人</td><td colspan="2">出票人：签发商业汇票，委托付款人进行付款行为的人</td></tr>
<tr><td colspan="2">付款人：商业汇票上载明的、受托承担付款义务的人；在付款人进行承兑后，则成为承兑人</td></tr>
<tr><td colspan="2">收款人：汇票上载明的、有权持有汇票并接受付款的人；而从收款人处依法受让汇票并取得付款的人，则为持票人，通常，汇票上所载收款人也就是第一持票人</td></tr>
<tr><td rowspan="4">付款期限</td><td rowspan="4">最长不得超过6个月</td><td colspan="2">定日付款的汇票：自出票日起计算，并在汇票上记载具体到期日</td></tr>
<tr><td colspan="2">出票后定期付款的汇票：自出票日起按月计算，并在汇票上记载</td></tr>
<tr><td colspan="2">见票后定期付款的汇票：自承兑或拒绝承兑日起按月计算，并在汇票上记载</td></tr>
<tr><td colspan="2">商业汇票的提示付款期限，自汇票到期日起10日内。符合条件的商业汇票的持票人，可以持未到期的商业汇票连同贴现凭证向银行申请贴现</td></tr>
<tr><td rowspan="2">分类</td><td colspan="2">商业承兑汇票</td><td>由收款人签发、经付款人承兑，或由付款人签发并承兑的票据</td></tr>
<tr><td colspan="2">银行承兑汇票</td><td>由收款人或承兑申请人签发，并由承兑申请人向开户银行申请，经银行审查同意承兑的票据</td></tr>
</table>

商业承兑汇票的付款人收到开户银行的付款通知，应在当日通知银行付款。付款人在接到通知日的次日起三日内(遇法定休假日顺延)未通知银行付款的，视同付款人承诺付款，银行将于付款人接到通知日的次日起第四日(遇法定休假日顺延)上午开始营业时，将票款划给持票人。付款人提前收到由其承兑的商业汇票，应通知银行于汇票到期日付款。银行在办理划款时，付款人存款账户不足支付的，银行应填制付款人未付票款通知书，连同商业承兑汇票邮寄持票人开户银行转交持票人。

银行承兑汇票是指由在承兑银行开立存款账户的存款人(这里也是出票人)签发，由承兑银行承兑的票据。企业申请使用银行承兑汇票时，应向其承兑银行按票面金额的万分之五交纳手续费。银行承兑汇票的出票人应于汇票到期前将票款足额交存其开户银行，承兑银行应在汇票到期日或到期日后的见票当日支付票款。银行承兑汇票的出票人于汇票到期前未能足额交存票款时，承兑银行除凭票向持票人无条件付款外，对出票人尚未支付的汇票金额按照每天万分之五计收利息。

二、应收票据的核算

“应收票据”科目的相关内容如表3－2所示。

表3－2　“应收票据”科目相关内容

科目	设置目的	借贷方含义	备注
应收票据	反映和监督应收票据取得、票款收回等经济业务	借方登记取得的应收票据的面值，贷方登记到期收回票款或到期前向银行贴现的应收票据的票面余额，期末余额在借方，反映企业持有的商业汇票的票面金额	本科目可按照开出、承兑商业汇票的单位进行明细核算，并设置“应收票据备查簿”，逐笔登记商业汇票的种类、号数和出票日、退票情况等资料。商业汇票到期结清票款或退票后，在备查簿中应予注销

(一)取得应收票据的会计核算

根据应收票据取得的原因不同，其会计处理也是有所区别的。企业因销售商品、提供劳务等而收到开出、承兑的商业汇票，按商业汇票的票面金额，借记本科目；按确认的营业收入，贷记“主营业务收入”等科目。涉及增值税销项税额的，还应进行相应的处理。

【例3-1】立兴建筑工程公司2013年5月1日为A公司运输了一批原材料，货款金额为100 000元。当货物运输结束后，A公司送来一张期限为3个月的商业承兑汇票，面值为100 000元，抵付原材料运费。则立兴建筑工程公司应进行如下的会计处理：

借：应收票据　　100 000

　　贷：主营业务收入　　100 000

(二)转让应收票据的核算

在会计实务中，企业可以将自己持有的商业汇票背书转让。背书是指在票据背面或者粘单上记载有关事项并签章的票据行为。背书转让时，背书人应当承担票据责任。企业将持有的商业汇票背书转让以取得所需物资时，按应计入取得物资成本的金额，借记“材料采购”或“原材料”、“库存商品”等科目；按专用发票上注明的可抵扣的增值税税额，借记“应交税费——应交增值税(进项税额)”科目；按商业汇票的票面金额，贷记“应收票据”科目；如有差额，借记或贷记“银行存款”等科目。

【例3-2】立兴建筑工程公司于2013年5月10日购买了一批营运车辆用轮胎，由于资金短缺，将5月1日收到的一张期限为3个月、面额为117 000元的商业汇票背书转让，购入的物资货款金额为100 000元，适用增值税税率为17%。应作如下会计处理：

借：原材料——轮胎　　100 000

　　应交税费——应交增值税(进项税额)　　17 000

　　贷：应收票据　　117 000

(三)应收票据贴现的会计核算

应收票据贴现的含义及其必备条件如表3-3所示。

表 3-3 票据贴现的含义及其必备条件

票据贴现含义	商业汇票的持票人向银行办理贴现的必备条件
企业以未到期票据向银行融通资金，银行按票据的应收金额扣除一定期间的利息后的余额付给企业的融资行为	在银行开立存款账户的企业法人以及其他组织
	与出票人或者直接前手之间具有真实的商品交易关系
	提供与其前手之间的增值税发票和商品发运单据复印件

1. 应收票据贴现额的计算

应收票据贴现额的计算公式如下：

贴现息 = 票据到期值 × 贴现率 × 贴现期

贴现额 = 票据到期值 − 贴现息

公式中，贴现率由银行统一制定。贴现期按银行规定计算，通常是指从贴现日至票据到期日前 1 日的时间。

票据有带息与不带息之分，其到期值的计算及账务处理也有所不同。不带息票据到期值即票据面值，带息票据到期值等于票据面值与票据利息之和，其中票据到期利息按下列公式计算：

票据到期利息 = 应收票据面值 × 票面利率 × 时间

以上公式中，票面利率有年、月、日利率之分。如需换算成月利率或日利率，每月统一按 30 天计算，全年按 360 天计算。三者之间的关系是：

月利率 = 年利率 ÷ 12

日利率 = 月利率 ÷ 30 或年利率 ÷ 360

时间是指从票据生效之日起到票据到期之日止的时间间隔。

2. 应收票据贴现的账务处理

企业持未到期的商业汇票向银行贴现，应按实际收到的金额（即减去贴现息后的净额），借记“银行存款”等科目；按贴现息部分，借记“财务费用”等科目；按商业汇票的票面金额，贷记“应收票据”科目或“短期借款”科目。

【例 3-3】2012 年 9 月 20 日，立兴建筑工程公司持所收取的出票日期为 7 月 22 日、期限为 6 个月、面值为 110 000 元的不带息商业承兑汇票一张到银行贴现，假设银行同意对该票据进行贴现，银行年贴现率为 12%。请对以上的经济业务编制会计分录。

①该应收票据到期日为2013年1月22日，其贴现日是2012年9月20日至2013年1月22日，其贴现天数为124天。

贴现天数 = 11 + 31 + 30 + 31 + 22 − 1 = 124(天)；

贴现息 = 110 000 × 12% × 124 ÷ 360 = 4 546.67(元)；

贴现净额 = 110 000 − 4 546.67 = 105 453.33(元)。

有关会计分录如下：

借：银行存款	105 453.33	
财务费用	4 546.67	
贷：应收票据		110 000

②如果贴现的商业汇票到期后，承兑人的银行账户不足支付，银行即将已贴现的票据退回申请贴现的企业，同时从贴现企业的账户中将票据款划回，贴现企业应作如下的账务处理：

借：应收账款	110 000	
贷：银行存款		110 000

③如果申请贴现企业的银行存款账户余额不足，银行将应收的款项作为申请贴现企业的逾期贷款处理，贴现企业作如下的账务处理：

借：应收账款	110 000	
贷：短期借款		110 000

3. 收回到期应收票据的会计核算

商业汇票到期之后，应及时要求对方付款，应按实际收到的金额，借记“银行存款”科目；按商业汇票的票面金额，贷记“应收票据”科目。

【例3−4】2013年4月1日，立兴建筑工程公司持有的一张期限为3个月、票面金额为117 000元的商业汇票已到期，该公司将上述应收票据收回，票面金额117 000元存入银行。立兴建筑工程公司应进行如下的会计处理：

借：银行存款	117 000	
贷：应收票据		117 000

第二节 应收账款

一、应收账款概述

应收账款的含义及特征如表 3 – 4 所示。

表 3 – 4 应收账款概述

应收账款含义	企业因销售商品、提供劳务等经营活动，应向购货单位或接受劳务单位收取的款项，主要包括企业销售商品或提供劳务等应向有关债务人收取的价款及代购货单位垫付的包装费、运杂费等
应收账款的特征	应收账款是企业因销售商品、产品、提供劳务等经营活动所形成的债权
	应收账款是指流动资产性质的债权
	应收账款是企业应收客户的款项，包括代垫的运杂费，不包括企业付出的各类存出保证金，如投标保证金和租入包装物保证金

二、应收账款的计价

应收账款通常应按实际发生额计价入账。计价时还需要考虑商业折扣和现金折扣等因素，应收账款计价应考虑的因素如表 3 – 5 所示。

表 3 – 5 应收账款计价应考虑的因素

应收账款计价考虑因素	含义	处理方法
商业折扣	企业根据市场供需情况，或针对不同的顾客，在商品标价上给予的扣除，是为鼓励客户购买本企业的产品而给予客户的价格优惠	企业应收账款入账金额应按扣除商业折扣以后的实际售价确认，是企业最常用的促销手段

（续表）

应收账款计价考虑因素	含义	处理方法
现金折扣	债权人为鼓励债务人在规定的期限内付款，而向债务人提供的债务扣除	现金折扣一般用符号“折扣/付款期限”表示。例如，买方在 10 天内付款可按售价给予 2% 的折扣，用符号“2/10”表示；在 30 天内付款，则不给折扣，用符号“n/30”表示。 在存在现金折扣的情况下，应收账款应以未减去现金折扣的金额作为入账价值。实际发生的现金折扣，作为一种财务费用，计入当期的损益

三、应收账款的会计核算

为了反映应收账款的增减变动及其结存情况，企业应设置“应收账款”科目，不单独设置“预收账款”科目的企业，预收的账款也在“应收账款”科目核算。“应收账款”科目的借方登记应收账款的增加，贷方登记应收账款的收回及确认的坏账损失。特别需要说明的是，企业代购货单位垫付包装费、运杂费也应计入应收账款，通过“应收账款”科目核算。

期末“应收账款”科目的余额一般在借方，反映企业当时尚未收回的应收账款；如果期末余额在贷方，则反映企业预收的账款。

应收账款的会计核算分为以下几种情况。

1. 企业发生的应收账款，在没有商业折扣的情况下，按应收的全部金额入账

【例 3－5】立兴建材公司向企业 B 销售了一批水泥，货款为 50 000 元，销项税额为 8 500 元，代垫运费 2 000 元，已办妥银行收款手续。

借：应收账款　　60 500

　　贷：主营业务收入　　50 000

　　　　应交税费——应交增值税（销项税额）　　8 500

　　　　银行存款　　2 000

收到货款时：

借：银行存款　　60 500
　　贷：应收账款　　60 500

2. 企业发生的应收账款，在有商业折扣的情况下，应按扣除商业折扣后的余额入账

【例 3－6】 立兴建材公司对外销售了一批塑料管线，按价目表标明的价格计算，金额为 20 000 元，由于是成批销售，销货方给购货方 10% 的商业折扣，金额为 2 000 元，销货方应收账款的入账金额为 18 000 元，适用增值税率为 17%。销售额和折扣额在同一专用发票上注明。

① 销售实现时，应进行如下的账务处理。

借：应收账款　　21 060
　　贷：主营业务收入　　18 000
　　　　应交税费——应交增值税(销项税额)　　3 060

② 收到货款时，应进行如下的账务处理。

借：银行存款　　21 060
　　贷：应收账款　　21 060

3. 企业发生的应收账款在有现金折扣的情况下，采用总价法入账，发生的现金折扣作为财务费用处理

【例 3－7】 立兴建材公司销售墙面漆一批，货款合计 10 000 元，规定的现金折扣条件为“2/10，n/30”，适用的增值税税率为 17%，产品交付并办妥托收手续。

借：应收账款　　117 000
　　贷：主营业务收入　　10 000
　　　　应交税费——应交增值税(销项税额)　　1 700

收到货款时，根据购货企业是否得到现金折扣的情况入账。如果上述货款在 10 天内收到：

借：银行存款　　11 466
　　财务费用　　234
　　贷：应收账款　　11 700

如果超过了现金折扣的最后期限：

借：银行存款　　11 700

　　贷：应收账款　　11 700

在与应收款项相关的会计核算中，除以上的经济业务，计提坏账准备、债务重组也是非常常见的经济业务，这些业务的核算我们将在以后的章节进行详细的讲解。

第三节　预付账款

预付账款是指企业按照合同规定预付的款项。企业应当设置"预付账款"科目，核算预付账款的增减变动及其结存情况。预付款项情况不多的企业，可以不设置"预付账款"科目，而直接通过"应付账款"科目核算。本科目期末借方余额，反映企业预付的款项；期末如为贷方余额，反映企业尚未补付的款项。

一、采购中预付账款的会计核算

企业根据购货合同的规定向供应单位预付款项时，借记"预付账款"科目，贷记"银行存款"科目。企业收到所购物资，按应计入购入物资成本的金额，借记"材料采购"或"原材料"、"库存商品"、"应交税费——应交增值税(进项税额)"等科目，贷记"预付账款"科目；当预付货款小于采购货物所需支付的款项时，应将不足部分补付，借记"预付账款"科目，贷记"银行存款"科目；当预付货款大于采购货物所需支付的款项时，对收回的多余款项应借记"银行存款"科目，贷记"预付账款"科目。

【例3－8】立兴建筑工程公司向A公司采购燃油一批，货款总额为10万元。按照合同约定，该公司需要向A公司预付货款的50%，待收到货物并验收后支付其余的货款。对于以上的业务，立兴建筑工程公司应作如下会计处理。

①预付50%的货款时。

借：预付账款——A 公司　　50 000

　　贷：银行存款　　50 000

② 收到 A 公司发来的燃油之后，验收无误，增值税专用发票记载的货款为 100 000 元，增值税税额为 17 000 元。甲公司以银行存款补付所欠款项 67 000 元。

借：预付账款——A 公司　　67 000

　　贷：银行存款　　67 000

借：原材料——燃油　　100 000

　　应交税费——应交增值税(进项税额)　　17 000

　　贷：预付账款——A 公司　　117 000

说明：首先对补付的其余货款进行处理，然后对货物入库的业务再进行账务处理，如果是预付账款大于货款总额，则应该在收回多余的预付款时，借记“银行存款”科目，贷记“预付货款”科目。

假设，由于其他原因，A 公司只能提供 40 000 元的燃油，退回了多付的货款 3 200 元，则应进行以下的账务处理：

借：银行存款　　3 200

　　贷：预付账款——乙公司　　3 200

借：原材料　　40 000

　　应交税费——应交增值税(进项税额)　　6 800

　　贷：预付账款——乙公司　　46 800

二、在建工程中预付账款的核算

企业进行在建工程预付的工程价款，借记“预付账款”科目，贷记“银行存款”等科目。按工程进度结算工程价款，借记“在建工程”科目，贷记“预付账款”、“银行存款”等科目。

第四节　其他应收款

一、其他应收款的内容

其他应收款是指企业除应收票据、应收账款、预付账款等以外的其他各种应收及暂付款项。“其他应收款”包含的内容如图3－1所示。

其他应收款主要内容
- 应收的各种赔款、罚款
- 应收出租包装物的租金
- 应向职工收取的各种垫付款项
- 备用金（向企业各职能科室、车间等拨出的备用金）
- 存出的保证金，如租入包装物支付的押金
- 预付账款转入
- 其他各种应收、暂付款项

图3－1　其他应收款主要内容

二、其他应收款的会计核算

为了反映其他应收账款的增减变动及其结存情况，企业应当设置“其他应收款”科目进行核算。“其他应收款”应按款项的类别进行项目分类，按不同的债务人设置明细账。企业应定期或者至少于每年年度终了，对其他应收款进行检查，预计其可能发生的坏账损失，并计提坏账准备。“其他应收款”科目的借方登记其他应收款的增加，贷方登记其他应收款的收回，期末余额一般在借方，反映企业尚未收回的其他应收款项。

（一）一般其他应收款的核算

企业发生其他各种应收款项时，应按应收金额借记“其他应收款”科目，贷记有关科目。收回各种款项时，借记有关科目，贷记“其他应收款”科目。企业拨出用于投资、购买物资的各种款项，不得通过“其他应收款”科目核算。

【例3－9】立兴建筑工程公司一批库存的电子仪器发生毁损，这批库存物资已投保了企业财产险，按保险合同规定，应由保险公司赔偿损失110 000元，经现场勘查之后，保险公司已同意按照约定赔偿，但赔款一周之后才能支付。该公司对以上的业务应进行的会计处理如下：

借：其他应收款——保险公司　　110 000

　　贷：固定资产　　110 000

待收到保险公司的赔款时：

借：银行存款 110 000

　　贷：其他应收款——保险公司 110 000

【例3－10】立兴建筑工程公司2013年2月以现金的形式为员工小李代垫应由其个人负担的培训费300元，打算从其下月工资中扣回。对此业务应进行如下的会计处理。

① 垫支以上款项时。

借：其他应收款——李×× 300

　　贷：银行存款 300

② 下月从其工资中扣回以上款项时。

借：应付职工薪酬 300

　　贷：其他应收款——李×× 300

(二)其他应收款——备用金的核算

其他应收款中备用金的会计处理如表3－6所示。

表3－6 备用金的会计处理

备用金的概念	备用金的管理	备用金的账务处理
会计事务中，为了使频繁的日常小额零星支出摆脱常规的逐级审批及逐项签发支票的过繁手续，对那些供零星开支、零星采购或小额差旅费用等需用的现金，建立定额备用金制度加以控制	① 由会计部门核定金额，规定使用范围；② 必须设立专人经管定额备用金；③ 支付零用现金时，必须由指定的负责人签字同意；④ 经管人员必须妥善保管有关收据、发票及各种报销凭证，并设置备用金登记簿；⑤ 按规定凭有关凭证向会计部门报销，补足定额	① 发放备用金时。 借：其他应收款——××× 　　贷：现金(银行存款) ② 定期报销时。 借：管理费用 　　贷：现金(银行存款) ③ 年末收回时，如果备用金尚未用完。 借：库存现金(银行存款) 　　贷：其他应收款——××× 如果备用金已经用完，尚有费用没报销时。 借：管理费用 　　贷：现金 　　　　其他应收款——×××

第五节　应收款项减值

企业应当在资产负债表日对应收款项的账面价值进行检查，有客观证据表明该应收款项发生减值的，应当将该应收款项的账面价值减记至预计未来现金流量现值，减记的金额确认减值损失、计提坏账准备。

一、应收款项减值损失的确认

企业确认应收款项减值时，应遵循财务报告的目标和会计核算的基本原则，具体分析各种应收款项的特性、金额的大小、信用期限、债务人的信誉和当时的经营情况等因素。确认为减值损失的情形如表 3－7 所示。

表 3－7　确认为减值损失的情形

项目	内容
确认为应收款项减值的情形	债务人死亡，以其遗产清偿后仍然无法收回
	债务人破产，以其破产财产清偿后仍然无法收回
	债务人较长时期内未履行其偿债义务，并有足够的证据表明无法收回或收回的可能性极小

企业应当定期或者至少于每年年度终了，分析各项应收款项的可收回性，预计可能产生的应收款项减值损失。对没有把握能够收回的应收款项，计提应收款项减值准备。坏账准备的计提范围如表 3－8 所示。

表 3－8　坏账准备的计提范围

项目	内容
坏账准备的计提范围	应收账款、其他应收款
	预付账款如有确凿证据表明其不符合预付账款性质，或者因供货单位破产、撤销等原因已无望再收到所购货物的
	持有的未到期应收票据，如有确凿证据证明不能够收回或收回的可能性不大

注：对已确认为坏账的应收账款，并不意味着企业放弃了追索权，一旦重新收回，应及时入账。

在确定坏账准备的计提比例时，企业应根据以往的经验、债务单位的实际财务状况和现金流量等相关信息予以合理估计。其中，不能全额计提坏账准备的情形如表3－9所示。

表3－9 不能全额计提坏账准备的情形

判断标准	具体内容
除有确凿证据表明该项应收款项不能够收回或收回的可能性不大外（如债务单位已撤销、破产、资不抵债、现金流量严重不足、发生严重的自然灾害等导致停产而在短时间内无法偿付债务等，以及3年以上的应收款项），不能全额提取坏账准备的情况	当年发生的应收款项
	计划对应收款项进行重组
	与关联方发生的应收款项
	其他已逾期，但无确凿证据表明不能收回的应收款项

二、应收款项减值损失的估算

企业进行坏账核算时，首先应按期估计坏账损失。估计坏账损失的方法有应收款项余额百分比法、账龄分析法和销货百分比法等。

（一）应收款项余额百分比法

应收款项余额百分比法，是根据会计期末应收款项的余额和估计的坏账率，估计坏账损失、计提坏账准备的方法。按此计算的数额为下年度应保留的坏账准备金额，因此，实际提取数并不一定等于计算出的应提数，提取时需考虑提取前该账户的余额，但年末提取后该账户余额一定在贷方，即计算出的应保留坏账准备金数。坏账准备借贷方余额意义如表3－10所示。

表3－10 坏账准备余额的意义

余额所在	意义
借方余额	原先提取的坏账准备金没能足额冲销已发生的坏账，需在提取时补提，实际提取数等于应提取数加上借方余额数
贷方余额	原贷方余额大于应提数，表示原坏账准备金过多，应冲销多余数
	原贷方余额小于应提数，则应补提不足部分

【例3-11】立兴建筑工程公司从2011年开始计提坏账准备。2011年年末应收账款余额为1 200 000元，该企业坏账准备的提取比例为5‰。则计提的坏账准备为：

坏账准备提取额=1 200 000×5‰=6 000(元)。

借：管理费用　　6 000
　　贷：坏账准备　　6 000

2012年11月，企业发现有1 600元的应收账款无法收回，按有关规定确认为坏账损失。

借：坏账准备　　1 600
　　贷：应收账款　　1 600

2012年12月31日，该企业应收账款余额为1 440 000元。本年年末应收账款余额应保持的坏账准备金额(即坏账准备的余额)为：

坏账准备的余额=1 440 000×5‰=7 200(元)。

年末计提坏账准备前，“坏账准备”科目的贷方余额为：

贷方余额=6 000-1 600=4 400(元)。

本年度应补提的坏账准备金额为：

补提金额=7 200-4 400=2 800(元)。

有关账务处理如下：

借：管理费用　　2 800
　　贷：坏账准备　　2 800

2013年5月20日，接银行通知，企业上年度已冲销的1 600元坏账又收回，款项已存入银行。有关账务处理如下：

借：应收账款　　1 600
　　贷：坏账准备　　1 600

借：银行存款　　1 600
　　贷：应收账款　　1 600

2013年12月31日，企业应收账款余额为1 000 000元。

本年末坏账准备余额=1 000 000×5‰=5 000(元)。

至年末，计提坏账准备前的“坏账准备”科目的贷方余额=7 200+1 600=8 800(元)。

本年度应冲销多提的坏账准备金额=8 800-5 000=3 800(元)。

有关账务处理如下：

借：坏账准备　　3 800

　　贷：管理费用　　3 800

（二）账龄分析法

账龄分析法，是根据应收款项账龄的长短来估计坏账的方法。账龄指的是顾客所欠账款的时间。采用这种方法，企业利用账龄分析表所提供的信息，确定坏账准备金额。确定的方法按各类账龄分别估计其可能成为坏账的部分。

【例3-12】 立兴建筑工程公司2013年12月31日应收账款账龄及估计坏账损失如表3-11所示。该企业2013年12月31日估计的坏账损失为2 400元，所以，“坏账准备”科目的账面余额应为2 400元。

假设在估计坏账损失前，“坏账准备”科目有贷方余额1 000元，则该企业还应计提1 400元(2 400-1 000)。有关账务处理如下：

借：管理费用　　1 400

　　贷：坏账准备　　1 400

再假设在估计坏账损失前，“坏账准备”科目有贷方余额2 600元，则该企业应冲减200元(2 600-2 400)。有关账务处理如下：

借：坏账准备　　200

　　贷：管理费用　　200

表3-11　账龄分析表

应收账款账龄	应收账款金额(元)	估计损失(%)	估计损失金额(元)
未到期	60 000	0.5	300
过期1个月	40 000	1	400
过期2个月	30 000	2	600
过期3个月	20 000	3	600
过期3个月以上	10 000	5	500
合计	160 000		2 400

(三)销货百分比法

销货百分比法，是以赊销金额的一定百分比作为估计坏账的方法。企业可以根据过去的经验和有关资料，估计坏账损失与赊销金额之间的比率，也可用其他更合理的方法进行估计。

三、应收款项减值的会计核算

应收账款减值时应该提取坏账准备，“坏账准备”设置的目的和借贷方意义如表 3－12 所示。

表 3－12 “坏账准备”设置的目的和借贷方意义

项目	内容
“坏账准备”设置目的借贷方意义	核算应收款项的坏账准备计提、转销等情况
	贷方登记当期计提的坏账准备金额，借方登记实际发生的坏账损失金额和冲减的坏账准备金额，期末余额一般在贷方，反映企业已计提但尚未转销的坏账准备

坏账准备可按以下公式计算：

当期应计提的坏账准备 = 当期按应收款项计算应提坏账准备金额 －“坏账准备”科目贷方余额(或 +“坏账准备”科目的借方余额)

坏账准备的相关会计处理如表 3－13 所示。

表 3－13 坏账准备的相关会计处理

情形	会计处理
计提坏账准备	借记“资产减值损失——计提的坏账准备”科目，贷记“坏账准备”科目
冲减多计提的坏账准备	借记“坏账准备”科目，贷记“资产减值损失——计提的坏账准备”科目
发生坏账损失	借记“坏账准备”科目，贷记“应收账款”、“其他应收款”等科目
已确认并转销的应收款项以后又收回	借记“应收账款”、“其他应收款”等科目，贷记“坏账准备”科目；同时，借记“银行存款”科目，贷记“应收账款”、“其他应收款”等科目

【例3－13】2011年12月31日，立兴建筑工程公司对应收A公司的账款进行减值测试。应收账款余额合计为1 000 000元，立兴建筑工程公司根据A公司的资信情况确定按10%计提坏账准备。2011年年末，计提坏账准备的会计分录为：

借：资产减值损失——计提的坏账准备　　100 000

　　贷：坏账准备　　100 000

立兴建筑工程公司2012年对A公司的应收账款实际发生坏账损失30 000元。确认坏账损失时，应作如下会计处理：

借：坏账准备　　30 000

　　贷：应收账款　　30 000

立兴建筑工程公司2012年本应收A公司的账款余额为1 200 000元，经减值测试，立兴建筑工程公司决定仍按10%计提坏账准备。

根据立兴建筑工程公司坏账核算方法，其“坏账准备”科目应保持的贷方余额为120 000元（1 200 000×10%）；计提坏账准备前，“坏账准备”科目的实际余额为贷方70 000元(100 000－30 000)，因此本年末应计提的坏账准备金额为50 000元(120 000－70 000)。立兴建筑工程公司应作如下会计处理：

借：资产减值损失——计提的坏账准备　　50 000

　　贷：坏账准备　　50 000

立兴建筑工程公司2013年4月20日收到2010年已转销的坏账20 000元，已存入银行。立兴建筑工程公司应作如下会计处理：

借：应收账款　　20 000

　　贷：坏账准备　　20 000

借：银行存款　　20 000

　　贷：应收账款　　20 000

第四章
存　货

本章导读

随着改革开放的深入和市场积极的发展，企业间的竞争日趋激烈，较低的存货水平和较快的生产能力显示出强大的动力。存贷是反映企业流动资金运作情况的晴雨表，它不仅在企业营运资本中占很大比重，而且又是流动性较差的流动资产。施工企业为了进行施工建设的的需要，经常需要储备一定数量的某种资产，如建材、建筑用周转材料、施工中用到的低值易耗品等，这些统称为存货。一般情况下，存货占企业总资产的比重多大，其管理、利用状况如何，直接关系到企业的资金占用水平及资产的运作效率。正确的存货管理方法，可以降低企业的平均资金占用水平，提高存货的周转速度和总资产周转率，最终提高企业的经济效益。本章将重点介绍与施工企业存货相关的会计核算。在本章中，我们重点学习以下内容：

☑ 什么是存货，施工企业的存货包括哪些类别。
☑ 如何对存货进行计价，包括哪些方法。
☑ 取得原材料时如何进行会计核算。
☑ 原材料发出时如何进行会计核算。
☑ 在计划成本法下，原材料相关业务如何进行会计核算。
☑ 包装物、低值易耗品如何进行会计核算。
☑ 存货的盘存方法包括哪些。
☑ 存货盘盈、盘亏如何进行会计核算。
☑ 存货期末计价如何进行会计核算。

第一节　存货概述

一、存货的概念

存货的含义及确认条件如表4－1所示。

表4－1　存货的定义及确认条件

项目	内容
存货的定义	企业在生产经营过程中为销售或耗用而储存的各种资产
存货确认为资产的条件（同时满足）	与该存货有关的经济利益很可能流入企业； 该存货的成本能够可靠地计量

二、存货的特点

存货的特点如表4－2所示。

表4－2　存货的特点

存货特点	具体内容
有形资产	具有实物形态。会计核算上，既要以货币提供价值指标，又要反映实物数量
较强的流动性	处于不断销售、耗用、购买或重置中，属于企业的流动资产
有实效性和发生潜在损失的可能性	存货能给企业带来经济利益，如存货陈旧过时，或因保管不善而毁损，则会给企业带来损失
流动方式	实物流动与价值流动存在着不一致

三、施工企业存货的种类

施工企业的存货种类繁多，为了正确组织存货的核算，必须对存货进行科学的分类。按照存货在施工企业中的作用和存放地点不同，可以分为以下几类，如表4－3所示。

表 4－3 存货的分类

存货的类别	具体含义
库存材料	指施工企业用于建筑安装工程而存放在仓库的各种材料，施工企业的库存材料包括主要材料、结构件、机械配件和其他材料等。主要材料指用于工程或产品并构成工程或产品实体的各种材料，如黑色金属材料、有色金属材料、木材、硅酸盐材料、小五金材料、电器材料、化工材料等；结构件指经过吊装、拼砌和安装而构成房屋建筑物实体的各种金属的、钢筋混凝土的、混凝土的和木质的结构件等；机械配件指施工机械、生产设备、运输设备等各种机械设备替换、维修使用的各种零件和配件，以及为机械设备准备的备品备件。其他材料指不构成工程或产品实体，但有助于工程或产品形成，或便于施工、生产进行的各种材料，如燃料、油料等
周转材料	施工企业在施工生产过程中能多次使用，并可基本保持原来的形态而逐渐转移其价值的材料。如模板、挡板、脚手架及其他周转材料等
低值易耗品	指使用年限较短，或价值较低，不作固定资产核算的各种用具物品。如铁镐、铁锹、安全带、办公桌等
在途物资	指企业从外购进，货款已经支付，但尚在运输途中或虽已到达但尚未验收入库的材料
委托加工物资	指企业委托外单位加工的各种材料物资
产成品	企业所属内部独立核算的附属工业企业库存的各种产品
在产品	企业所属内部独立核算的附属工业企业正在加工过程中的各种产品

四、存货的会计核算概述

存货也属于资产的一个类别，用于核算存货的科目主要包括："库存商品"、"原材料"等，一般通过借记表示存货的增加，贷记表示存货的减少。存货的会计核算中需要解决的关键问题如表 4－4 所示，存货的会计核算方法如表4－5 所示。

表 4－4　存货的会计核算中需要解决的关键问题

项目	内容
存货的会计核算中，需要解决的关键问题	取得存货时，如何确定存货的价值
	发出存货时，如何确定存货的成本
	会计期末时，如何对存货的成本进行调整

表 4－5　存货的会计核算方法

存货的会计核算方法	含义
计划成本法	存货的收入、发出和结余均按预先制定的计划成本计价，同时另设“成本差异”科目，对计划成本和实际成本的差额进行登记、分摊，并按期结转，期末将发出和结存存货的成本调整为与实际成本一致
实际成本法	存货的收入、发出和结余均按其实际成本确定，适用于规模较小、存货品种简单、采购业务不多的企业。常见的计价方法有先进先出法、加权平均法、移动平均法、后进先出法、个别计价法等

施工企业材料的核算，主要包括以下几个方面，如图 4－1 所示。

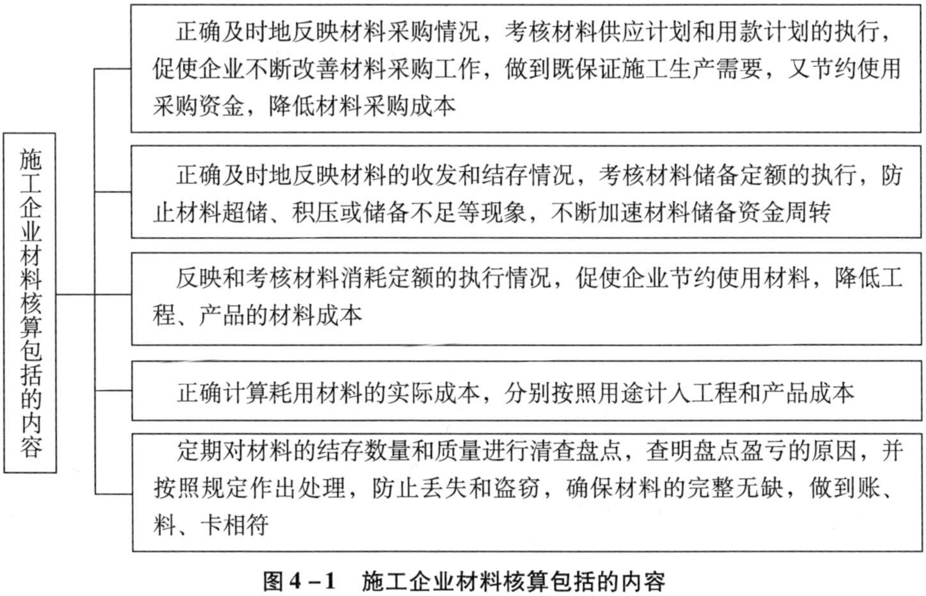

图 4－1　施工企业材料核算包括的内容

第二节　存货的计价

在对存货业务进行会计核算时，准确地计量存货的取得成本、发出存货的成本，以及会计期末对存货进行重新计价，对于准确地核算企业的经营成果有着重要的意义。

一、取得存货的计价

存货应当按照成本进行初始计量。存货成本包括采购成本、加工成本和其他成本。

(一) 外购的存货

企业通过购买而获得的各种存货，包括原材料、库存商品、低值易耗品等，以这种方式取得的存货的初始成本主要由采购成本构成。外购存货的采购成本构成如表4－6所示。

表4－6　存货的采购成本

存货的采购成本	包含的内容
购买价款	企业购入材料或商品的发票账单上列明的价款，但不包括按规定可以抵扣的增值税税额
相关税费	企业购买、自制或委托加工存货所发生的消费税、资源税和不能从增值税销项税额中抵扣的进项税额等
其他可归属于存货采购成本的费用	如在存货采购过程中发生的仓储费、包装费、运输途中的合理损耗、入库前的挑选整理费用等。这些费用能分清负担对象的，应直接计入存货的采购成本；不能分清负担对象的，应选择合理的分配方法，分别计入有关存货的采购成本，分配方法通常包括按所购存货的重量或采购价格的比例进行分配

注：其他可归属于存货采购成本的费用等，应当计入存货的采购成本，也可以先进行归集，期末再根据所购商品的存销情况进行分摊。对于已售商品的进货费用，计入当期损益；对于未售商品的进货费用，计入期末存货成本。企业采购商品的进货费用金额较小的，可以在发生时直接计入当期损益。

采购过程中如果遇到物资毁损或短缺，其会计处理如表 4－7 所示。

表 4－7　采购过程中物资毁损、短缺的会计处理

采购中发生的物资毁损、短缺情况	会计处理
合理的损耗	作为存货的"其他可归属于存货采购成本的费用"计入采购成本外
其他情况	① 应从供应单位、外部运输机构等收回的物资短缺或其他赔款，冲减物资的采购成本；② 因遭受意外灾害发生的损失和尚待查明原因的途中损耗，不得增加物资的采购成本，应暂作为待处理财产损溢进行核算，在查明原因后再作处理

（二）通过进一步加工而取得的存货

通过进一步加工而取得的存货的成本由采购成本、加工成本以及为使存货达到目前场所和状态所发生的其他成本构成。进一步加工取得的存货的成本确认方法如表 4－8 所示。

表 4－8　进一步加工取得的存货的成本确认

进一步加工取得的存货	初始成本的确认
委托外单位加工的存货	实际耗用的原材料或者半成品、加工费、运输费、装卸费等费用以及按规定应计入成本的税金
自行生产的存货	投入的原材料或半成品、直接人工和按照一定方法分配的制造费用。制造费用，是指企业为生产产品和提供劳务而发生的各项间接费用，包括企业生产部门（如生产车间）管理人员的薪酬、折旧费、修理费、办公费、水电费、机物料消耗、劳动保护费、季节性和修理期间的停工损失等

（三）其他方式取得的存货

投资者投入存货的成本，应当按照投资合同或协议约定的价值确定，但合同或协议约定价值存在内部交易的因素，不符合公允要求的的除外。

通过非货币性资产交换、债务重组和企业合并等取得的存货的成本，应当分别按照"非货币性资产交换"、"债务重组"及有关企业会计准则的规定确定。

(四)通过提供劳务取得的存货

通过提供劳务取得的存货，其成本按从事劳务提供人员的直接人工和其他直接费用以及可归属于该存货的间接费用确定。

二、发出存货的计价

日常工作中，企业发出的存货，可以按实际成本核算，也可以按计划成本核算。如采用计划成本核算，会计期末应调整为实际成本。

企业应当根据各类存货的实物流转方式、企业管理的要求、存货的性质等实际情况，合理地确定发出存货成本的计算方法，以及当期发出存货的实际成本。对于性质和用途相同的存货，应当采用相同的成本计算方法确定发出存货的成本。发出存货的计价方法介绍如表4－9所示。

表4－9　发出存货的计价方法

发出存货成本的计价方法	含义	适用范围、优缺点及公式
个别计价法	又称个别认定法、具体辨认法、分批实际法。采用这一方法是假设存货的成本流转与实物流转相一致，按照各种存货，逐一辨认各批发出存货和期末存货所属的购进批别或生产批别，分别按其购入或生产时所确定的单位成本作为计算各批发出存货和期末存货成本的方法	适用于一般不能替代使用的存货以及为特定项目专门购入或制造的存货，如珠宝、名画等贵重物品；成本比较合理、准确的存货；实务操作的工作量繁重，困难较大的存货
先进先出法	以先购入的存货先发出这样一种存货实物流转假设为前提，对发出存货进行计价	期末存货成本比较接近现行的市场价值，其优点是使企业不能随意挑选存货计价以调整当期利润，缺点是工作量比较烦琐；当物价上涨时，会高估企业当期利润和库存存货价值；反之，会低估企业存货价值和当期利润

（续表）

发出存货成本的计价方法	含义	适用范围、优缺点及公式
月末一次加权平均法	进货时，按存货的实际成本进行分类核算，发出存货时，只记录发货数量，月末时以本月所有进货和本期期初存货的加权平均成本，乘以发货数量作为存货的发出成本	公式1：本期存货的加权平均单位成本=（期初结存金额+本期各批进货的实际金额）/（期初结存数量+本期各批收货数量） 公式2：本期发出存货的成本=本期发出存货的数量×加权平均单位成本 公式3：期末存货的成本=期末结存存货的数量×加权平均单位成本
移动加权平均法	在每次收货以后，立即根据库存存货数量和总成本，计算出新的平均单位成本，发货时都以最近一次进货时计算的平均成本作为发出存货的平均成本	公式1：本次进货后的移动平均单位成本=（本次进货前库存存货的实际成本+本次进货的实际成本）÷（本次进货前库存存货的实际数量+本次进货的实际数量） 公式2：发出存货的成本=本次发出存货的数量×移动平均单位成本 公式3：本次发货后库存存货的成本=期末结存存货的数量×移动平均单位成本

注：在新的《企业会计准则》中，后进先出法不再作为一种发出存货的计价方法。

三、存货的期末计价

资产负债表日，存货应当按照成本与可变现净值孰低计量。存货成本高于其可变现净值的，应当计提存货跌价准备，计入当期损益。存货成本和可变现净值的含义如表4－10所示。

表4－10　存货的相关概念

相关概念	具体含义
可变现净值	日常活动中，存货的估计售价减去至完工时估计将要发生的成本、估计的销售费用以及相关税费后的金额
存货成本	期末存货的实际成本

注：企业预计的销售存货现金流量，并不完全等于存货的可变现净值。企业应以确凿证据为基础计算确定存货的可变现净值。

第三节　库存材料的会计核算

一、采用实际成本法进行库存材料的核算

按照实际成本法对库存材料进行会计核算时，库存材料的收发及结存，无论总分类核算还是明细分类核算，均按照实际成本计价。使用的会计科目有“原材料”、“在途物资”等，“原材料”科目的借方、贷方及余额均以实际成本计价，不存在成本差异的计算与结转问题。但采用实际成本核算，日常反映不出材料成本是节约还是超支，从而不能反映和考核物资采购业务的经营成果。因此，这种方法通常适用于材料收发业务较少的企业。

（一）采用实际成本法进行库存材料核算的常用科目

在实务工作中，对于材料收发业务较多并且计划成本资料较为健全、准确的企业，一般可以采用计划成本进行材料收发的核算。采用实际成本法进行库存材料核算的常用科目及相应科目核算的介绍如表 4－11 所示。

表 4－11　库存材料核算常用科目及相应科目介绍

科目名称	科目意义及内容
在途物资	本科目用于核算企业采用实际成本（进价）进行材料、商品等物资的日常核算、货款已付尚未验收入库的各种物资（即在途物资）的采购成本，本科目应按供应单位和物资品种进行明细核算。本科目的借方登记企业购入的在途物资的实际成本，贷方登记验收入库的在途物资的实际成本，期末余额在借方，反映企业在途物资的采购成本
原材料	本科目用于核算库存各种材料的收发与结存情况。在库存材料按实际成本核算时，本科目的借方登记入库材料的实际成本，贷方登记发出材料的实际成本，期末余额在借方，反映企业库存材料的实际成本
应付账款	本科目用于核算企业因购买材料、商品和接受劳务等经营活动应支付的款项。本科目的贷方登记企业因购入材料、商品和接受劳务等尚未支付的款项，借方登记偿还的应付账款，期末余额一般在贷方，反映企业尚未支付的应付账款

（续表）

科目名称	科目意义及内容
预付账款	本科目用于核算企业按照合同规定预付的款项。本科目的借方登记预付的款项及补付的款项，贷方登记收到所购物资时根据有关发票账单记入“原材料”等科目的金额及收回多付款项的金额，期末余额在借方，反映企业实际预付的款项；期末余额在贷方，则反映企业尚未预付的款项。预付款项情况不多的企业，可以不设置“预付账款”科目，而将此业务在“应付账款”科目中核算

（二）采用实际成本法的账务处理

企业存货日常核算可以按实际成本核算，也可以按计划成本核算。存货按实际成本核算的特点是：从存货收发凭证到明细分类账和总分类账全部按实际成本计价。实际成本法一般适用于规模较小、存货品种简单、采购业务不多的企业。

1. 购入库存材料的会计核算

企业外购材料时，由于结算方式和采购地点的不同，材料入库和货款的支付在时间上不一定完全同步，相应地，其账务处理也有所不同，具体情况如表4－12所示。

表4－12　购入库存材料的会计处理

情况	会计处理
发票账单与材料同时到达的采购业务，企业材料已验收入库	应通过“原材料”科目核算，对于增值税专用发票上注明的可抵扣的进项税额，应借记“应交税费——应交增值税（进项税额）”科目
已经付款或已开出、承兑商业汇票，但材料尚未到达或尚未验收入库的采购业务	应根据发票账单等结算凭证，借记“在途物资”、“应交税费——应交增值税（进项税额）”科目，贷记“银行存款”或“应付票据”等科目；待材料到达、验收入库后，再根据收料单，借记“原材料”科目，贷记“在途物资”科目

（续表）

情况	会计处理
材料已到达并已验收入库，但发票账单等结算凭证未到，货款尚未支付	应于月末，按材料的暂估价值，借记"原材料"科目，贷记"应付账款——暂估应付账款"科目。下月初用红字作同样的记账凭证予以冲回，以便下月付款或开出、承兑商业汇票后，按正常程序，借记"原材料"、"应交税费——应交增值税（进项税额）"科目，贷记"银行存款"或"应付票据"等科目
采用预付货款的方式采购材料	应在预付材料价款时，按照实际预付的金额，借记"预付账款"科目，贷记"银行存款"科目；已经预付货款的材料验收入库，根据发票账单等所列的价款、税额等，借记"原材料"科目和"应交税费——应交增值税（进项税额）"科目，贷记"预付账款"科目；预付款项不足的，补付上项货款，按补付金额，借记"预付账款"科目，贷记"银行存款"科目；退回上项多付的款项，借记"银行存款"科目，贷记"预付账款"科目

【例4－1】鲁班制造有限公司购入C材料一批，增值税专用发票上记载的货款为500 000元，增值税税额85 000元，另外为对方代垫包装费1 000元，全部款项已用电汇方式付讫，材料已验收入库。对此业务应进行如下账务处理：

借：原材料——C材料　　501 000
　　应交税费——应交增值税（进项税额）　　85 000
　　贷：银行存款　　586 000

【例4－2】鲁班制造有限公司于2013年9月20日收到银行转来的委托收款凭证及200吨煤炭的提货单，采购成本共计60 000元，相应的增值税进项税额为10 200元，加税合计70 200元已由银行支付，但材料尚未到达。对此业务应进行如下账务处理：

借：在途物资　　60 000
　　应交税费——应交增值税（进项税额）　　10 200
　　贷：银行存款　　70 200

9 月 24 日，材料到达并验收入库，则会计分录为：

借：原材料　　60 000

　　贷：在途物资　　60 000

【例 4－3】鲁班制造有限公司采用汇兑结算方式购入聚乙烯材料一批，发票及账单已收到，但材料尚未到达，增值税专用发票上记载的货款为 10 000元，增值税税额 1 700 元，支付保险费 1 000 元。对此业务应进行如下账务处理：

借：在途物资　　11 000

　　应交税费——应交增值税(进项税额)　　1 700

　　贷：银行存款　　12 700

待上述购入的聚乙烯材料收到，并验收入库。

借：原材料　　12 700

　　贷：在途物资　　12 700

【例 4－4】根据鲁班制造有限公司与 D 钢厂的购销合同规定，为购买金属材料向该钢厂预付 100 000 元货款的 80%，计 80 000 元，已通过汇兑方式汇出。对此业务应进行如下账务处理：

借：预付账款——D 钢厂　　80 000

　　贷：银行存款　　80 000

10 天之后，鲁班制造有限公司收到 D 钢厂发运来的金属材料，已验收入库。有关发票账单记载，该批货物的货款 100 000 元，增值税税额 17 000 元，对方代垫包装费 3 000 元，所欠款项以银行存款的形式付讫。

① 材料入库时。

借：原材料——金属材料　　103 000

　　应交税费——应交增值税(进项税额)　　17 000

　　贷：预付账款——D 钢厂　　120 000

② 补付货款时。

借：预付账款　　40 000

　　贷：银行存款　　40 000

2. 领用库存材料的会计核算

企业生产经营领用库存材料，按实际成本，借记“生产成本”、“制造费用”、“销售费用”、“管理费用”等科目，贷记“原材料”科目；企业发出委托外单位加工的库存材料，借记“委托加工物资”科目，贷记“原材料”科目。

基建工程、福利等部门领用的库存材料，按实际成本加上不予抵扣的增值税税额等，借记“在建工程”、“应付职工薪酬——职工福利”等科目，按实际成本，贷记“原材料”科目，按不予抵扣的增值税税额，贷记“应交税费——应交增值税（进项税额转出）”科目。

企业各生产单位及有关部门领用的材料具有种类多、业务频繁等特点。为了简化核算，可以在月末根据“领料单”或“限额领料单”中有关领料的单位、部门等加以归类，编制“发料凭证汇总表”，据以编制记账凭证、登记入账。发出材料实际成本的确定，可以由企业从上述个别计价法、先进先出法、月末一次加权平均法、移动加权平均法等方法中选择。计价方法一经确定，不得随意变更。如需变更，应在附注中予以说明。

【例4－5】甲公司根据“发料凭证汇总表”的记录，1月份基本生产车间领用一种不锈钢材料10 000元，辅助生产车间领用该种不锈钢材料2 000元，车间管理部门领用该材料5 000元，企业行政管理部门领用该材料4 000元，共计21 000元。

借：生产成本——基本生产成本	10 000	
——辅助生产成本	2 000	
制造费用	5 000	
管理费用	4 000	
贷：原材料——不锈钢材料		21 000

3. 出售库存材料的核算

对于出售的库存材料，企业应当按已收或应收的价款，借记“银行存款”或“应收账款”等科目，按实现的营业收入，贷记“其他业务收入”等科目，按应交的增值税税额，贷记“应交税费——应交增值税（销项税额）”科目；月度终了，按出售库存材料的实际成本，借记“其他业务成本”科目，贷记“原材料”科目。

二、采用计划成本法进行库存材料核算

计划成本法是指企业存货的收入、发出和结余均按预先制订的计划成本计价，同时另设“材料成本差异”(或产品成本差异，下同)科目，登记实际成本与计划成本的差额。存货按计划成本核算，要求存货的总分类核算和明细分类核算均按计划成本计价。一般适用于存货品种繁多、收发频繁的企业。如大中型企业中的各种库存材料、低值易耗品等。如果企业的自制半成品、产成品品种繁多，或者在管理上需要分别核算其计划成本和成本差异的，也可采用计划成本法核算。

(一)采用计划成本法进行库存材料核算的常用科目

采用计划成本法进行库存材料核算经常使用的会计科目有“原材料”、“材料采购”、“材料成本差异”等。采用计划成本法进行库存材料核算的常用科目及相应科目核算的介绍如表 4－13 所示。

表 4－13　库存材料核算的常用科目及相关科目介绍

科目名称	会计科目的意义及内容
原材料	本科目用于核算库存各种材料的收发与结存情况。在材料采用计划成本核算时，本科目的借方登记入库材料的计划成本，贷方登记发出材料的计划成本，期末余额在借方，反映企业库存材料的计划成本
材料采购	本科目借方登记采购材料的实际成本，贷方登记入库材料的计划成本。借方大于贷方表示超支，从本科目贷方转入“材料成本差异”科目的借方；贷方大于借方表示节约，从本科目借方转入“材料成本差异”科目的贷方；期末为借方余额，反映企业在途材料的采购成本
材料成本差异	本科目反映企业已入库各种材料的实际成本与计划成本的差异，借方登记超支差异及发出材料应负担的节约差异，贷方登记节约差异及发出材料应负担的超支差异。期末如为借方余额，反映企业库存材料的实际成本大于计划成本的差异(即超支差异)；如为贷方余额，反映企业库存材料实际成本小于计划成本的差异(即节约差异)

(二)计划成本法的会计核算程序

采用计划成本法的前提是制订每一品种规格存货的计划成本的组成内容应与其实际成本的构成一致，包括买价、运杂费和有关的税金等。存货的计划成本一般由企业采购部门会同财会等有关部门共同制订，制订的计划成本应尽可能接近实际。采用计划成本进行日常核算的企业，其基本的核算程序如图 4 – 2 所示。

企业应先制订各种存货的计划成本目录，规定存货的分类、各种存货的名称、规格、编号、计量单位和计划单位成本。除一些特殊情况外，计划单位成本在年度内一般不作调整

↓

平时收到存货时，应按计划单位成本计算出收入存货的计划成本填入收料单内，并按实际成本与计划成本的差额，作为“材料成本差异”分类登记

↓

平时领用、发出的存货，都按计划成本计算，月份终了再将本月发出存货应负担的成本差异进行分摊，随同本月发出存货的计划成本记入有关账户，将发出存货的计划成本调整为实际成本。发出存货应负担的成本差异，必须按月分摊，不得在季末或年末一次分摊

图 4 –2　计划成本法的会计核算程序

(三)采用计划成本法进行库存材料核算的账务处理

1. 计划成本法下取得库存材料的核算

在计划成本法下，取得的库存材料先要通过“材料采购”科目进行核算，其实际成本与计划成本的差异，通过“材料成本差异”科目进行核算。

【例 4 –6】鲁班制造有限公司经税务部门核定为一般纳税人，2013 年 4 月 2 日，购入材料一批，取得的增值税专用发票上注明的价款为 8 000 元，增值税税额为 1 360 元，发票等结算凭证已经收到，货款已通过银行转账支付，材料已验收入库。该批材料的计划成本为 7 000 元。有关会计分录如下：

借：材料采购　　8 000
　　应交税费——应交增值税(进项税额)　　1 360
　　贷：银行存款　　9 360
借：原材料　　7 000
　　材料成本差异　　1 000
　　贷：材料采购　　8 000

2. 计划成本下发出存货的核算

根据《企业会计准则第 1 号——存货》的规定，企业日常采用计划成本核算的、发出的材料成本应由计划成本调整为实际成本，通过“材料成本差异”科目进行结转，按照所发出材料的用途，分别记入“生产成本”、“制造费用”、“销售费用”、“管理费用”等科目。发出材料应负担的成本差异应当按期(月)分摊，不得在季末或年末一次计算。月末，企业根据领料单等编制“发料凭证汇总表”结转发出材料的计划成本，应当根据所发出材料的用途，按计划成本分别记入“生产成本”、制造费用”、“销售费用”、“管理费用”等科目。

【例 4－7】鲁班制造有限公司采用计划成本法对库存材料进行核算，2013 年 5 月份发出库存材料的计划成本如下：生产部门 45 000 元，管理部门 6 800 元，销售部门 1 000 元，合计 52 800 元。

该公司 5 月初库存材料账户余额为 20 000 元，本月收入材料计划成本为 40 000 元。月初材料成本差异账户为贷方余额 2 400 元，本月入库材料成本差异为贷方余额 600 元。请对本月的库存材料发出业务进行会计处理。

① 在发出以上的库存材料时，首先按照发出库存材料的计划成本进行有关成本费用的会计处理。

借：生产成本　　45 000
　　管理费用　　6 800
　　销售费用　　1 000
　　贷：原材料　　52 800

② 本月月底时，计算此种库存材料的材料成本差异率，对与此种库存材料有关的成本费用科目进行调整。

材料成本差异率＝(月初结存材料的成本差异＋本月收入材料的成本差异)÷(月初结存材料的计划成本＋本月收入材料的计划成本)×100%

则：

5月份材料成本差异率 =（-2 400 - 600）/（20 000 + 40 000）× 100% = -5%。

本月发出材料成本差异 = 本月发出材料计划成本 × 材料成本差异率

因此：

5月份发出库存材料总的成本差异 = 52 800 ×（-5%）= -2 640（元）。

本月发出材料实际成本应调整的金额依次为：

生产车间应调整的金额 = 45 000 ×（-5%）= -2 250（元）。

管理费用应调整的金额 = 6 800 ×（-5%）= -340（元）。

销售费用应调整的金额 = 1 000 ×（-5%）= -50（元）。

根据计算结果，编制会计分录如下：

借：材料成本差异　　2 640

　　贷：生产成本　　2 250

　　　　管理费用　　340

　　　　产品销售费用　　50

第四节　委托加工物资

一、委托加工物资的计价

委托加工物资是指企业委托外单位加工的各种材料、商品等物资。企业委托外单位加工物资的成本包括加工中实际耗用物资的成本、支付的加工费用及应负担的运杂费等，支付的税金包括委托加工物资所应负担的消费税（指属于消费税应税范围的加工物资）等。

二、委托加工物资的核算科目

为了反映和监督委托加工物资增减变动及其结存情况，企业应当设置“委托加工物资”科目，借方登记委托加工物资的实际成本，贷方登记加工完成验收入库的物资的实际成本和剩余物资的实际成本，期末余额在借方，反映企业尚未完工的委托加工物资的实际成本和发出加工物资的运杂费等。委托加工物资也可以采用计划成本或售价进行核算，其方法与库存商品相似。

三、委托加工物资的会计核算

与委托加工物资相关的业务主要包括加工材料的发出、加工费用的支付，以及委托加工物资的收回等，各项业务的账务处理方法如表4－14所示。

表4－14 委托加工物资的账务处理方法

业务内容	账务处理方法
发出物资	企业发给外单位加工的物资，按实际成本借记“委托加工物资”科目，贷记“原材料”、“库存商品”等科目；按计划成本或售价核算的，还应同时结转材料成本差异或商品进销差价
支付加工费、运杂费等	支付加工费、运杂费等，借记“委托加工物资”科目，贷记“银行存款”等科目；需要交纳消费税的委托加工物资，由受托方代收代交的消费税，借记本科目（收回后用于直接销售的）或“应交税费——应交消费税”科目（收回后用于继续加工的），贷记“应付账款”、“银行存款”等科目
加工完成验收入库	加工完成验收入库的物资和剩余的物资，按加工收回物资的实际成本和剩余物资的实际成本，借记“原材料”、“库存商品”等科目，贷记本科目。 采用计划成本或售价核算的，按计划成本或售价，借记“原材料”或“库存商品”科目，按实际成本，贷记本科目，按实际成本与计划成本或售价之间的差额，借记或贷记“材料成本差异”或贷记“商品进销差价”科目。 采用计划成本或售价核算的，也可以采用上期材料成本差异率或商品进销差价率计算分摊本期应分摊的材料成本差异或商品进销差价

【例4－8】鲁班制造有限公司委托丁公司加工商品100 000件，按照我国当前法规的要求，属于应该缴纳消费税的产品，有关经济业务如下。

2013年1月20日，发出材料一批，计划成本为6 000 000元，材料成本差异率为－3%。应作如下会计处理：

① 发出委托加工材料时。

借：委托加工物资　　6 000 000

　　贷：原材料　　6 000 000

② 结转发出材料应分摊的材料成本差异时。

借：材料成本差异　　180 000

　　贷：委托加工物资　　180 000

2月20日，支付商品加工费120 000元，支付应当交纳的消费税660 000元，该商品收回后用于连续生产，消费税可抵扣，鲁班制造有限公司和丁公司均为一般纳税人，适用增值税税率为17%。应作如下会计处理：

借：委托加工物资　　120 000

　　应交税费——应交消费税　　660 000

　　　　——应交增值税(进项税额)　　20 400

　　贷：银行存款　　800 400

3月4日，用银行存款支付往返运杂费10 000元。

借：委托加工物资　　10 000

　　贷：银行存款　　10 000

3月5日，上述商品100 000件(每件计划成本为65元)加工完毕，公司已办理验收入库手续。

借：原材料　　6 500 000

　　贷：委托加工物资　　5 950 000

　　　　商品进销差价　　550 000

需要注意的是，需要交纳消费税的委托加工物资，由受托方代收代交的消费税，收回后用于直接销售的，记入“委托加工物资”科目；收回后用于继续加工的，记入“应交税费——应交消费税”科目。

第五节　低值易耗品

一、低值易耗品的分类与特点

低值易耗品通常被视同存货，作为流动资产进行核算和管理。低值易耗品的分类如表 4－15 所示，特点如表 4－16 所示。

表 4－15　低值易耗品的分类

低值易耗品的分类	具体内容
通用工具	用于产品生产的各种刀具、量具、夹具等
专用工具	专门用于生产某一种产品或在某一道工序中使用的工具
替换设备	机器设备中容易损耗、更换较为频繁的部件
管理用具	各种家具用品和办公用品等
包装容器	用于储存和保管材料的产品，既不出售又不出租、出借的包装容器
劳保用品	—
其他	—

表 4－16　低值易耗品的特点

低值易耗品的特点	具体表现
价值低，更换频繁	所以为简化资金管理与会计核算，将其视同材料处理
性质上是劳动资料	所以与一般材料不同，它在生产过程中被反复使用一个时期以后，才全部消耗掉

二、低值易耗品的会计核算

为了反映和监督低值易耗品的增减变化及其结存情况，企业应当设置“周转材料——低值易耗品”科目，借方登记低值易耗品的增加，贷方登记低值易耗品的减少，期末余额在借方，通常反映企业期末结存低值易耗品的金额。低值易耗品的摊销方法有一次转销法和五五摊销法。

（一）一次转销法

采用一次转销法摊销低值易耗品，在领用低值易耗品时，将其价值一次、全部计入有关资产成本或者当期损益，主要适用于价值较低或极易损坏的低值易耗品的摊销。

【例4-9】鲁班制造有限公司第一生产车间(该车间属于基本生产车间)领用一般工具一批，实际成本为3 000元，将全部成本计入当期制造费用。应作如下会计处理：

借：制造费用　3 000

　贷：周转材料——低值易耗品　3 000

(二)五五摊销法

采用五五摊销法摊销低值易耗品，低值易耗品在领用时先摊销其账面价值的一半，在报废时再摊销其账面价值的另一半。即低值易耗品分两次各按50%进行摊销。五五摊销法通常既适用于价值较低、使用期限较短的低值易耗品，也适用于每期领用数量和报废数量大致相等的低值易耗品。

在采用五五摊销法的情况下，需要单独设置"周转材料——低值易耗品——在用"、"周转材料——低值易耗品——在库"和"周转材料——低值易耗品——摊销"明细科目。

【例4-10】甲公司的基本生产车间领用专用工具一批，实际成本为100 000元，采用五五摊销法进行摊销。应作如下会计处理：

①领用专用工具。

借：周转材料——低值易耗品——在用　100 000

　贷：周转材料——低值易耗品——在库　100 000

②领用时摊销其价值的一半。

借：制造费用　50 000

　贷：周转材料——低值易耗品——摊销　50 000

③报废时摊销其价值的一半。

借：制造费用　50 000

　贷：周转材料——低值易耗品——摊销　50 000

同时，

借：周转材料——低值易耗品——摊销　100 000

　贷：周转材料——低值易耗品——在用　100 000

(三)分期摊销法

分期摊销法是指将发出低值易耗品的价值按其使用期限根据权责发生制进行分期摊销的方法。适用于使用期限较长，单位价值较高或一次领用数量较大的低值易耗品。可避免人为地造成产品成本的波动，但容易造成账外资产。

第六节 包装物

一、包装物的概念与特点

包装物的含义、特点、作用及核算范围如表 4－17 所示。

表 4－17 包装物的概念与特点

包装物含义	特点	作用	不属于包装物核算的范围
为包装本企业产品而储存，并准备随同产品出售或出租出借给购货单位的各种包装容器，桶、箱、瓶、坛、袋等	流动性强、流转环节多、使用情况复杂等	装潢产品，以利于促销，并且在产品的储存与运输过程中防止短缺、毁损、变质等，以减少不必要的损失	各种包装材料，如纸、绳、铁丝、铁皮等，应在“原材料”科目内核算；用于储存和保管商品、材料而不对外出售的包装物，应按价值大小和使用年限长短，分别在“固定资产”或“低值易耗品”科目核算；单独列做企业商品产品的自制包装物，应作为库存商品处理

二、包装物的会计核算

企业包装物的会计核算与低值易耗品非常近似，一般通过“周转材料——包装物”科目进行核算，也可以单独设置“包装物”账户。该账户可按周转材料的种类，分别“在库”、“在用”和“摊销”进行明细核算。该账户属于资产类账户，借方登记增加的包装物的实际成本或计划成本，贷方减少包装物的实际成本或计划成本，期末借方余额表示库存包装物的实际成本或计划成本。本账户按类别、种类、规格设置明细账。

(一)包装物的摊销方法

由于包装物种类繁多、数量大、使用情况不同，因此，企业应根据具体使用情况，采用适当方法进行包装物价值摊销。常见的包装物的摊销方法如表4－18所示。

表4－18　常用的摊销方法

常用的摊销方法	含义	适用范围
一次摊销法	在包装物领用时，将其价值全部摊销完	一次领用数量不多，价值较低，使用期限较短的包装物
分期摊销法	包装物价值根据使用期限或次数分期摊销	适用于价值较高，使用期限较长的包装物
五五摊销法	包装物价值在领用时摊销50%，报废时再摊销50%	适用各月领用、报废数额均衡的包装物

(二)取得包装物的会计核算

购入、自制、委托外单位加工完成验收入库的包装物、企业接受的债务人以非现金资产抵偿债务方式取得的包装物、非货币性交易取得的包装物等，以及对包装物的清查盘点，比照“原材料”科目的相关规定进行会计处理。

(三)发出包装物的核算

包装物的会计核算方法如表4－19所示。

表4－19　包装物的会计核算

相关业务	业务说明	会计分录
产品领用	生产过程中领用的包装物，构成产品组成部分，其价值计入生产成本	借：生产成本 　贷：包装物 　　材料成本差异——包装物

（续表）

<table>
<tr><th>相关业务</th><th>业务说明</th><th colspan="2">会计分录</th></tr>
<tr><td rowspan="3">随同产品出售单独计价的包装物</td><td rowspan="3">其收入记入“其他业务收入”科目，其成本（费用）记入“其他业务成本”科目</td><td>① 出售包装物确认收入。
借：银行存款
贷：其他业务收入
应交税费——应交增值税（销项税额）</td><td rowspan="3">对既作价随同产品销售，又另外收取押金的包装物的押金，凡纳税人没收或在规定的期限内未予退还的，均应并入销售额按照产品的适用税率征收增值税，如为消费税产品，同时征收消费税。
① 收取押金时。
借：银行存款
贷：其他应付款
② 退还押金时。
借：其他应付款
贷：银行存款
③ 没收押金及逾期未退时。
借：其他应付款
贷：应交税费——应交增值税（销项税额）
应交税费——应交消费税（为消费税产品时）
营业外收入</td></tr>
<tr><td>② 结转包装物成本。
借：其他业务成本
贷：包装物
材料成本差异——包装物</td></tr>
<tr><td>③ 如包装的产品属于应税消费品，则还应计提消费税。
借：其他业务成本
贷：应交税费——应交消费税</td></tr>
<tr><td>随同产品出售不单独计价的包装物</td><td>该部分包装物的费用应由销货单位负担，作为销售产品的包装费用</td><td colspan="2">借：销售费用——包装物
贷：包装物
材料成本差异——包装物</td></tr>
</table>

（续表）

相关业务	业务说明	会计分录
出租包装物	包装物租赁一般属于企业的附营业务，租金收入应计入“其他业务收入”科目，包装物成本应计入“其他业务成本”。为促使承租方按时返还，一般要收取一定数额的押金	① 转出成本：如出租时间较长，包装物价值较大，也可先计入“待摊费用”，然后分期摊销。 借：其他业务成本——出租包装物 　　贷：包装物 　　　　材料成本差异——包装物 ② 收取押金。 借：银行存款 　　贷：其他应付款——包装物押金 如属于酒类包装物（啤酒、黄酒除外，下同）收取的押金，税法规定不论是否返还，均征收增值税、消费税，所以在收取时就应计算应交的税金。 借：销售费用 　　贷：应交税费——应交增值税（销项税额） 　　　　　　　　——应交消费税 ③ 收取租金。 借：银行存款（其他应收款） 　　贷：其他业务收入——出租包装物 ④ 没收押金。 借：其他应付款——包装物押金 　　贷：银行存款 　　　　其他业务收入——包装物押金 　　　　应交税费——应交增值税（销项税额） ⑤ 出租包装物报废时，按残料价值。 借：原材料——××× 　　贷：其他业务成本 注：酒类包装物押金因在收取时已计算了应交税费，所以没收时不再计算。 如为非酒类应税消费品的包装物押金，则在没收时还应计算应交的消费税。 借：其他业务成本 　　贷：应交税费——应交消费税

（续表）

相关业务	业务说明	会计分录
出借包装物		① 发出时。 借：销售费用——出借包装物 　　待摊费用——出借包装物（价值较大时） 　　贷：包装物 　　　　待摊费用 ② 收取及没收押金。同“出租”。 ③ 收回包装物：不做账务处理，加强实物管理。（“五五摊销法”除外） ④ 该部分包装物报废时，其残料价值冲减销售费用。 借：原材料 　　贷：销售费用

第七节　周转材料的核算

一、周转材料的概念及分类

周转材料的概念及分类如表 4－20 所示。

表 4－20　周转材料的概念及分类

周转材料的概念	周转材料的分类	
周转材料是指在施工生产过程中能多次反复周转使用，并基本保持其物质形态或经过整理便可以保持或恢复实物形态的材料。如模板、挡土板、脚手架、安全网等。企业的周转材料大多是用主要材料加工制成的或是直接从外部购入的。周转材料就其在施工生产中所起的作用来说，具有劳动资料的性质。但周转材料的使用期限较短，价值较低，领用频繁，一般作为流动资产进行管理和核算	模板	指浇灌混凝土使用的木模、组合钢模以及配合模板使用的支撑材料、滑模材料、构件等。按固定资产管理的固定钢模和现场固定大型钢模板不包括在内
	挡板	指土方工程使用的挡土板等，包括支撑材料在内
	脚手架	指搭脚手架的竹竿、木杆、竹木跳板、钢管脚手架及其附件等
	其他	如塔吊使用的轻轨、枕木等，但不包括附属于塔吊的钢轨

二、周转材料的摊销方法

施工企业应当根据具体情况对周转材料采用一次摊销、分期摊销、分次摊销或者定额摊销的方法。具体介绍如表4－21所示。

表4－21　周转材料的摊销方法

摊销方法名称	含义	计算公式	适用范围
一次摊销	是指领用时将周转材料的价值一次计入受益成本核算对象的成本	—	适用于易腐易糟，不宜反复周转使用的周转材料，如安全网等
分期摊销	是根据周转材料原价、预计残值和预计使用期限计算每期摊销额的一种方法，也称“直线法”	周转材料每月摊销额＝周转材料原价×（1－残值率）/预计使用月数	适用于脚手架、跳板、塔吊轻轨、枕木等周转材料
分次摊销	是根据周转材料原价、预计残值和预计使用次数，计算每次摊销额的一种方法	周转材料每月一次的摊销额＝周转材料原价×（1－残值率）/预计使用次数 本期摊销额＝本期使用次数×每次摊销额	适用于预制钢筋混凝土构件时所使用的定型模板、模板、挡板等周转材料
定额摊销	根据实际完成的实物工作量和预算定额规定的周转材料消耗定额，计算确认本期摊入相关工程成本、费用的金额	周转材料本期摊销额＝本期完成的实物工作量×单位工程周转材料消耗定额	适用于各种周转材料

对各种周转材料的具体摊销方法，由施工企业根据具体情况确定，一经确定，一般不随意更改，如需改变，应在会计报表说明书中加以说明。

对于施工企业来说，施工生产的自然条件较差，周转材料大部分都是露天堆放，发生的损耗较大。所以，周转材料无论采用哪种摊销方法计算摊销额都不可能与实际消耗价值完全一致。为了使计提的周转材料摊销额尽可能与实际损耗价值一致，以保证工程成本的准确性，年终或工程竣工时，建筑企业还必须对周转材料进行清理，根据实际损耗情况调整已提摊销额。

三、周转材料核算中的科目设置

为了核算施工企业库存和在用的各种周转材料的实际成本或计划成本。应设置“周转材料”科目。该科目借方核算企业库存及在用周转材料的计划成本或实际成本，贷方核算周转材料摊销价值及盘亏、报废、毁损等原因减少的周转材料价值。期末余额反映企业期末所有在库周转材料的计划成本或实际成本以及在用周转材料的摊余价值。

由于周转材料在施工中能反复使用，它的价值是逐渐转移于工程成本中的，因此在核算上既要反映它的原值，又要反映它的损耗价值。根据这个要求，对周转材料应在“周转材料”科目下设置“在库周转材料”、“在用周转材料”和“周转材料摊销”三个明细科目，并按周转材料的种类设置明细账，进行明细核算。采用一次摊销法的，可以不设置以上三个明细科目。

四、周转材料的会计核算

施工企业购入、自制、委托外单位加工完成并已验收入库的周转材料，以及周转材料的清查盘点，比照“原材料”科目的相关规定进行账务处理，这里不再赘述。

(一)领用周转材料的会计核算

采用一次摊销法的，领用时，将其计划成本或实际成本计入有关的成本、费用，借记“工程施工”等科目，贷记“周转材料”科目。

采用其他摊销法的，领用时，按其计划成本或实际成本，借记“周转材料——在用周转材料”科目，贷记“周转材料——在库周转材料”科目；摊销时，按摊销额，借记“工程施工”等科目，贷记“周转材料——周转材料摊销”科目；退库时，按其全部价值，借记“周转材料——在库周转材料”科目，贷记“周转材料——在用周转材料”科目。

其中采用计划成本核算的施工企业，月度终了，应结转当月领用周转材料应分摊的成本差异，通过“材料成本差异”科目，记入有关成本、费用科目。

【例4－11】泰山建设工程公司施工部门领取尼龙防护网一批，该企业对周转材料按照实际成本进行核算，其实际成本为5 000元，采用一次摊销法核算。其会计分录如下：

借：工程施工　　5 000

　　贷：周转材料　　5 000

【例4－12】泰山建设工程公司施工部门领用安全网一批，采用一次摊销法摊销，其计划成本为5 000元，应负担的材料成本差异为－1%，领用手续已办。

① 根据周转材料领用单编制如下会计分录。

借：工程施工　　5 000

　　贷：周转材料——在库周转材料　　5 000

② 月末结转该安全网材料成本差异编制如下会计分录。

应结转的材料成本差异＝5 000×(－1%)＝－50(元)。

借：材料成本差异——周转材料　　50

　　贷：工程施工　　50

【例4－13】某工程领用全新挡土板一批，其账面价值为10 000元，预计使用期限为5次，预计残值占账面价值的10%，采用分次摊销法核算。

① 领用这批周转材料时，编制如下会计分录。

借：周转材料——在用周转材料　　10 000

　　贷：周转材料——在库周转材料　　10 000

② 计算本次摊销额时编制如下会计分录。

本次摊销额＝10 000/5＝2 000(元)。

借：工程施工　　2 000

　　贷：周转材料——周转材料摊销　　2 000

(二)报废周转材料的核算

周转材料报废时，应分别以下情况进行账务处理，如表4－22所示。

表 4－22　报废周转材料的核算

情况	账务处理
采用一次摊销法的	将报废周转材料的残料价值作为当月周转材料摊销额的减少，冲减有关成本、费用，借记“原材料”等科目，贷记“工程施工”等科目
采用其他摊销法的	首先需要补提摊销额，对尚未计提的周转材料余额，借记“工程施工”等科目，贷记“周转材料——周转材料摊销”科目；将报废周转材料的残料价值作为当月周转材料摊销额的减少，冲减有关成本、费用，借记“原材料”等科目，贷记“工程施工”等有关科目；同时，将已提摊销额，借记“周转材料——周转材料摊销”科目，贷记“周转材料——在用周转材料”科目

【例 4－14】某工程领用全新挡土板一批，其账面价值为 10 000 元，预计使用期限为 5 次，预计残值占账面价值的 10%，采用分次摊销法核算。这批挡土板在使用到 5 次时已全部报废，收回残料价值为 800 元，挡土板已提摊销额 9 000 元。其账务处理如下：

挡土板应提摊销额＝10 000－800＝9 200(元)。

应补提摊销额＝9 200－9 000＝200(元)。

① 补提摊销额时，作如下会计分录。

借：工程施工　　200

　　贷：周转材料——周转材料摊销(在用)　　200

②将残料验收入库，作如下会计分录：

借：周转材料——在库周转材料　　800

　　贷：周转材料——在用周转材料　　800

三、存货跌价准备的核算

(一)存货跌价准备的计提

资产负债表日，存货的成本高于其可变现净值的，企业应当计提存货跌价准备。存货跌价准备的计提方法如表 4－23 所示。

表 4－23　存货跌价准备的计提方法

情形	方法	具体内容
通常情况	按照单个存货项目计提存货跌价准备	成本与其可变现净值的差额即为应计提的存货跌价准备，与已提数进行比较，若应提数大于已提数，则应予补提。企业计提的存货跌价准备，应计入当期损益
数量繁多、单价较低的存货	按照存货类别计提存货跌价准备	与在同一地区生产和销售的产品系列相关、具有相同或类似最终用途或目的，且难以与其他项目分开计量的存货，可以合并计提存货跌价准备
种类较多，单价较低的存货	综合比较法（总额比较法）	按全部总成本与可变现净值总额相比较，以较低数作为期末全部存货的成本

【**例 4－15**】某企业有甲、乙两大类 A、B、C、D 四种存货，各种存货分别按三种计算方式确定期末存货的成本，如表 4－24 所示。

表 4－24　期末存货成本与可变现净值比较表

存货项目	成本	可变现净值	期末计价		
			单项比较法	分类比较法	总额比较法
甲类存货	10 000.00	9 600.00		9 600.00	
A 存货	4 000.00	3 200.00	3 200.00		
B 存货	6 000.00	6 400.00	6 000.00		
乙类存货	20 000.00	20 800.00		20 000.00	
C 存货	8 000.00	9 200.00	8 000.00		
D 存货	12 000.00	11 600.00	11 600.00		
总计	30 000.00	30 400.00	28 800.00	29 600.00	30 000.00
应计提减值准备			1 200.00	400.00	—

由表 4－31 可知，单项比较法确定的期末存货成本最低，为 28 800 元；分类比较法次之，为 29 600 元；总额比较法最高，为 30 000 元。相应地计提的存货跌价准备分别为 1 200 元，400 元，0 元。

【例4-16】立兴股份有限公司采用成本与可变现净值孰低法对期末存货进行计量，采用单项比较法进行存货成本与可变现净值的比较。2010年12月31日，A、B两种存货的成本分别为400 000元、270 000元，可变现净值分别为360 000元、300 000元。

对于A存货，其成本400 000元高于可变现净值360 000元，应计提存货跌价准备40 000元(400 000-360 000)。

对于B存货，其成本270 000元低于可变现净值300 000元，不需计提存货跌价准备。

因此，该企业对A、B两种存货计提的跌价准备共计为40 000元，在当日资产负债表中列示的存货金额为630 000元(360 000+270 000)。

(二)存货跌价准备的转回

当以前减记存货价值的影响因素已经消失，减记的金额应当予以恢复，并在原计提的存货跌价准备金额内转回，转回的金额计入当期损益(资产减值损失)。

在核算存货项目或类别应当存在直接对应关系。在原已计提的存货跌价准备金额内转回，意味着转回的金额以将存货跌价准备的余额冲减至零为限。

【例4-17】立兴股份有限公司采用成本与可变现净值孰低法对期末存货进行计量，采用单项比较法进行存货成本与可变现净值的比较。2009年12月31日，A、B两种存货的成本分别为400 000元、270 000元，可变现净值分别为360 000元、300 000元。对存货A计提存货跌价准备40 000元。

假设2010年年末，存货的种类和数量、账面成本和已计提的存货跌价准备未发生变化，但是，2011年以来A存货市场价格持续上升，市场前景明显好转，可以判断以前造成减记存货价值的影响因素已经消失，减记的金额应当在原已计提的存货跌价准备金额内予以恢复。相关账务处理如下：

借：存货跌价准备　　40 000

　　贷：资产减值损失　　40 000

需要注意的是，导致存货跌价准备转回的是以前减记存货价值的影响因素的消失，而不是在当期造成存货可变现净值高于其成本的其他影响因素。如果本期导致存货可变现净值高于其成本的影响因素不是以前减记该存货价值的影响因素，则企业会计准则不允许将该存货跌价准备转回。

(三)存货跌价准备的结转

存货跌价准备结转的处理方法如表4－25所示。

表4－25　存货跌价准备的结转

情形	结转方法
计提了存货跌价准备的部分存货已经销售	结转销售成本时，应同时结转对其已计提的存货跌价准备
因债务重组、非货币性交易转出的存货	结转已计提的存货跌价准备，但不冲减当期的管理费用
按存货类别计提存货跌价准备的	按比例结转相应的存货跌价准备

注：因销售、债务重组、非货币性交易应结转的存货跌价准备＝上期末该类存货所计提的存货跌价准备账面余额/上期末该类存货的账面余额×因销售、债务重组、非货币性交易而转出的存货的账面余额。

【例4－18】2013年，甲公司库存A机器5台，每台成本为5 000元，已经计提的存货跌价准备为6 000元。2011年，甲公司将库存的5台机器全部以每台6 000元的价格售出。假定不考虑可能发生的销售费用及税金的影响，甲公司应将这5台A机器已经计提的跌价准备在结转其销售成本的同时，全部予以结转。

甲公司的相关账务处理如下：

借：主营业务成本　19 000

　　存货跌价准备　6 000

　　贷：原材料——A机器　25 000

第五章
固定资产

本章导读

固定资产是企业进行生产经营的基础，固定资产的价值在公司资产总额中一般占比例较大，因此固定资产的管理对于公司运营起着重要的作用。与存货等资产的价值不同，固定资产的价值是在多年的使用过程中逐渐消耗掉的。也就是说，你不能把固定资产的成本一次性地计入某一年的成本费用中，这就是固定资产的会计核算中需要重点解决的问题。在本章中，我们重点学习以下内容：

☑ 什么是固定资产，如何进行分类。
☑ 取得固定资产时，如何进行会计核算。
☑ 什么是固定资产的折旧。
☑ 固定资产的折旧有哪些计算方法。
☑ 固定资产的后续支出如何进行会计核算。
☑ 怎样进行固定资产的清理，如何对其进行会计核算。
☑ 固定资产清查时，对出现的盘盈和盘亏情况如何进行会计核算。

第一节　固定资产的概念与确认

一、固定资产的特征

固定资产的特征如表 5 - 1 所示。

表 5 - 1　固定资产的特征

项目	内容
固定资产的特征	为生产商品、提供劳务、出租或经营管理而持有的
	使用寿命(企业使用固定资产的预计期间，或者该固定资产所能生产产品或提供劳务的数量)超过一个会计年度

二、固定资产的确认条件

固定资产的确认条件如表 5 - 2 所示。

表 5 - 2　固定资产确认条件

项目	内容
固定资产确认条件(同时满足)	与该固定资产有关的经济利益很可能流入企业
	该固定资产的成本能够可靠地计量

如果固定资产在存续期间，发生了与固定资产有关的后续支出，而且符合《企业会计准则第 4 号——固定资产》所规定的确认条件的，应当计入固定资产成本；不符合确认条件的，应当在发生时计入当期损益。

三、固定资产确认条件的具体应用

尽管，新《企业会计准则》对固定资产的确认比较明确，在会计实务中仍会出现一些特殊的情况。对在这些特殊情况下，是否可以将其确认为固定资产的具体分析与说明，如表 5 - 3 所示。

表 5-3　确认为固定资产的特殊情况的说明

特殊情况	具体的分析与说明	举例说明
固定资产的各组成部分是否单独确认为固定资产	各组成部分有不同的使用寿命或者以不同的方式为企业提供经济利益，将其各组成部分单独确认为单项固定资产	飞机的引擎与飞机机身具有不同的使用寿命，从而适用不同的折旧率或折旧方法，则企业应将其单独确认为固定资产
环保与安全设备	虽然不能直接为企业带来经济利益，但有助于企业从相关资产中获得经济利益，或者将减少企业未来经济利益的流出，应将其确认为固定资产	为净化环境或者满足国家有关排污标准的需要购置的环保设备
一些特殊行业专用器材	符合固定资产的定义及其确认条件，就应当确认为固定资产；不符合固定资产的定义或没有满足固定资产的确认条件，就不应当确认为固定资产，而应当作为流动资产进行核算和管理	工业企业持有的工具、模具、管理用具、玻璃用具、玻璃器皿等资产，施工企业持有的模板、挡板、架料等周围材料，以及地质勘探企业持有的管材等资产

第二节　固定资产的初始计量

在学习固定资产的初始计量之前，我们先在表 5-4 中对一些相关概念进行简单的说明。

表 5-4 固定资产相关说明

相关概念	具体含义	相关说明
固定资产的初始计量	企业取得固定资产时初始成本的确定	准确地计量固定资产的成本，对于体现收入成本匹配原则、合理、分摊固定资产的成本有重要的意义
固定资产的成本	企业购建某项固定资产达到预定可使用状态前所发生的一切合理、必要的支出	对于特定行业的特定固定资产，确定其成本时，还应考虑预计弃置费用因素，如核电站核废料的处置等
固定资产的取得方式	主要包括购买、自行建造、融资租入	取得的方式不同，初始计量方法也各不相同

一、外购固定资产

企业外购固定资产的成本，包括购买价款、相关税费、使固定资产达到预定可使用状态前所发生的可归属于该项资产的运输费、装卸费、安装费和专业人员服务费等。外购固定资产分为购入不需要安装的固定资产和购入需要安装的固定资产两类。

(一)购入不需要安装的固定资产

企业购入不需要安装的固定资产，按应计入固定资产成本的金额，借记“固定资产”科目，贷记“银行存款”等科目。

【例5-1】2013年5月20日，立兴建筑工程公司购入一台不需要安装、直接就可投入使用的设备，取得的相应增值税专用发票上注明的设备价款为100 000元，增值税税额为17 000元，发生的运费、保险费、调试费等合计5 000元，以银行存款转账的方式向对方进行了支付。假定不考虑其他相关税费。立兴建筑工程公司应进行的账务处理如下：

借：固定资产　　117 000

　　贷：银行存款　　117 000

(二)购入需要安装的固定资产

购入需要安装的固定资产，先记入“在建工程”科目，达到预定可使用状态时再转入“固定资产”科目。

【例5－2】2013年5月10日，立兴建筑工程公司购入一台需要安装的注塑成型设备，取得的增值税专用发票上注明设备价款为100 000元，增值税税额为17 000元，为将设备运输到安装地点共支付运输费、装卸费、运输保险费合计3 000元，全部款项已通过银行转账的形式予以支付。

在安装设备时，领用原材料一批，其账面成本为5 000元，未计提存货跌价准备，购进该批原材料时已付的增值税进项税额为850元；应支付安装工人薪酬1 800元。假定不考虑其他相关税费。立兴建筑工程公司应该进行的会计处理如下。

① 支付设备价款、增值税、装卸费合计为120 000元(100 000＋17 000＋3 000)。

借：在建工程　　120 000
　　贷：银行存款　　120 000

② 领用本公司原材料、支付安装工人薪酬等费用合计为7 650元(5 000＋850＋1 800)。

借：在建工程　　7 650
　　贷：原材料　　5 000
　　　　应交税费——应交增值税(进项税额转出)　　850
　　　　应付职工薪酬　　1 800

③ 设备安装完毕达到预定可使用状态时，该设备的总成本为127 650元(120 000＋7 650)。

借：固定资产　　127 650
　　贷：在建工程　　127 650

(三)外购固定资产的特殊考虑

以一笔款项购入多项没有单独标价的固定资产，应当按照各项固定资产的公允价值比例对总成本进行分配，分别确定各项固定资产的成本。

【**例5-3**】2013年5月12日，立兴建筑工程公司一次性购入三台独立运行的设备，这些设备的价款合计为2 000 000元，增值税税款为306 000元，三套设备的运输费、装卸费、保险费合计4 000元。这三套设备都具备确认为固定资产的条件，其公允价值分别为900 000元、600 000元、500 000元。不考虑其他相关税费。立兴建筑工程公司的会计处理如下。

① 确定A、B和C这三套设备的成本分配比例。

A设备的成本分配比例 = 900 000 ÷ (900 000 + 600 000 + 500 000) = 45%。

B设备的成本分配比例 = 600 000 ÷ (900 000 + 600 000 + 500 000) = 30%。

C设备的成本分配比例 = 500 000 ÷ (900 000 + 600 000 + 500 000) = 25%。

② 确定应计入固定资产成本的总金额，包括买价、包装费及增值税税额等应计入固定资产成本的金额 = 2 000 000 + 306 000 + 4 000 = 2 310 000(元)。

③ 确定设备A、B和C各自的入账价值。

A设备的入账价值 = 2 310 000 × 45% = 1 039 500(元)。

B设备的入账价值 = 2 310 000 × 30% = 693 000(元)。

C设备的入账价值 = 2 310 000 × 25% = 577 500(元)。

④ 编制会计分录。

借：固定资产——A	1 039 500	
——B	693 000	
——C	577 500	
贷：银行存款		2 310 000

(四)由于延期付款需要支付利息的核算

有时，企业购买固定资产的价款有可能会延期支付。购入固定资产超过正常信用条件延期支付价款、实质上具有融资性质的，按应付购买价款的现值，借记"固定资产"科目或"在建工程"科目；按应支付的金额，贷记"长期应付款"科目；按其差额，借记"未确认融资费用"科目。

【例5－4】2009年1月1日，甲公司与E公司签订一项购货合同，从E公司购入一台需要安装的大型机器设备，收到的增值税专用发票上注明的设备价款为9 000 000元，增值税税额为1 530 000元。合同约定，甲公司于2009至2013年5年内，每年的12月31日支付2 106 000元。2009年1月1日，甲公司收到该设备并投入安装，发生保险费、装卸费等7 000元；2009年12月31日，该设备安装完毕达到预定可使用的状态，共发生安装费50 000元，款项均以银行存款支付。假定甲公司综合各方面因素后决定采用10%作为折现率，不考虑其他因素。甲公司的账务处理如下。

① 2009年1月1日，确定购入固定资产成本的金额，包括购买价款、增值税税额、保险费、装卸费等。

购入固定资产成本＝2 106 000×3.7908＋7 000＝7 990 424.8(元)。

借：在建工程　　7 990 424.80

　　未确认融资费用　　2 539 575.20

　　贷：长期应付款　　10 530 000.00

② 2009年度发生安装费用50 000元。

借：在建工程　　50 000

　　贷：银行存款　　50 000

③ 确定未确认融资费用在信用期间的分摊额，如表5－5所示。

表5－5　未确认融资费用分摊表

日期	分期付款额	确认的融资费用	应付本金减少额	应付本金余额
	①	②＝期初④×10%	③＝①－②	④＝期初④－③
2009年1月1日				7 990 424.80
2009年12月31日	2 106 000	799 042.48	1 306 957.52	6 683 467.28
2010年12月31日	2 106 000	668 346.73	1 437 653.27	5 245 814.01
2011年12月31日	2 106 000	524 581.40	1 581 418.60	3 664 395.41
2012年12月31日	2 106 000	366 439.54	1 739 560.46	1 924 834.95
2013年12月31日	2 106 000	181 165.05	1 924 834.95	0.00
合计	10 530 000	2 539 575.20	7 990 424.80	

④ 2009年12月31日，分摊未确认融资费用、结转工程成本、支付款项。

借：在建工程　　799 042.48
　　贷：未确认融资费用　　799 042.48
借：固定资产　　8 839 467.28
　　贷：在建工程　　8 839 467.28
借：长期应付款　　2 106 000
　　贷：银行存款　　2 106 000

⑤ 2010 年 12 月 31 日，分摊未确认融资费用、支付款项。

借：财务费用　　668 346.73
　　贷：未确认融资费用　　668 346.73
借：长期应付款　　2 106 000
　　贷：银行存款　　2 106 000

2011—2013 年分摊未确认融资费用、支付款项的账务处理，比照 2010 年的相关财务处理。

二、自行建造固定资产

自行建造的固定资产，按建造该项资产达到预定可使用状态前所发生的必要支出，作为入账价值。其中，“建造该项资产达到预定可使用状态前所发生的必要的支出”包括工程用物资成本、人工成本、交纳的相关税费、应予资本化的借款费用以及应分摊的间接费用等。企业为在建工程准备的各种物资，应按实际支付的购买价款、增值税税额、运输费、保险费等相关税费，作为实际成本，并按各种专项物资的种类进行明细核算。应计入固定资产成本的借款费用，应当按照“借款费用”的有关规定处理。企业的自营工程，应当按照直接材料、直接人工、直接机械施工费等计量；采用出包工程方式的企业，按照应支付的工程价款等计量。设备安装工程，按照所安装设备的价值、工程安装费用、工程试运转等所发生的支出等确定工程成本。

（一）自营工程

企业自营工程主要通过“工程物资”和“在建工程”科目进行核算。具体的核算内容和借贷方处理如表 5 -6 所示。

表 5-6　自营工程会计核算科目

会计科目	核算内容	借贷方内容	明细科目的设置
工程物资	核算用于基建工程、更改工程和大修理工程准备的各种物资的实际成本，包括为工程准备的材料、尚未交付安装的需要安装设备的实际成本，以及预付大型设备款和基本建设期间根据项目概算购入为生产准备的工具及器具等的实际成本	借方登记增加的工程物资的实际成本，贷方登记减少(包括工程领用、转作生产用料、对外出售、盘亏毁损等)的工程物资的实际成本。余额在借方，反映企业为工程购入但尚未领用的专用材料的实际成本、购入需要安装设备的实际成本，以及为生产准备但尚未交付的工具及器具的实际成本等	按专用材料、专用设备、预付大型设备款、为生产准备的工具及器具设置明细科目
在建工程	核算企业为基建工程、安装工程、技术改造工程、大修理工程所发生的实际支出，以及改扩建工程等转入的固定资产净值	借方登记工程的各项支出，贷方登记工程完工转做固定资产的成本。余额在借方，反映企业尚未完工的基建工程发生的各项实际支出	按建筑工程、安装工程、在安装设备、技术改造工程、大修理工程、其他支出设置明细科目

1. 工程物资的核算

与工程物资相关业务的会计处理如表 5-7 所示。

表 5-7　工程物资的核算

相关业务	相关会计处理
企业购入为工程准备的物资	借记“工程物资”(专用材料、专用设备)科目，贷记“银行存款”、“应付账款”、“应付票据”等科目
为购置大型设备而预付款	借记“工程物资”(预付大型设备款)科目，贷记“银行存款”科目
收到设备并补付设备价款	借记“工程物资”(专用设备)科目，按预付的价款贷记“工程物资”(预付大型设备款)科目，按补付的价款贷记“银行存款”等科目

（续表）

相关业务	相关会计处理
工程领用工程物资	借记“在建工程”科目，贷记“工程物资”（专用材料等）科目
工程完工后对领出的剩余工程物资应当办理退库手续	编制上述相反的会计分录
工程完工，将为生产准备的工具及器具交付生产使用	借记“低值易耗品”科目，贷记“工程物资”（为生产准备的工具及器具）科目
工程完工后剩余的工程物资，如转做本企业存货的	借记“原材料”科目，按可抵扣的增值税进项税额，借记“应交税费——应交增值税（进项税额）”科目，按转入存货的剩余工程物资的账面余额，贷记“工程物资”科目；如工程完工后剩余的工程物资对外出售的，应先结转工程物资的进项税额，借记“应交税费——应交增值税（进项税额）”科目，贷记“工程物资”，出售时，应确认收入并结转相应的成本
盘盈、盘亏、报废、毁损的工程物资	减去保险公司、过失人赔偿部分，工程项目尚未完工的，计入或冲减所建工程项目的成本；工程已经完工的，计入营业外收支

2. 在建工程的核算

与在建工程相关的业务的会计处理如表 5－8 所示。

表 5－8　在建工程的相关会计处理

相关业务	会计处理
领用工程用材料物资	借记“在建工程”（建筑工程、安装工程等——××工程）科目，贷记“工程物资”科目
基建工程领用本企业外购生产经营用原材料的，应按原材料的实际成本加上不能抵扣的增值税进项税额	借记“在建工程”（建筑工程、安装工程等——××工程）科目；按原材料的实际成本或计划成本，贷记“原材料”科目；按不能抵扣的增值税进项税额，贷记“应交税费——应交增值税（进项税额转出）；采用计划成本进行材料日常核算的企业，还应当分摊材料成本差异

（续表）

相关业务	会计处理
基建工程领用本企业的商品产品以及委托加工收回的材料物资	借记"在建工程"（建筑工程、安装工程——××工程）科目；按应交的相关税费，贷记"应交税费——应交增值税（销项税额）"等科目，贷记"库存商品"科目
基建工程应负担的职工工资	借记"在建工程"（建筑工程、安装工程——××工程）科目，贷记"应付职工薪酬"科目
企业的辅助生产部门为工程提供的水、电、设备安装、修理、运输等劳务	借记"在建工程"（建筑工程、安装工程等——××工程）科目，贷记"生产成本——辅助生产成本"科目
基建工程发生的工程管理费、征地费、可行性研究费、临时设施费、公证费、监理费等	借记"在建工程"（其他支出）科目，贷记"银行存款"等科目；基建工程应负担的税金，借记"在建工程"（其他支出）科目，贷记"银行存款"等科目
由于自然灾害等原因造成的单项工程或单位工程报废或毁损	减去残料价值和过失人或保险公司等赔款后的净损失，报经批准后计入继续施工的工程成本，借记"在建工程"（其他支出）科目，贷记本科目（建筑工程、安装工程等——××工程）；如为非正常原因造成的报废或毁损，或在建工程项目全部报废或毁损，应将其净损失直接计入当期营业外支出
工程物资在建设期间发生的盘亏、报废及毁损	报经批准后，借记"在建工程"科目，贷记"工程物资"科目；盘盈的工程物资或处置收益，编制相反的会计分录
基建工程达到预定可使用状态前进行负荷联合试车发生的费用	借记"在建工程"（其他支出）科目，贷记"银行存款"、"库存商品"等科目
获得的试车收入或按预计售价将能对外销售的产品转为库存商品	编制上述相反会计分录
基建工程完工后应当进行清理，已领出的剩余材料应当办理退库手续	借记"工程物资"科目，贷记"在建工程"科目

注：基建工程完工交付使用时，企业应当计算各项交付使用固定资产的成本，编制交付使用固定资产明细表。

企业应当设置“在建工程其他支出备查簿”，专门登记基建项目发生的构成项目概算内容但不通过“在建工程”科目核算的其他支出，包括按照建设项目概算内容购置的不需要安装的设备、现成房屋、无形资产以及发生的递延费用等。企业在发生上述支出时，应当通过“固定资产”、“无形资产”和“长期待摊费用”科目核算。但同时应在“在建工程其他支出备查簿”中进行登记。

【例 5－5】A 企业自行建造仓库一座，购入为工程准备的各种物资 20 000元，支付的增值税税额为 3 400 元，实际领用工程物资(含增值税) 21 060 元，剩余物资转做企业存货；另外，还领用了企业生产用的原材料一批，实际成本为 3 000 元，应转出的增值税为 510 元；支付工程人员工资 5 000 元，企业辅助生产车间为工程提供有关劳务支出 1 000 元，工程完工交付使用。有关会计处理如下。

① 购入为工程准备的物资。

借：工程物资	23 400	
贷：银行存款		23 400

② 工程领用物资。

借：在建工程——仓库	21 060	
贷：工程物资		21 060

③ 工程领用原材料。

借：在建工程——仓库	3 510	
贷：原材料		3 000
应交税费——应交增值税(进项税额转出)		510

④ 支付工程人员工资。

借：在建工程——仓库	5 000	
贷：应付职工薪酬		5 000

⑤ 辅助生产车间为工程提供的劳务支出。

借：在建工程——仓库	1 000	
贷：生产成本——辅助生产成本		1 000

⑥ 工程完工交付使用。

借：固定资产	30 570	
贷：在建工程——仓库		30 570

⑦ 剩余工程物资转做企业存货。

借：原材料　　2 000

　　应交税费——应交增值税(进项税额)　　340

　　贷：工程物资　　2 340

3. 出包工程

企业采用出包方式进行的自制、自建固定资产工程，其工程的具体支出在承包单位核算，在这种方式下，“在建工程”科目实际成为企业与承包单位的结算科目，企业将与承包单位结算的工程价款作为工程成本，通过“在建工程”科目核算。与出包工程相关的业务的会计处理如表5－9所示。

表5－9　出包工程的会计核算

相关业务	会计处理
企业应按合同规定向承包企业预付工程款、备料款	借记“在建工程”(建筑工程、安装工程等——××工程)科目，贷记“银行存款”科目
以拨付给承包企业的材料抵作预付备料款	借记“在建工程”(建筑工程、安装工程等——××工程)科目，贷记“工程物资”科目
将需要安装设备交付承包企业进行安装	借记“在建工程”(在安装设备)科目，贷记“工程物资”科目
与承包企业办理工程价款结算时，补付的工程款	借记“在建工程”(建筑工程、安装工程等——××工程)科目，贷记“银行存款”、“应付账款”等科目

企业采用出包方式建造固定资产发生的、需分摊计入固定资产价值的待摊支出，应按下列公式进行分摊：

待摊支出分配率＝累计发生的待摊支出/(建筑工程支出＋安装工程支出＋在安装设备支出)×100%

某工程应分配的待摊支出＝某工程的建筑工程支出、安装工程支出和在安装设备支出合计×待摊支出分配率

【例5-6】甲公司经批准新建一个火电厂，包括建造发电车间、冷却塔、安装发电设备等3个单项工程。2013年2月1日，甲公司与E公司签订合同，将火电厂新建工程出包给E公司。双方约定，建造发电车间的价款为5 000 000元，建造冷却塔的价款为2 800 000元，安装发电设备的安装费用为450 000元。其他有关资料如下。

① 2013年2月1日，甲公司向E公司预付建造发电车间的工程价款3 000 000元。

② 2013年5月8日，甲公司购入一台发电设备，价款3 800 000元。

③ 2013年7月2日，甲公司向E公司预付建造冷却塔的工程价款1 400 000元。

④ 2013年7月22日，甲公司将发电设备运抵现场，交付E公司安装。

⑤ 工程项目发生管理费、可行性研究费、公证费、监理费共计116 000元，款项已经支付。

⑥ 工程建造期间，由于台风造成冷却塔工程部分毁损，经核算，损失为450 000元，保险公司已承诺支付300 000元。

⑦ 2013年12月20日，所有工程完工，甲公司收到E公司的有关工程结算单据后，补付剩余工程款。

甲公司的账务处理如下：

① 2013年2月1日，预付建造发电车间工程款。

借：预付账款——建筑工程(发电车间)	3 000 000	
贷：银行存款		3 000 000

② 2013年5月8日，购入发电设备。

借：工程物资——发电设备	3 800 000	
贷：银行存款		3 800 000

③ 2013年7月2日，预付建造冷却塔工程款。

借：预付账款——建筑工程(冷却塔)	1 400 000	
贷：银行存款		1 400 000

④ 2013年7月22日，将发电设备交E公司安装。

借：在建工程——在安装设备(发电设备)	3 800 000	
贷：工程物资——发电设备		3 800 000

⑤ 支付工程发生的管理费、可行性研究费、公证费、监理费。

借：在建工程——待摊支出 116 000
　贷：银行存款 116 000

⑥ 台风造成冷却塔工程部分毁损。

借：营业外支出 150 000
　其他应收款 300 000
　贷：在建工程——建筑工程(冷却塔) 450 000

⑦ 2013 年 12 月 20 日，结算工程款并补付剩余工程款。

借：在建工程——建筑工程(发电车间) 5 000 000
　　　——建筑工程(冷却塔) 2 800 000
　　　——安装工程(发电车间) 450 000
　贷：银行存款 3 850 000
　　预付账款——建筑工程(发电车间) 3 000 000
　　　——建筑工程(冷却塔) 1 400 000

⑧ 分摊待摊支出。

待摊支出分配率 = 116 000 ÷ (5 000 000 + 2 800 000 − 450 000 + 3 800 000 + 450 000) × 100% = 1%。

发电车间应分配的待摊支出 = 5 000 000 × 1% = 50 000(元)。

冷却塔应分配的待摊支出 = (2 800 000 − 450 000) × 1% = 23 500(元)。

发电设备(安装工程)应分配的待摊支出 = 450 000 × 1% = 4 500(元)。

发电设备(在安装设备)应分配的待摊支出 = 3 800 000 × 1% = 38 000(元)。

借：在建工程——建筑工程(发电车间) 50 000
　　　——建筑工程(冷却塔) 23 500
　　　——安装工程(发电设备) 4 500
　　　——在安装设备(发电设备) 38 000
　贷：在建工程——待摊支出 116 000

⑨ 结转固定资产。

借：固定资产——发电车间 5 050 000
　　　——冷却塔 2 373 500
　　　——发电设备 4 292 500
　贷：在建工程——建筑工程(发电车间) 5 050 000
　　　——建筑工程(冷却塔) 2 373 500
　　　——安装工程(发电设备) 454 500
　　　——在安装设备(发电设备) 3 838 000

三、融资租入固定资产

融资租赁，是指实质上转移了与资产所有权有关的全部风险和报酬的租赁。其所有权最终可能转移，也可能不转移。企业与出租人签订的租赁合同是否应该认定为融资租资合同，不在于租赁合同的形式，而应视出租人是否将租赁资产的风险和报酬转移给了承租人而定。如果实质上转移了与资产所有权有关的全部风险和报酬，则该项租赁应认定为融资租赁；如果实质上并没有转移与资产所有权有关的全部风险和报酬，则该项租赁应认定为经营租赁。

企业采用融资租赁方式租入的固定资产，虽然在法律形式上，资产的所有权在租赁期间仍然属于出租人，但由于资产的租赁期基本上包括了资产的有效使用年限，承租企业实质上获得了租赁资产所能提供的主要经济利益，同时承担了与资产所有权有关的风险。因此，承租企业应将融资租赁资产作为一项固定资产入账，同时确认相应的负债，并采用与自有应折旧资产相一致的折旧政策计提折旧。

为与企业自有固定资产相区别，企业应对融资租入固定资产单设“融资租入固定资产”明细科目进行核算。融资租入固定资产的会计处理如表 5 – 10 所示。

表 5 – 10　融资租入固定资产的会计处理

会计事项	会计处理
在租赁期开始日	将租赁开始日租赁资产的公允价值与最低租赁付款额现值两者中较低者，加上在租赁谈判和签订合同过程中发生过的、可直接归属于租赁项目的手续费、律师费、差旅费、印花税等初始直接费用，作为租入资产的入账价值，借记“固定资产——融资租入固定资产”科目；按最低租赁付款额，贷记“长期应付款”科目；按发生的初始直接费用，贷记“银行存款”、“库存现金”等科目；按其差额，借记“未确认融资费用”科目
每期支付租金费用	借记“长期应付款”科目，贷记“银行存款”科目
支付的租金中包含履约成本	按履约成本金额，借记“制造费用”、“管理费用”等科目，贷记“银行存款”科目

（续表）

会计事项	会计处理
每期采用实际利率法分摊未确认融资费用	按当期应分摊的未确认融资费用金额，借记“财务费用”科目，贷记“未确认融资费用”
租赁期届满	如合同规定将租赁资产所有权转归承租企业的，企业应进行转账，将固定资产从“融资租入固定资产”明细科目转入有关明细科目

采用实际利率法分摊未确认融资费用时，确定分摊率的几种具体情况如表5－11所示。

表5－11　确定分摊率的几种具体的情况

项目	内容
采用实际利率法分摊未确认融资费用时，分摊率的确定具体的几种情况	以出租人租赁内含利率作为折现率将最低租赁付款额折现，且以该现值作为租赁资产入账价值的，应当将租赁内含利率作为未确认融资费用的分摊率
	以合同规定利率作为折现率将最低租赁付款额折现，且以该现值作为租赁资产入账价值的，应当将合同规定利率作为未确认融资费用的分摊率
	以银行同期贷款利率作为折现率将最低租赁付款额折现，且以该现值作为租赁资产入账价值的，应当将银行同期贷款利率作为未确认融资费用的分摊率
	以租赁资产公允价值作为入账价值的，应当重新计算分摊率，该分摊率是使最低租赁付款额的现值等于租赁资产公允价值的折现率

如果一项租赁在实质上没有转移与租赁资产所有权有关的全部风险和报酬，那么该项租赁应认定为经营租赁。在经营租赁方式下，由于与租赁资产所有权有关的全部风险和报酬实质上并没有转移给承租企业，因此，承租企业不需承担该租赁资产的主要风险。其会计处理比较简单，不需将所取得的经营租赁固定资产的使用权资本化，相应地，也不必将所承担的付款义务列做负债。

【例5－7】2011年1月1日，甲公司从E租赁公司采用经营租赁方式租入一台办公设备，租赁期为3年。该办公设备价值为1 000 000元，预计使用年限为10年。租赁合同规定：租赁期开始日为2011年1月1日，甲公司预付租金150 000元，第一年年末支付租金150 000元，第二年年末支付租金200 000元，第三年年末支付租金250 000元；租赁期满，E租赁公司收回办公设备，3年的租金总额为750 000元。假设甲公司在每年年末确认租金费用，并按时支付租金。甲公司的账务处理如下。

①2011年1月1日，支付租金。

借：长期待摊费用　150 000

　贷：银行存款　150 000

②2011年12月31日，确认租金费用。

借：管理费用　250 000

　贷：长期待摊费用　50 000

　　银行存款　200 000

③2012年12月31日，确认租金费用。

借：管理费用　250 000

　贷：长期待摊费用　50 000

　　银行存款　200 000

④2013年12月31日，确认租金费用。

借：管理费用　250 000

　贷：银行存款　250 000

四、存在弃置费用的固定资产

对于特殊行业的特定固定资产，确定其初始入账成本时还应考虑弃置费用。弃置费用通常是指根据国家法律和行政法规、国际公约等规定，企业承担的环境保护和生态恢复等义务所确定的支出，如核电站核设施等的弃置和恢复环境等义务。

对于特殊行业的特定固定资产，企业应当按照弃置费用的现值计入相关固定资产的成本。石油天然气开采企业应当按照油气资产的弃置费用现值计入相关油气资产的成本。在固定资产或油气资产的使用寿命内，按照预计负债的摊余成本和实际利率计算确定的利息费用，应当在发生时计入财务费用。

一般工商企业的固定资产发生的报废清理费用，不属于弃置费用，应当在发生时作为固定资产处置费用处理。

【例5-8】甲公司主要从事化工产品的生产和销售。2011年12月31日，甲公司一套化工产品生产线达到预定可使用状态并投入使用，预计使用寿命为15年。根据有关法律，甲公司在该生产线使用寿命届满时应对环境进行复原，预计将发生弃置费用2 000 000元。甲公司采用的折现率为10%。甲公司与弃置费用有关的账务处理如下。

① 2011年12月31日，按弃置费用的现值计入固定资产原价。

弃置费用的现值 $=2\ 000\ 000/(1+10\%)^{15}\approx 478\ 800$（元）。

借：固定资产　　478 800

　　贷：预计负债　　478 800

② 2012年12月31日—2026年12月31日利息费用的计算如表5-12所示。

表5-12　利息费用计算表

年度	利息费用 ①=②×10%	预计负债账面价值 上期②+①
2011年		478 800.00
2012年	47 880.00	526 680.00
2013年	52 668.00	579 348.00
2014年	57 934.80	637 282.80
2015年	63 728.28	701 011.08
2016年	70 101.11	771 112.19
2017年	77 111.22	848 223.41
2018年	84 822.34	933 045.75
2019年	93 304.57	1 026 350.32
2020年	102 635.03	1 128 985.35
2022年	112 898.54	1 241 883.89
2023年	124 188.39	1 366 072.28
2024年	136 607.23	1 502 679.51
2025年	150 267.95	165 2947.46
2026年	165 294.75	1 818 242.20
2027年	181 757.78	2 000 000.00

2012 年 12 月 31 日，确认利息费用的账务处理如下：

借：财务费用　　47 880

　　贷：预计负债　　47 880

2013—2026 年，确认利息费用的账务处理比照 2012 年的相关账务处理进行。固定资产的入账价值中，还应包括企业为取得固定资产而交纳的契税、耕地占用税、车辆购置税等相关税费。企业购置计算机硬件所附带的、未单独计价的软件，应与所购置的计算机硬件一并作为固定资产管理。如涉及借款，还应考虑相关的借款费用资本化金额、外币借款折算差额等因素。

五、其他方式取得的固定资产

对其他方式取得的固定资产的相关规定如表 5－13 所示。

表 5－13　其他方式取得的固定资产

其他方式取得的固定资产	相关规定
投资者投入固定资产的成本	按照投资合同或协议约定的价值确定，但合同或协议约定价值不公允的除外
非货币性资产交换、债务重组等方式取得的固定资产的成本	分别按照“非货币性资产交换”、“债务重组”的有关规定确定

第三节　固定资产折旧

一、固定资产折旧的概念与类别

（一）固定资产折旧的相关概念

固定资产折旧的相关概念如表 5－14 所示。

表5-14　固定资产折旧的相关概念

固定资产折旧的相关概念	具体含义
固定资产折旧	在固定资产使用寿命内，按照确定的方法对应计折旧额进行系统分摊
使用寿命	企业使用固定资产的预计期间，或者该固定资产所能生产产品或提供劳务的数量
应计折旧额	应当计提折旧的固定资产的原价扣除其预计净残值后的金额
预计净残值	假定固定资产预计使用寿命已满并处于使用寿命终了时的预期状态，企业目前从该项资产处置中获得的扣除预计处置费用后的金额

注：1. 造成折旧的原因有两种，一种叫有形损耗，一种叫无形损耗。有形损耗就是自然磨损，而无形损耗是因为科技进步、顾客爱好的变化等带来的，比如电脑更新换代非常快，可能一台电脑两年后就已跟不上时代潮流了，并且因此贬值。

2. 企业应当根据固定资产的性质和使用情况，合理确定固定资产的使用寿命和预计净残值。固定资产的使用寿命、预计净残值一经确定，不得随意变更。

3. 固定资产折旧的会计核算，实际上就是固定资产的成本在多个会计期间进行分摊的问题。这个问题的关键是在固定资产的使用年限内每期摊多少，也就是把其价值在一个会计期间内分摊多少作为费用，计入成本。

(二)固定资产折旧应考虑的因素

计算固定资产折旧时应该考虑的要素如表5-15所示。

表5-15　计算每期折旧费用的四个要素

计算每期折旧费用的四个要素	具体内容
计提折旧基数	计提固定资产折旧的基数是固定资产的原始价值或固定资产的账面净值。一般以固定资产的原值作为计提折旧的依据，选用双倍余额递减法的企业，以固定资产的账面净值作为计提折旧的依据
固定使用寿命	折旧年限长短直接关系到折旧率的高低，它是影响企业计提折旧额的关键因素。企业在确定固定资产的使用寿命时，主要考虑因素有：① 预计生产能力或实物产量；② 预计有形损耗或无形损耗；③ 法律或者类似规定对资产使用的限制

（续表）

计算每期折旧费用的四个要素	具体内容
折旧方法	企业折旧方法不同，在一个会计期间所计提的折旧额相差很大
固定资产净残值	固定资产净残值由预计固定资产清理报废时可以收回的残值扣除预计清理费用得出

(三)固定资产计提折旧的范围

固定资产计提折旧除外的情况如表5-16所示。

表5-16　计提折旧除外的情况

项目	内容
企业应对所有固定资产计提折旧除外的情况	已提足折旧仍继续使用的固定资产
	按照规定单独估价作为固定资产入账的土地

提足折旧，是指已经提足该项固定资产的应计折旧额。已达到预定可使用状态但尚未办理竣工决算的固定资产，应当按照估计价值确定其成本，并计提折旧；待办理竣工决算后，再按照实际成本调整原来的暂估价值，但不需要调整原已计提的折旧额。

融资租入的固定资产，应当采用与自有应计提折旧资产相一致的折旧政策。能够合理确定租赁期届满时将会取得租赁资产所有权的，应当在租赁资产尚可使用年限内计提折旧；无法合理确定租赁期届满时能否取得租赁资产所有权的，应当在租赁期与租赁资产尚可使用年限两者中较短的期间内计提折旧。

处于更新改造过程停止使用的固定资产，应将其账面价值转入在建工程，不再计提折旧。更新改造项目达到预定可使用状态转为固定资产后，再按照重新确定的折旧方法和该项固定资产尚可使用寿命计提折旧。因进行大修理而停用的固定资产，应当照提折旧，计提的折旧额应计入相关资产成本或当期损益。

(四)固定资产计提折旧的开始和终止

固定资产计提折旧的开始和终止如表5-17所示。

表 5－17 固定资产折旧的计提

项目	内容
固定资产计提折旧	当按月计提折旧时，当月增加的固定资产当月不计提折旧，从下月起计提折旧；当月减少的固定资产，当月仍然计提折旧，从下月起不再计提折旧
	已达到预定可使用状态但尚未办理竣工决算的固定资产，应当按照估计价值确定其成本，并计提折旧；待办理竣工决算后，再按实际成本调整原来的暂估价值，但不需要调整原已计提的折旧额
	提足折旧后，不论能否继续使用，均不再计提折旧；提前报废的固定资产，也不再补提折旧

注：应计折旧额，是指应当计提折旧的固定资产的原价扣除其预计净残值后的金额。已计提减值准备的固定资产，还应当扣除已计提的固定资产减值准备累计金额。

二、固定资产折旧的计算方法

固定资产折旧方法可以采用年限平均法、工作量法、双倍余额递减法、年数总和法等。折旧方法一经确定，不得随意变动，如需变更，应当在会计报表附注中予以说明。

(一)平均年限法

平均年限法是指将固定资产的可折旧价值平均分摊于其可折旧年限内的一种方法。这种方法适用于在各个会计期间使用程度比较均衡的固定资产。其计算公式为：

公式 1：年折旧额＝(固定资产原值－预计净残值)/预计使用年限

公式 2：月折旧额＝年折旧额÷12

【例 5－9】立兴建筑工程公司一台生产用设备原值为 30 000 元，预计清理费为 1 200 元，预计残值为 3 000 元，使用年限为 4 年。使用平均年限法计算折旧额如下。

年折旧额＝[30 000－(3 000－1 200)]/4＝(30 000－1 800)＝7 050(元)。

月折旧额＝7 050÷12＝587.50(元)。

此项折旧应计入“制造费用”科目，因为是生产用的，所以每期的分录如下：

借：制造费用　　587.50

　　贷：累计折旧　　587.50

（二）工作量法

工作量法又称作业量法，是根据固定资产在使用期间完成的总的工作量平均计算折旧的一种方法。工作量法和平均年限法都是平均计算折旧的方法，都属直线法。其计算公式为：

公式1：单位工作量折旧额=(固定资产原值－预计净残值)÷预计总工作量=[固定资产原值×(1－预计净残值率)]÷预计总工作量

公式2：月折旧额=单位工作量折旧额×当月实际完成工作量

在会计实务中，工作量法广泛应用于以下三种方式：第一种，按照工作小时计算折旧；第二种，按行驶里程计算折旧；第三种按台班计算折旧。

【例5-10】华光电器厂购置一台专用机床，价值200 000元，预计总工作小时数为300 000小时，预计净残值为20 000元，购置的当年便工作了2 400小时，则：

每小时折旧额=(200 000－20 000)/300 000=0.6(元/小时)。

当年的折旧额=2 400×0.6=1 440(元)。

工作量法实际上也是直线法。它把产量与成本相联系，也就是把收入与费用相配。于是，年末计提折旧时的会计分录如下：

借：制造费用　　1 440

　　贷：累计折旧　　1 440

【例5-11】A公司有经理用的小汽车一辆，原值为150 000元，预计净残值率为5%，预计总行驶里程为600 000公里，当月行驶里程为3 000公里，该项固定资产的月折旧额计算如下：

单位里程折旧额=(150 000－150 000×5%)/600 000=0.2375(元/公里)。

本月折旧额=3 000公里×0.2375元/公里=712.5(元)。

因为这辆车是企业管理者作为管理用的，所以会计分录如下：

借：管理费用　　712.50

　贷：累计折旧　　712.50

(三)双倍余额递减法

双倍余额递减法是加速折旧法的一种，是按直线法折旧率的两倍，乘以固定资产在每个会计期间的期初账面净值计算折旧的方法。在计算折旧率时通常不考虑固定资产残值。其计算公式为：

在不考虑预计残值时，

公式1：年折旧率(双倍直线折旧率)=(2÷预计使用年限)×100%

公式2：年折旧额=期初固定资产账面净值×双倍直线折旧率

采用双倍余额递减法时应注意的问题如表5-18所示。

表5-18　采用双倍余额递减法时应注意的问题

应注意的问题	处理办法
由于每年的折旧额是递减的，因而可能出现某年按双倍余额递减法所提折旧额小于按直线法计提的折旧额	当这一情况在某一折旧年度出现时，应换为按直线法计提折旧
各年计提折旧后，固定资产账面净值不能小于预计净残值	在可能出现此现象的那一年转换为直线法，即：将当年年初的固定资产账面净值减去预计净残值，其差额在剩余的使用年限中平均摊销。但在实际工作中，企业一般采用简化的办法，在固定资产预计使用年限到期前两年转换成直线法

【例5-12】A公司购入一部自动化生产线，安装完毕后，固定资产原值为200 000元，预计使用年限为5年，预计净残值收入8 000元。该生产线按双倍余额递减法计算各年的折旧额如下：

双倍直线折旧率=2/5×100%=40%。

第一年应提折旧=200 000×40%=80 000(元)。

第二年应提折旧=(200 000-80 000)×40%=48 000(元)。

第三年应提折旧 =（120 000 － 48 000）× 40% = 72 000 × 40% = 28 800（元）。

第四年应提折旧 =（200 000 － 80 000 － 48 000 － 28 800 － 8 000）/2 = 17 600（元）。

第五年应提折旧 =（200 000 － 80 000 － 48 000 － 28 800 － 8 000）/2 = 17 600（元）。

可以看出，折旧率40%是固定不变的。而每一期的期初账面余额是上一期的期末账面余额，每一期的折旧额都是递减的，但累计折旧总额却在增加。等到使用期的最后两年时，把此时的固定资产的账面价值减去预估的残值进行均分，便是最后两年每一年的折旧额。

（四）年数总和法

年数总和法是以固定资产的原值减去预计净残值后的净额为基数，以一个逐年递减的分数为折旧率，计算各年固定资产折旧额的一种折旧方法。

年数总和法的各年折旧率，是以固定资产尚可使用年限作分子，以固定资产使用年限的逐年数字之和作分母。假定固定资产使用年限为 n 年，分母即为 $1+2+3+\cdots\cdots+n=n(n+1)\div 2$。计算公式为：

公式1：年折旧率 = 尚可使用年限 ÷ 预计使用年限的逐年数字总和

公式2：年折旧额 =（固定资产原值 － 预计净残值）× 年折旧率

公式3：月折旧额 =（固定资产原值 － 预计净残值）× 月折旧率

【例5－13】 韵美公司的一台小型机床原值为50 000元，预计使用年限为5年，预计净残值为2 000元。分别用三种方法提折旧，如表5－19所示。

表5－19　三种折旧计提方法的比较

单位：元

年份	比较项目	直线法	双倍余额递减法	年限综合法
第1年	当年折旧基数	48 000	50 000	48 000
	年折旧率	1/5 = 20%	2/5 = 40%	5/(1+2+3+4+5)
	折旧额	9 600	20 000	16 000

（续表）

年份	比较项目	直线法	双倍余额递减法	年限综合法
第 2 年	当年折旧基数	48 000	30 000	48 000
	年折旧率	1/5 = 20%	2/5 = 40%	4/(1 + 2 + 3 + 4 + 5)
	折旧额	9 600	12 000	12 800
第 3 年	当年折旧基数	48 000	18 000	48 000
	年折旧率	1/5 = 20%	2/5 = 40%	3/(1 + 2 + 3 + 4 + 5)
	折旧额	9 600	7 200	9 600
第 4 年	当年折旧基数	48 000	10 800	48 000
	年折旧率	1/5 = 20%	0.5	2/(1 + 2 + 3 + 4 + 5)
	折旧额	9 600	5 400	6 400
第 5 年	当年折旧基数	48 000	10 800	48 000
	年折旧率	1/5 = 20%	0.5	1/(1 + 2 + 3 + 4 + 5)
	折旧额	9 600	5 400	3 200

注：双倍余额递减法计算折旧，初期不考虑净残值，在最后 2 年才涉及净残值，且平摊剩余的。

(1)直线法折旧，折旧额每年都相等。其余两种方法，双倍余额递减法是折旧率不变，余额递减，相乘后得出递减的折旧额；而年限总和法是用递减的折旧率乘以固定的基数，也得出递减的折旧额。

(2)双倍余额递减法，在使用的最后 2 年，用原值减去累计折旧再减去净残值后的额，分别平摊在最后 2 年，最后 2 年不涉及折旧率的问题。

(3)5 年后，每种方法的账面都会剩余净残值 2 000 元。

第四节　固定资产后续支出

固定资产后续支出，是指固定资产在使用过程中发生的更新改造支出、修理费用等。企业的固定资产投入使用后，为了适应新技术发展的需要，或者为维护或提高固定资产的使用效能，往往需要对现有固定资产进行维护、改建、扩建或者改良。

一、资本化的后续支出

企业将固定资产进行更新改造的，如符合资产化的条件，应将固定资产的原价、已计提的累计折旧和减值准备转消，将其账面价值转入在建工程，并停止计提折旧。固定资产发生的可量化的后续支出，通过“在建工程”科目核算。待更新改造等工程完工并达到预定可使用状态时，再从在建工程转为固定资产，并按重新确定的使用寿命、预计净残值和折旧方法计提折旧。

【例5－14】立兴建筑工程公司是一家从事金属产品制造的企业，2010年新建一条不锈钢器材生产线，有关的会计资料如下。

2010年12月，该公司自行建成了一条不锈钢器材生产线并投入使用，建造成本为568 000元；采用年限平均法计提折旧；预计净残值率为固定资产原价的3%，预计使用年限为6年。

2013年1月1日，由于生产的产品适销对路，现有生产线的生产能力已难以满足公司生产发展的需要，但若新建生产线成本过高、周期过长，于是公司决定对现有生产线进行改扩建，以提高其生产能力。

2013年1月1日至3月31日，经过3个月的改扩建，完成了对该不锈钢器材生产线的改扩建工程，共发生支出268 900元，全部以银行存款支付。

该生产线改扩建工程达到预定可使用状态后，大大提高了生产能力，预计尚可使用年限为7年9个月。假定改扩建后的生产线的预计净残值率为改扩建后固定资产账面价值的3%；折旧方法仍为年限平均法。

为简化计算，不考虑其他相关税费，公司按年度计提固定资产折旧。

甲公司的账务处理如下：

①2012年1月1日至2012年12月31日两年间，即固定资产后续支出发生前，该条生产线的应计折旧额为550 960元[568 000×(1－3%)]，年折旧额为91 826.67元(550 960÷6)，各年计提固定资产折旧的账务处理为：

借：制造费用　　91 826.67

　　贷：累计折旧　　91 826.67

②2013年1月1日，该生产线的账面价值为384 346.66元[568 000－(91 826.67×2)]，该生产线转入改扩建时的账务处理如下。

借：在建工程　　384 346.66
　　累计折旧　　183 653.34
　　贷：固定资产——生产线　　568 000.00

③ 2013 年 1 月 1 日至 3 月 31 日，发生固定资产后续支出的账务处理如下。

借：在建工程　　268 900
　　贷：银行存款　　268 900

④ 2013 年 3 月 31 日，生产线改扩建工程达到预定可使用状态，将后续支出全部资本化后的生产线账面价值为 653 246.66 元（384 364.66 + 268 900），其账务处理如下。

借：固定资产——生产线　　653 246.66
　　贷：在建工程　　653 246.66

⑤ 2013 年 3 月 31 日，生产线改扩建工程达到预定可使用状态后，其每年应计提的折旧额为 81 761.19 元，每年计提固定资产折旧的账务处理如下。

每年应计提的折旧额 = [653 246.66 × (1 − 3%) ÷ (7 × 12 + 9) × 12] = 81 761.19（元）。

借：制造费用　　81 761.19
　　贷：累计折旧　　81 761.19

企业在发生可资本化的固定资产后续支出时，可能涉及替换固定资产的某个组成部分。如果满足固定资产的确认条件，应当将用于替换的部分资本化，计入固定资产账面价值，同时终止确认被替换部分的账面价值，以避免将替换部分的成本和被替换部分的账面价值同时计入固定资产成本。在实务中，如果企业不能确定被替换部分的账面价值，可将替换部分的成本视为被替换部分的账面价值。

【例 5 − 15】2000 年 12 月，甲公司采用出包方式建造的营业厅达到预定可使用状态投入使用，并结转固定资产成本 1 800 000 元。该营业厅内有一部电梯，成本为 200 000 元，未单独确认为固定资产。2013 年 1 月，为吸引顾客，甲公司决定更换一部观光电梯。支付的新电梯购买价款为 320 000 元（含增值税税额，适用的增值税税率为 17%），另发生安装费用 31 000

元，以银行存款支付；旧电梯的回收价格为100 000元，款项尚未收到。假定营业厅的年折旧率为3%，净残值率为3%。

甲公司的账务处理如下。

①2013年1月，购入观光电梯一部。

借：工程物资　　320 000

　　贷：银行存款　　320 000

②2013年1月，将营业厅的账面价值转入在建工程。

营业厅的累计折旧金额＝1 800 000×(1－3%)×3%×8＝419 040(元)。

借：在建工程　　1 380 960

　　累计折旧　　419 040

　　贷：固定资产　　1 800 000

③2013年1月，转销旧电梯的账面价值。

旧电梯的账面价值＝200 000－200 000÷1 800 000×419 040＝153 440(元)。

借：其他应收款　　100 000

　　营业外支出　　53 440

　　贷：在建工程　　153 440

④2013年1月，安装新电梯。

借：在建工程　　351 000

　　贷：工程物资　　320 000

　　　　银行存款　　31 000

⑤电梯安装完毕，达到预定可使用状态投入使用。

借：固定资产　　1 578 520

　　贷：在建工程　　1 578 520

二、费用化的后续支出

一般情况下，固定资产投入使用之后，由于固定资产磨损、各组成部分耐用程度不同，可能会导致固定资产的局部损坏，为了维持固定资产的正常运转和使用，充分发挥其使用效能，企业会对固定资产进行必要的维护。固定资产的日常维护支出只是确保固定资产的正常工作状况，通常不满足固定资产的确认条件，应在发生时计入管理费用或销售费用，不得采用预提或待摊方式处理。

【例5－16】2013年1月23日，甲公司对某办公楼进行修理，修理过程中领用原材料一批，价值为120 000元，为购买该批原材料支付的增值税进项税额为20 400元；应支付维修人员薪酬为43 320元。

甲公司的账务处理如下：

借：管理费用　183 720

　贷：原材料　120 000

　　应交税费——应交增值税(进项税额转出)　20 400

　　应付职工薪酬　43 320

固定资产发生的各项后续支出的处理方法如表5－20所示。

表5－20　固定资产发生的各项后续支出的处理

固定资产发生的各项后续支出	通常的处理
固定资产修理费用	直接计入当期费用
固定资产改良支出	计入固定资产账面价值
固定资产修理、改良及其结合	企业应当判断，与固定资产有关的后续支出是否满足固定资产的确认条件。如果该后续支出满足了固定资产的确认条件，后续支出应当计入固定资产账面价值；否则，后续支出应当确认为当期费用
固定资产装修费用	满足固定资产的确认条件，装修费用应当计入固定资产账面价值，并在“固定资产”科目下单设“固定资产装修”明细科目进行核算，在两次装修间隔期间与固定资产尚可使用年限两者中较短的期间内，采用合理的方法单独计提折旧。在下次装修时，与该项固定资产相关的“固定资产装修”明细科目仍有账面价值的，应将该账面价值一次全部计入当期营业外支出

注：1. 融资租入固定资产发生的固定资产后续支出，比照上述原则处理。发生的固定资产装修费用等，满足固定资产确认条件的，应在两次装修间隔期间、剩余租赁期与固定资产尚可使用年限三者中较短的期间内，采用合理的方法单独计提折旧。

2. 经营租入固定资产发生的改良支出，应通过“长期待摊费用”科目核算，并在剩余租赁期与租赁资产尚可使用年限两者中较短的期间内，采用合理的方法进行摊销。

【例5-17】2013年1月25日，甲公司对所属一家商场进行装修，发生如下有关支出：领用生产用原材料40 000元，购进该批原材料时支付的增值税进项税额为6 800元；辅助生产车间为商场装修工程提供的劳务支出为14 660元；发生有关人员薪酬29 640元。2012年12月26日，商场装修完工，达到预定可使用状态交付使用，甲公司预计下次装修时间为2024年12月。2016年12月31日，甲公司决定对该商场重新进行装修。假定该商场的装修支出符合固定资产确认条件；该商场预计尚可使用年限为6年；装修形成的固定资产预计净残值为1 100元；采用直线法计提折旧；不考虑其他因素。

甲公司的账务处理如下：

① 装修领用原材料。

借：在建工程	46 800	
贷：原材料		40 000
应交税费——应交增值税(进项税额转出)		6 800

② 辅助生产车间为装修工程提供劳务。

借：在建工程	14 660	
贷：生产成本——辅助生产成本		14 660

③ 发生工程人员薪酬。

借：在建工程	29 640	
贷：应付职工薪酬		29 640

④ 装修工程达到预定可使用状态交付使用。

借：固定资产——固定资产装修	91 100	
贷：在建工程		91 100

⑤ 2014年度计提装修形成的固定资产折旧。

因下次装修时间为2024年12月，大于固定资产预计尚可使用年限6年，因此，应按固定资产预计尚可使用年限6年计提折旧。

借：管理费用	15 000	
贷：累计折旧		15 000

⑥ 2016年12月31日重新装修。

借：营业外支出	46 100	
累计折旧	45 000	
贷：固定资产——固定资产装修		91 100

【例5-18】2012年8月20日，甲公司对采用经营租赁方式租入的一条生产线进行改良，发生如下有关支出：领用生产用原材料24 000元，购进该批原材料时支付的增值税进项税额为4 080元；辅助生产车间为生产线改良提供的劳务支出为2 560元；发生有关人员薪酬54 720元。2012年12月31日，生产线改良工程完工，达到预定可使用状态交付使用。假定该生产线预计尚可使用年限为6年，剩余租赁期为5年；采用直线法进行摊销；不考虑其他因素。

甲公司的账务处理如下：

① 改良工程领用原材料。

借：在建工程	28 080	
贷：原材料		24 000
应交税费——应交增值税(进项税额转出)		4 080

② 辅助生产车间为改良工程提供劳务。

借：在建工程	2 560	
贷：生产成本——辅助生产成本		2 560

③ 发生工程人员薪酬。

借：在建工程	54 720	
贷：应付职工薪酬		54 720

④ 改良工程达到预定可使用状态交付使用。

借：长期待摊费用	85 360	
贷：在建工程		85 360

⑤ 2013年度进行摊销。

因生产线预计尚可使用年限为6年，剩余租赁期为5年，因此，应按剩余租赁期5年进行摊销。

借：制造费用	17 072	
贷：长期待摊费用		17 072

【例5-19】立兴建筑工程公司是一家在上海证券交易所发行股票的企业，其主要从事金属产品的制造，属于增值税一般纳税企业，适用的增值税税率为17%。其有关业务资料如下：

2011年12月1日，立兴建筑工程公司购入一条需要安装的生产线，取得的增值税专用发票上注明的生产线价款为10 000 000元，增值税税额为1 700 000元；发生保险费25 000元，款项均以银行存款支付；没有发生其他相关税费。

2011年12月1日，立兴建筑工程公司开始以自营方式安装该生产线。安装期间领用生产用原材料的实际成本和计税价格均为100 000元，发生安装工人薪酬50 000元，没有发生其他相关税费。该原材料没有计提存货跌价准备。

2011年12月31日，该生产线达到预定可使用状态，当日投入使用。该生产线预计使用年限为6年，预计净残值为132 000元，采用直线法计提折旧。

2012年12月31日，立兴建筑工程公司在对该生产线进行检查时发现其已经发生减值，可收回金额为8 075 600元。

2013年1月1日，该生产线预计尚可使用年限为5年，预计净残值为125 600元，采用直线法计提折旧。

2013年6月30日，立兴建筑工程公司采用出包方式对该生产线进行改良。当日，该生产线停止使用，开始进行改良。在改良过程中，乙公司以银行存款支付工程总价款1 221 400元。

2013年8月20日，改良工程完工验收合格并于当日投入使用，预计尚可使用年限为8年，预计净残值为102 000元，采用直线法计提折旧。2011年12月31日，该生产线未发生减值。

立兴建筑工程公司的账务处理如下：

① 2011年12月1日，购入生产线。

借：在建工程　　11 725 000

　　贷：银行存款　　11 725 000

② 2011年12月，安装该生产线。

借：在建工程　　167 000

　　贷：原材料　　100 000

　　　　应交税费——应交增值税(销项税额)　　17 000

　　　　应付职工薪酬　　50 000

③ 2011年12月31日，生产线达到预定可使用状态投入使用。

借：固定资产　　11 892 000

　　贷：在建工程　　11 892 000

④ 2012 年度计提折旧。

生产线 2012 年度折旧额 =(11 892 000 - 132 000) ÷ 6 = 1 960 000(元)。

借：制造费用　　1 960 000

　　贷：累计折旧　　1 960 000

⑤ 2012 年 12 月 31 日，确认减值损失。

生产线应确认的减值损失 = (11 892 000 - 1 960 000) - 8 075 600 = 1 856 400(元)。

借：资产减值损失　　1 856 400

　　贷：固定资产减值准备　　1 856 400

⑥ 2013 年上半年计提折旧。

2013 年上半年折旧额 =(8 075 600 - 125 600) ÷ 5 ÷ 2 = 795 000(元)。

借：制造费用　　795 000

　　贷：累计折旧　　795 000

⑦ 2013 年 6 月 30 日，将生产线转入改良。

借：在建工程　　7 280 600

　　累计折旧　　2 755 000

　　固定资产减值准备　　1 856 400

　　贷：固定资产　　11 892 000

借：在建工程　　1 221 400

　　贷：银行存款　　1 221 400

⑧ 2013 年 8 月 20 日，改良工程完工达到预定可使用状态投入使用。

借：固定资产　　8 502 000

　　贷：在建工程　　8 502 000

⑨ 2013 年生产线改良后计提折旧。

2013 年生产线改良后折旧额 = (8 502 000 - 102 000) ÷ 8 × 4 ÷ 13 = 350 000(元)。

借：制造费用　　350 000

　　贷：累计折旧　　350 000

第五节　固定资产的处置

一、固定资产终止确认的条件

固定资产处置，包括固定资产的出售、转让、报废和毁损、对外投资、非货币性资产交换、债务重组等。固定资产终止确认的条件如表5－21所示。

表5－21　固定资产终止确认的条件

项目	内容
固定资产终止确认的条件（任一即可）	该固定资产处于处置状态
	该固定资产预期通过使用或处置不能产生经济利益

二、固定资产处置的会计处理

企业出售、转让、报废固定资产或发生固定资产毁损，应当将处置收入扣除账面价值和相关税费后的金额计入当期损益。固定资产的账面价值是固定资产成本扣减累计折旧和累计减值准备后的金额。固定资产处置一般通过“固定资产清理”科目进行核算。

（一）固定资产出售、报废或毁损的会计处理

固定资产出售、报废或毁损的会计处理如表5－22所示。

表5－22　固定资产出售、报废或毁损的会计处理

会计业务	相关会计处理
因出售、报废和毁损等原因减少的固定资产	按减少的固定资产账面价值，借记“固定资产清理”科目；按已提折旧，借记“累计折旧”科目；按已计提的减值准备，借记“固定资产减值准备”科目；按固定资产原价，贷记“固定资产”科目
清理过程中发生的费用以及应交的税金	借记“固定资产清理”科目，贷记“银行存款”、“应交税费——应交营业税”科目

（续表）

会计业务	相关会计处理
收回出售固定资产的价款、毁损报废取得的残料价值和变价收入	借记“银行存款”、“原材料”等科目，贷记“固定资产清理”科目
由保险公司或过失人赔偿的损失	借记“其他应收款”等科目，贷记“固定资产清理”科目

表 5－23　固定资产清理后的净收益的会计处理

固定资产清理后的净收益的时间	会计处理
属于筹建期间的	冲减长期待摊费用，借记“固定资产清理”科目，贷记“长期待摊费用”科目
属于生产经营期间的	借记“固定资产清理”科目，贷记“营业外收入——处置固定资产净收益”科目
属于筹建期间的	计入长期待摊费用，借记“长期待摊费用”科目，贷记“固定资产清理”科目
属于生产经营期间由于自然灾害等非正常原因造成的损失	借记“营业外支出——非常损失”科目，贷记“固定资产清理”科目
属于生产经营期间正常的处理损失	借记“营业外支出——处置固定资产净损失”科目，贷记“固定资产清理”科目

【例 5－20】立兴建筑工程公司出售一幢闲置厂房。该房屋账面原始价值 200 000 元，已提折旧 110 000 元；取得出售价款 110 000 元；应交营业税 5 500 元。该厂房已计提减值准备 10 000 元，有关会计处理如下。

① 注销出售固定资产价值。

借：固定资产清理　80 000
　　累计折旧　110 000
　　固定资产减值准备　10 000
　　贷：固定资产　200 000

② 取得清理收入。

借：银行存款　110 000
　贷：固定资产清理　110 000
③ 应交营业税。
借：固定资产清理　5 500
　贷：应交税费——应交营业税　5 500
④ 结转清理净收益。
借：固定资产清理　24 500
　贷：营业外收入——固定资产清理收益　24 500

（二）其他方式减少的固定资产

企业持有待售的固定资产，应当调整其预计净残值，使预计净残值能够反映其公允价值减去处置费用后的金额，但不得超过其账面价值。原账面价值高于预计净残值的差额，应作为资产减值损失计入当期损益。持有待售固定资产从划归为持有待售之日起停止提折旧和减值准备。

其他方式减少的固定资产，如以固定资产清偿债务、投资转出固定资产、以非货币性资产交换换出固定资产等，分别按照债务重组、非货币性资产交换等的处理原则进行核算。

第六节　固定资产清查

为了保证固定资产核算的真实性，企业应定期或者至少于每年年末对固定资产进行清查盘点，以保证固定资产核算的真实性，充分挖掘企业现有固定资产的潜力。在固定资产清查过程中，如果发现盘盈、盘亏的固定资产，应填制固定资产盘盈、盘亏报告表。对清查固定资产发现的损溢，应及时查明原因，并按照规定程序报批处理。

企业盘盈、盘亏的固定资产，在审批之前，应调整固定资产的账面价值，作为企业的待处理财产损溢，在报经有关部门审批之后，作为营业外收支处理。为此，固定资产盘盈、盘亏应通过“待处理财产损溢”科目所属“待处理固定资产损溢”二级科目进行核算。期末，对于尚未审批的盘盈、盘亏的固定资产，应进行处理。如果审批数与处理数不一致，再进行调整。

一、固定资产的盘盈

在固定资产清查过程中发现的盘盈固定资产，经查明是否确属企业所有，应确定固定资产重置价值，并为其重新建立固定资产卡片。

企业盘盈的固定资产，在批准处理之前，应根据重置价值借记“固定资产”科目，贷记“待处理财产损溢”科目；待有关部门审批之后，应借记“待处理财产损溢”科目，贷记“营业外收入”科目。

【例5－21】某钢厂年末对资产进行清查时，发现未入账的设备一台，现若重新购入同样一台新设备要花120 000元，预计使用年限10年。此设备估计已使用2年，预计净残值率为5%。每年应计折旧额为11 400元［(120 000－120 000×5%)÷10］，已提折旧额为22 800元，编制会计分录如下：

借：固定资产　　120 000
　　贷：累计折旧　　22 800
　　　　待处理财产损溢　　97 200

盘盈的设备报经批准后转账时，分录如下：

借：待处理财产损溢　　97 200
　　贷：营业外收入——固定资产盘盈　　97 200

二、固定资产盘亏

在固定资产清查过程中发现盘亏的固定资产，应根据账面价值借记“待处理财产损溢”科目，根据已提折旧借记“累计折旧”科目，根据原值贷记“固定资产”科目；待有关部门审批之后，应借记“营业外支出”科目，贷记“待处理财产损溢”科目。

【例5－22】华光家具公司于2013年9月22日进行了一次资产清产，清查之后发现盘亏一台原值为50 000元的设备，经查账发现此台设备已提折旧为24 000元。编制会计分录如下：

借：待处理财产损溢　　26 000
　　累计折旧　　24 000
　　贷：固定资产　　50 000
上报上级主管部门后批准转入“营业外支出”。
借：营业外支出　　26 000
　　贷：待处理财产损溢　　26 000

第七节　固定资产减值

固定资产在资产负债表日存在可能发生减值的迹象时，其可收回金额低于账面价值的，企业应当将该固定资产的账面价值减记至可收回金额，减记的金额确认为减值损失，计入当期损益，同时计提相应的资产减值准备，借记“资产减值损失——计提的固定资产减值准备”科目，贷记“固定资产减值准备”科目。固定资产减值损失一经确认，在以后会计期间不得转回。

【例5－23】2013年12月31日，丁公司的某生产线存在可能发生减值的迹象。经计算，该机器的可收回金额合计为1 230 000元，账面价值为1 400 000元，以前年度未对该生产线计提过减值准备。

由于该生产线的可收回金额为1 230 000元，账面价值为1 400 000元，可收回金额低于账面价值，应按两者之间的差额170 000元(1 400 000－1 230 000)计提固定资产减值准备。丁公司应作如下会计处理：

借：资产减值损失——计提的固定资产减值准备　　170 000
　　贷：固定资产减值准备　　170 000

第六章
金融资产

本章导读

金融资产是指一切代表未来收益或资产合法要求权的凭证，亦称金融工具或证券。随着我国金融市场的日益发展，企业进行金融投资、获取投资收益的机会将越来越多。利用金融资产进行投资已经成为一项重要的投资方式，可以做到迅速变现，而同时不受价值上的损失。新《企业会计准则》非常重视对金融投资业务的规范。在本章中，我们重点学习以下内容：

☑ 什么是交易性金融资产，如何对其进行会计核算。
☑ 什么是持有至到期投资，如何对其进行会计核算。
☑ 什么是长期股权投资，如何对其进行会计核算。

第一节　交易性金融资产

一、交易性金融资产的划分

根据金融工具确认与计量会计准则的规定，企业持有的以公允价值计量且其变动计入当期损益的金融资产，包括为交易目的所持有的债券投资、股票投资、基金投资、权证投资等和直接指定为以公允价值计量且其变动计入当期损益的金融资产。划分的条件如表6－1和6－2所示。

表6－1　金融资产或金融负债应当划分为交易性金融资产或金融负债的条件

项目	内容
金融资产或金融负债应当划分为交易性金融资产或金融负债的条件	取得该金融资产或承担该金融负债的目的，主要是为了近期内出售或回购
	属于进行集中管理的可辨认金融工具组合的一部分，且有客观证据表明企业近期采用短期获利方式对该组合进行管理
	属于衍生工具。但被指定为有效套期工具的衍生工具、属于财务担保合同的衍生工具、与在活跃市场中没有报价且其公允价值不能可靠计量的权益工具投资挂钩并须通过交付该权益工具结算的衍生工具除外

表6－2　初始确认时指定为以公允价值计量且其变动计入当期损益的金融资产或金融负债的条件

项目	内容
除了可以将可转换公司债券等混合工具指定为以公允价值计量且其变动计入当期损益的金融资产或金融负债以外，符合右边条件之一的金融资产或金融负债，才可以在初始确认时指定为以公允价值计量且其变动计入当期损益的金融资产或金融负债	该指定可以消除或明显减少由于该金融资产或金融负债的计量基础不同所导致的相关利得或损失在确认或计量方面不一致的情况
	企业风险管理或投资策略的正式书面文件已载明，该金融资产组合、该金融负债组合、该金融资产和金融负债组合，以公允价值为基础进行管理、评价并向关键管理人员报告

在活跃市场中没有报价、公允价值不能可靠计量的权益工具投资，不得指定为以公允价值计量且其变动计入当期损益的金融资产。活跃市场的特征如图6－1所示。

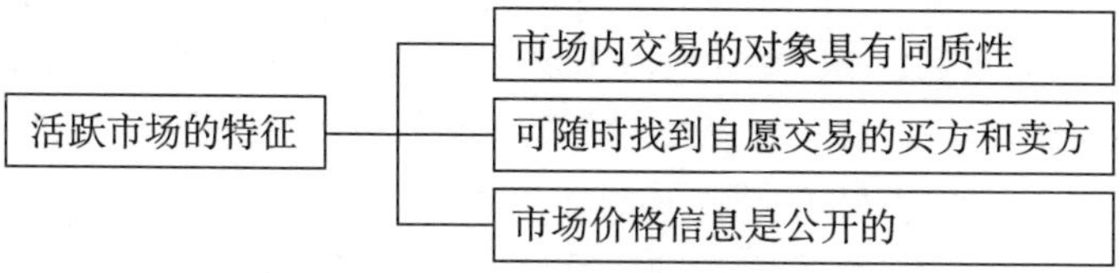

图6－1 活跃市场的特征

二、交易性金融资产核算

交易性金融资产的核算包括交易性金融资产的取得、交易性持有期间取得股利和利息的处理、交易性金融资产的期末计价和交易性金融资产的处置等方面的内容。交易性金融资产科目设置情况如表6－3所示。

表6－3 交易性金融资产科目的设置

"交易性金融资产"科目设置的目的	借贷科目	明细科目的设置
总括地核算和监督企业交易性金融资产的增减变动及结存情况	借方登记购入股票、债券、基金等交易性金融资产时的初始入账金额；贷方登记企业出售交易性金融资产转出的成本等；期末余额在借方，反映企业交易性金融资产的公允价值	按照交易性金融资产的类别和品种，分别"成本"、"公允价值变动"进行明细核算

（一）交易性金融资产的取得

企业划分为以公允价值计量且其变动计入当期损益金融资产的股票、债券、基金，以及不作为有效套期工具的衍生工具，应当按照取得时的公允价值作为初始确认金额，相关的交易费用在发生时计入当期损益。取得以公允价值计量且其变动计入当期损益金融资产所支付价款中包含的已宣告发放的现金股利或债券利息，应当作为应收款项，单独列示。企业取得交易性金融资产时的会计处理如表6－4所示。

表6－4　企业取得交易性金融资产时的会计处理

项目	内容
取得交易性金融资产	按公允价值(不含支付的价款中所包含的、已到付息期但尚未领取的利息或已宣告但尚未发放的现金股利)，借记“交易性金融资产——成本”；按发生的交易费用，借记“投资收益”科目；按已到付息期但尚未领取的利息或已宣告发放但尚未发放的现金股利，借记“应收利息”或“应收股利”科目；按实际支付的金额，贷记“银行存款”等科目

【例6－1】2013年5月8日，立兴股份有限公司购入F公司在公开市场流通的普通股票10 000股，此种股票已宣告但尚未实现分派现金股利，立兴股份有限公司将该笔股票作为作为交易性投资。成交时，这种股票的成交价为12元，其中已宣告但尚未分派的现金股利为0.6元，股权登记日为5月10日，立兴股份有限公司以银行存款的方式支付了价款及交易税费5 000元。该公司于5月20日收到甲公司发放的现金股利。对于以上经济业务，立兴股份有限公司应该进行如下会计处理：

①5月8日，购入股票时。

借：交易性金融资产——成本	114 000	
投资收益	5 000	
应收股利	6 000	
贷：银行存款		125 000

②5月10日，收到现金股利时。

借：银行存款	6 000	
贷：应收股利		6 000

(二)交易性金融资产持有期间取得的现金股利和利息

关于现金股利股息的会计处理如表6－5所示。

表 6－5　关于现金股利股息的会计处理

会计业务	会计处理
持有交易性金融资产期间被投资单位宣告发放现金股利或在资产负债表日按债券票面利率计算利息	借记“应收股利”或“应收利息”科目，贷记“投资收益”科目
收到现金股利或债券利息	借记“银行存款”科目，贷记“应收股利”或“应收利息”科目

票面利率与实际利率差异较大的，应采用实际利率计算确定债券利息收入。

（三）交易性金融资产的期末计量

资产负债表日，交易性金融资产的公允价值高于其账面余额的差额，借记“交易性金融资产——公允价值变动”科目，贷记“公允价值变动损益”科目；公允价值低于其账面余额的差额，编制相反的会计分录。

【例 6－2】长江公司对其拥有的交易性金融资产采用公允价值进行期末计量。假设该公司 2013 年 6 月 30 日交易性金融资产的账面价值和公允价值的资料如表 6－6 所示。

表 6－6　公允价值比较表

项目	2010 年 6 月 30 日		
	账面价值	公允价值	差额
交易性金融资产——债券			
F 企业债券	120 000.00	110 000.00	10 000.00
E 企业债券	55 000.00	60 000.00	－5 000.00
D 企业债券	90 000.00	88 000.00	2 000.00
小计	265 000.00	258 000.00	7 000.00
交易性金融资产——股票			
A 企业股票	40 000.00	44 000.00	－4 000.00
B 企业股票	55 000.00	54 000.00	1 000.00
小计	95 000.00	98 000.00	－3 000.00
合计	360 000.00	356 000.00	4 000.00

根据上述资料，长江公司应在2013年6月30日作如下会计分录：

借：公允价值变动损益　　4 000

　　贷：交易性金融资产——公允价值变动　　4 000

这样，长江公司2013年6月30日资产负债表上“交易性金融资产”的金额应为356 000元，反映企业交易性金融资产的公允价值。

（四）交易性金融资产的处置

企业处置交易性金融资产时，将处置时该交易性金融资产的公允价值与初始金额之间的差额确认为投资收益，同时调整公允价值变动损益。交易性金融资产的会计处理如表6－7所示。

表6－7　出售交易性金融资产的会计处理

项目	内容
出售交易性金融资产	按实际收到的金额，借记“银行存款”科目等；按该项交易性金融资产的成本，贷记“交易性金融资产——成本”科目；按该项交易性金融资产的公允价值变动，贷记或借记“交易性金融资产——公允价值变动”科目；按其差额，贷记或借记“投资收益”科目。同时，将原计入该项交易性金融资产的公允价值变动转出，借记或贷记“公允价值变动损益”科目，贷记或借记“投资收益”科目

【例6－3】接【例6－2】，长江公司于2013年11月1日以78 000元的价格将E公司债券全部出售，假定交易费用为零，2013年12月31日交易性金融资产的账面价值和公允价值的资料如表6－8所示。

表6－8　公允价值比较表

项目	2013年12月31日		
	账面价值	公允价值	差额
交易性金融资产——债券			
甲企业债券	120 000.00	120 000.00	—
丙企业债券	90 000.00	88 000.00	2 000.00
小计	210 000.00	208 000.00	2 000.00

（续表）

项目	2013 年 12 月 31 日		
	账面价值	公允价值	差额
交易性金融资产——股票			
A 企业股票	40 000.00	44 000.00	-4 000.00
B 企业股票	55 000.00	56 000.00	-1 000.00
小计	95 000.00	100 000.00	-5 000.00
合计	305 000.00	308 000.00	-3 000.00

根据上述资料，长江公司应作如下会计分录：

①2013 年 11 月 1 日，E 公司债券全部出售时。

借：银行存款　78 000

　贷：交易性金融资产——成本　55 000

　　交易性金融资产——公允价值变动　5 000

　　投资收益　18 000

借：投资收益　5 000

　贷：公允价值变动损益　5 000

②2013 年 12 月 31 日，期末计量时。

借：交易性金融资产——公允价值变动　3 000

　贷：公允价值变动损益　3 000

这样，长江公司 2013 年 12 月 31 日资产负债表上“交易性金融资产”的金额为 308 000 元。

第二节　持有至到期投资

一、持有至到期投资概述

持有至到期投资，是指到期日固定、回收金额固定或可确定，且企业有明确意图和能力持有至到期的非衍生金融资产。不能划分为持有至到期投资的非衍生金融资产如表 6－9 所示。

表 6-9　不能划分为持有至到期投资的非衍生金融资产

项目	内容
不能划分为持有至到期投资的非衍生金融资产	初始确认时即被指定为以公允价值计量且其变动计入当期损益的非衍生金融资产
	初始确认时被指定为可供出售的非衍生金融资产
	符合贷款和应收款项的定义的非衍生金融资产

如果企业管理层决定将某项金融资产持有至到期，则在该金融资产未到期前，不能随意地改变其“最初意图”，除非遇到一些企业所不能控制、预期不会重复发生且难以合理预计的独立事件，否则将持有至到期。

1. 到期日固定、回收金额固定或可确定

到期日固定、回收金额固定或可确定，是指相关合同明确了投资者在确定的期间内获得或应收取现金流量(例如投资利息和本金等)的金额和时间。因此，从投资者角度看，如果不考虑其他条件，在将某项投资划分为持有至到期投资时可以不考虑可能存在的发行方重大支付风险。其次，由于要求到期日固定，从而权益工具投资不能划分为持有至到期投资。再次，如果符合其他条件，不能由于某债务工具投资是浮动利率投资而不将其划分为持有至到期投资。

2. 有明确意图持有至到期

有明确意图持有至到期，是指投资者在取得投资时意图就是明确的，除非遇到一些企业所不能控制、预期不会重复发生且难以合理预计的独立事件，否则将持有至到期。没有明确意图将金融资产投资持有至到期的情形如表 6-10所示。

表 6-10　企业没有明确意图将金融资产投资持有至到期的情形

项目	内容
企业没有明确意图将金融资产投资持有至到期的情形	持有该金融资产的期限不确定
	发生市场利率变化、流动性需要变化、替代投资机会及其投资收益率变化、融资来源和条件变化、外汇风险变化等情况时，将出售该金融资产(无法控制、预期不会重复发生且难以合理预计的独立事项引起的金融资产出售除外)
	该金融资产的发行方可以按照明显低于其摊余成本的金额清偿
	其他表明企业没有明确意图将该金融资产持有至到期的情况

据此，对于发行方可以赎回的债务工具，如发行方行使赎回权，投资者仍可收回其几乎所有初始净投资(含支付的溢价和交易费用)，那么投资者可以将此类投资划分为持有至到期投资。但是，对于投资者有权要求发行方赎回的债务工具投资，投资者不能将其划分为持有至到期投资。

3. 有能力持有至到期

有能力持有至到期，是指企业有足够的财务资源，并不受外部因素影响将投资持有至到期。企业没有能力将固定期限的金融资产持有至到期的情形如表6－11所示。

表6－11　企业没有能力将固定期限的金融资产持有至到期的情形

项目	内容
企业没有能力将具有固定期限的金融资产投资持有至到期的情形	没有可利用的财务资源持续地为该金融资产投资提供资金支持，以使该金融资产投资持有至到期
	受法律、行政法规的限制，使企业难以将该金融资产投资持有至到期
	其他表明企业没有能力将具有固定期限的金融资产投资持有至到期的情况

企业应当于每个资产负债表日对持有至到期投资的意图和能力进行评价。发生变化的，应当将其重分类为可供出售金融资产进行处理。

4. 到期前处置或重分类对所持有剩余非衍生金融资产的影响

企业将持有至到期投资在到期前处置或重分类，通常表明其违背了将投资持有到期的最初意图。如果处置或重分类为其他类金融资产的金额相对于该类投资(即企业全部持有至到期投资)在出售或重分类前的总额较大，则企业在处置或重分类后应立即将其剩余的持有至到期投资(即全部持有至到期投资扣除已处置或重分类的部分)重分类为可供出售金融资产。

不需要重新划分为持有至到期投资的情形如表6－12所示。

表6－12　不需要重新划分为持有至到期投资的情形

项目	内容
两种情况	出售日或重分类日距离该项投资到期日或赎回日较近(如到期前三个月内)，且市场利率变化对该项投资的公允价值没有显著影响
	根据合同约定的偿付方式，企业已收回几乎所有初始本金

（续表）

项目	内容
出售或重分类是由于企业无法控制、预期不会重复发生且难以合理预计的独立事件所引起	因被投资单位信用严重恶化，将持有至到期投资予以出售
	因相关税收法规取消了持有至到期投资的利息税前可抵扣政策，或显著减少了税前可抵扣金额，将持有至到期投资予以出售
	因发生重大企业合并或重大处置，为保持现行利率风险头寸或维持现行信用风险政策，将持有至到期投资予以出售
	因法律、行政法规对允许投资的范围或特定投资品种的投资限额作出重大调整，将持有至到期投资予以出售
	因监管部门要求大幅度提高资产流动性，或大幅度提高持有至到期投资在计算资本充足率时的风险权重，将持有至到期投资予以出售

二、持有至到期投资的会计处理

持有至到期投资的会计处理，着重于该金融资产的持有者打算“持有至到期”，未到期前通常不会出售或重分类。因此，持有至到期投资的会计处理主要应解决该金融资产实际利率的计算、摊余成本的确定、持有期间的收益确认及将其处置时损益的处理。相关会计业务的处理如表6－13所示。

表6－13　持有至到期投资的相关会计处理

相关会计业务	相关的账务处理
取得持有至到期投资	按该投资的面值，借记“持有至到期投资——成本”科目；按支付的价款中包含的已到付息期但尚未领取的利息，借记“应收利息”科目；按实际支付的金额，贷记“银行存款”等科目；按其差额，借记或贷记“持有至到期投资——利息调整”科目
资产负债表日，持有至到期投资属于分期付息、一次还本债券投资	按票面利率计算确定的应收未收利息，借记“应收利息”科目；按持有至到期投资摊余成本和实际利率计算确定的利息收入，贷记“投资收益”科目；按其差额，借记或贷记“持有至到期投资——利息调整”科目
资产负债表日，持有至到期投资属于一次还本付息债券投资	按票面利率计算确定的应收未收利息，借记“持有至到期投资——应计利息”科目；按持有至到期投资摊余成本和实际利率计算确定的利息收入，贷记“投资收益”科目；按其差额，借记或贷记“持有至到期投资——利息调整”科目

（续表）

相关的会计业务	相关的账务处理
持有至到期投资重分类为可供出售金融资产	在重分类日按其公允价值，借记“可供出售金融资产”科目；按其账面余额，贷记“持有至到期投资——成本、利息调整、应计利息”科目；按其差额，贷记或借记“资本公积——其他资本公积”科目。已计提减值准备的，还应同时结转减值准备
出售持有至到期投资	按实际收到的金额，借记“银行存款”等科目；按其账面余额，贷记“持有至到期投资——成本、利息调整、应计利息”科目；按其差额，贷记或借记“投资收益”科目。已计提减值准备的，还应同时结转减值准备

第三节　长期股权投资

长期股权投资的含义和取得方式如表 6－14 所示。

表 6－14　长期股权投资的含义及取得方式

项目	内容
长期股权投资含义	长期持有，不准备随时出售，投资企业作为被投资单位的股东，按所持股份比例享有权益并承担责任
长期股权投资的取得方式	在证券市场上以货币资金购买其他单位的股票，以成为被投资单位的股东；以资产（包括货币资金、无形资产和其他实物资产）投资于其他单位，从而成为被投资单位的股东

一、长期股权投资的初始计价

长期股权投资取得时的初始投资成本，是指取得长期股权投资时支付的全部价款，或放弃非现金资产的账面价值，以及支付的税金、手续费等相关费用（如有补价的，还应加或减补价，并加上或减去确认的收益或损失）。不包括为取得长期股权投资所发生的评估、审计、咨询等费用，也不包括实际支付的价款中包含的已宣告但尚未领取的现金股利。

长期股权投资在取得时应当按照初始投资成本入账。不同方式下取得的长期股权投资，其初始投资成本的确认如表6－15所示。

表6－15　初始投资成本的确认

初始投资成本的取得方式	初始投资成本的确定	
现金购入的长期股权投资	按实际支付的全部价款(包括支付的税金、手续费等相关费用)，作为初始投资成本；实际支付的价款中包含已宣告但尚未领取的现金股利，按实际支付的价款减去已宣告但尚未领取的现金股利后的差额确定	
接受的债务人以非现金资产抵偿债务方式取得的长期股权投资，或以应收债权换入长期股权投资的	按应收债权的账面价值加上应支付的相关税费，作为初始投资成本	涉及补价的：收到补价的，按应收债权的账面价值减去补价，加上应支付的相关税费，作为初始投资成本；支付补价的，按应收债权的账面价值加上支付的补价和应支付的相关税费，作为初始投资成本
以非货币性交易换入的长期股权投资	按换出资产的账面价值加上应支付的相关税费，作为初始投资成本	涉及补价的：收到补价的，按换出资产的账面价值加上应确认的收益和应支付的相关税费减去补价后的余额，作为初始投资成本；支付补价的，按换出资产的账面价值加上应支付的相关税费和补价，作为初始投资成本
行政划拨方式取得的长期股权投资	按划出单位的账面价值，作为初始投资成本	

二、长期股权投资核算方法

(一)长期股权投资的成本法

当普通股票投资的股份数低于受资公司普通股份总数的20%，投资企业不足以对受资公司的财务经营政策发生重大影响时，适宜采用成本法进行长期股票投资的计价核算。成本法的适用范围及核算方法如表6－16所示。

表 6－16　成本法的适用范围及其核算

成本法的含义	成本法的适用范围	成本法的核算方法
成本法是以企业实际投出的金额作为核算的依据，反映在“股票投资”账面上的价值是长期投资的历史成本。采用这种方法，“股票投资”科目按实际支付的价值入账，除实际增减投资外，一般不再调整。也就是说，无论接受投资企业的经营情况如何、净资产是否增减、投资收益多少，作为投资方的企业，均不改变股票投资的账面价值，仍以实际成本反映企业的投资	① 投资企业对被投资单位无控制、无共同控制且无重大影响。 ② 不准备长期持有被投资单位的股份。这种情况是指，投资企业在投资时意图长期持有，但其后由于管理当局的意图改变而不准备长期持有被投资单位的股份。 ③ 被投资单位在严格的限制条件下经营，其向投资企业转移资金的能力受到限制。在这种情况下，投资企业的控制和影响能力受到限制，不能按照自身的意愿调度和使用资金。例如，被投资单位在国外，外汇受所在国管制，其外汇汇出受到限制	① 初始投资或追加投资时，按照初始投资或追加投资时的投资成本增加长期股权投资的账面价值。 ② 被投资单位宣告分派的利润或现金股利，投资企业按应享有的部分，确认为当期投资收益，但投资企业确认的投资收益，仅限于所获得的被投资单位在接受投资后产生的累积净利润的分配额。所获得的被投资单位宣告分派的利润或现金股利超过被投资单位在接受投资后产生的累积净利润的部分，作为清算股利，冲减投资的账面价值。通常投资企业获得投资年度的利润或现金股利，确认投资收益或冲减初始投资成本的金额

【例 6－4】韵美公司用银行存款购入 F 公司普通股票 1 000 股，每股价格 35 元，另付经纪人佣金 500 元。韵美公司记录这笔业务的会计分录如下：

借：股票投资　　35 500

　　贷：银行存款　　35 500

如果 F 公司向韵美公司支付现金股利 1 000 元。在成本法下，请对以上的经济业务编制经济业务。

借：库存现金　　1 000

　　贷：投资收益　　1 000

(二)长期股权投资的权益法

在投资企业持有受资企业的普通股股份总数大于等于20%以上时，比如A公司购买了B公司的股票，并且所购买的股票占B公司股票总数的40%，那么A公司就应该按照权益法核算。另外，如果A公司所持有的股份数虽然低于20%，但是能对受资企业产生重大影响，则也应该按权益法核算。长期股权投资采用权益法核算的一般程序如表6－17所示。

表6－17　长期股权投资采用权益法核算的一般程序

长期股权投资采用权益法核算的情况	长期股权投资采用权益法核算的程序
初始投资或追加投资时	按照初始投资或追加投资时的投资成本增加长期股权投资的账面价值
投资后，随着被投资单位所有者权益的变动而相应调整增加或减少长期股权投资的账面价值	属于被投资单位当年实现的净利润而影响的所有者权益的变动，投资企业应按所持表决权资本比例计算应享有的份额，增加长期股权投资的账面价值，并确认为当期投资收益。但投资企业按所持表决权资本比例计算确认被投资单位实现的净利润时，不包括法规或公司章程规定不属于投资企业的净利润，在计算应享有被投资单位实现的净利润时，应扣除不能由投资企业享有的净利润的部分
	属于被投资单位当年发生的净亏损而影响的所有者权益的变动，投资企业应按所持表决权资本的比例计算应分担的份额，减少长期股权投资的账面价值，并确认为当期投资损失。投资企业确认被投资单位发生的净亏损，以投资账面价值减记至零为限；投资企业按被投资单位实现的净利润或发生的净亏损，计算应享有或应分担的份额时，应以取得被投资单位股权后发生的净损益为基础，投资前被投资单位实现的净损益不包括在内；投资企业享有被投资单位损益的份额，如果会计期间投资(持股)比例发生变动，应根据投资持有时间加权平均计算
	因被投资单位接受捐赠资产等所引起的所有者权益的变动，投资企业应按所持股权比例计算应享有的份额，增加长期股权投资的账面价值，作为股权投资准备，在长期股权投资中单独核算，并作为资本公积准备项目。待原计入资本公积的准备项目实现后，可按规定程序转增资本

（续表）

长期股权投资采用权益法核算的情况	长期股权投资采用权益法核算的程序
投资后，随着被投资单位所有者权益的变动而相应调整增加或减少长期股权投资的账面价值	因被投资单位外币资本折算所引起的所有者权益的变动，投资企业应按所拥有表决权资本的比例计算应享有或应分担的份额，调整长期股权投资的账面价值，并计入资本公积
	被投资单位宣告分派利润或现金股利时，投资企业按表决权资本比例计算的应分得的利润或现金股利，冲减长期股权投资的账面价值
股权投资差额的确定	采用权益法对长期股权投资进行核算时，投资最初以初始投资成本计量，投资企业的初始投资成本与应享有被投资单位所有者权益份额之间的差额，作为股权投资差额处理，按一定期限平均摊销，计入损益。 股权投资差额的摊销期限，合同规定了投资期限的，按投资期限摊销。合同没有规定投资期限的，初始投资成本超过应享有被投资单位所有者权益份额之间的差额，按不超过 10 年的期限摊销，初始投资成本低于应享有被投资单位所有者权益份额之间的差额，按不低于 10 年的期限摊销

(三)成本法和权益法的转换

当投资企业对被投资单位不再具有控制、共同控制和重大影响时，投资企业对被投资单位的长期股权投资应中止采用权益法，改按成本法核算。权益法改用成本法核算的几种情形如表 6－18 所示。

表 6－18　权益法改用成本法核算的情形

情形	具体说明
投资企业由于减少投资而对被投资单位不再具有控制、共同控制和重大影响，但仍部分或全部保留对被投资单位的投资	即投资企业虽然还拥有被投资单位的表决权资本，但所拥有的被投资单位的表决权资本的比例已不再具有对被投资单位进行控制、共同控制和实施重大影响的能力

（续表）

情形	具体说明
被投资单位已宣告破产或依法律程序进行清理整顿	即虽然投资企业仍然拥有被投资单位的表决权资本的比例达到控制、共同控制或重大影响的比例，但由于被投资单位已宣告破产或依法律程序进行清理整顿，其控制和影响的能力受到限制，投资企业已不能依其所拥有的表决权资本的比例对被投资单位进行控制、共同控制或施加重大影响
被投资单位在严格的长期性限制条件下经营，其向投资企业转移资金的能力受到限制	即原采用权益法核算时被投资单位的资金转移能力等并未受到限制，但其后由于各种原因而使被投资单位处于严格的各种限制性条件下经营，其向投资企业转移资金的能力受到了限制

投资企业对被投资单位的长期股权投资中止采用权益法核算时，对中止采用权益法前被投资单位实现的净利润或发生的净亏损，仍应按权益法调整投资的账面价值，并确认投资损益。

三、长期股权投资的减值和处置

按照成本法核算的、在活跃市场中没有报价、公允价值不能可靠计量的长期股权投资的减值，应当按照本书“金融资产”的有关规定处理；其他长期股权投资的减值，应当按照本书“资产减值”的有关规定处理。

处置长期股权投资时，其账面价值与实际取得价款的差额，应当计入当期损益(投资收益)。采用权益法核算的长期股权投资，因被投资单位除净损益以外所有者权益的其他变动而计入所有者权益的，处置该项投资时应当将原计入所有者权益的部分按相应比例转入当期损益(投资收益)。

股权转让日应以被转让股权的所有权上的风险和报酬实质上已转移给购买方，且相关经济利益很可能流入企业为标志。在会计实务中，只有当保护相关各方权益的所有条件均能满足时，才能确认股权转让收益。这些条件包括：出售协议已获股东大会(或股东会)批准通过；与购买方已办理必要的财产交接手续；已取得购买价款的大部分(一般应超过50%)；企业已不能再从所持有的股权中获得利益和承担风险等。如有关股权转让需要经过国家有关部门批准，则股权转让收益只有在满足上述条件且取得国家有关部门的批准文件时才能确认。

部分处置某项长期股权投资时，应按该项投资的总平均成本确定其处置部分的成本，并按相应比例结转已计提的减值准备和资本公积项目。处置长期股权投资时，应按实际收到的金额，借记“银行存款”等科目；按其账面余额，贷记“长期股权投资”科目；按尚未领取的现金股利或利润，贷记“应收股利”科目；按其差额，贷记或借记“投资收益”科目。已计提减值准备的，还应同时结转减值准备。

采用权益法核算长期股权投资的处置，除上述规定外，还应结转原计入资本公积的相关金额，借记或贷记“资本公积——其他资本公积”科目，贷记或借记“投资收益”科目。

第七章
投资性房地产

本章导读

随着房地产行业的兴起，人们将房子作为投资工具的兴趣越来越大。企业在进行资产管理时，目光也越来越集中到房地产行业。为了适应企业发展的需要，更好地为企业发展服务，新会计准则中新增了投资性房地产的内容。

投资性房地产是指为赚取租金或资本增值，或两者兼有而持有的房地产，包括已出租的土地使用权、持有并准备增值后转让的土地使用权、已出租的建筑物。在本章中，我们重点学习以下内容:

- ☑ 投资性房产需要满足哪些条件，包括那些类别。
- ☑ 取得投资性房地产时，如何进行会计核算。
- ☑ 投资性房地产的价值发生变化时，如何进行后续的会计核算。
- ☑ 投资性房地产与非投资性房地产发生转换时，如何进行会计核算。
- ☑ 处置投资性房地产时，如何进行会计核算。

第一节 投资性房地产的概念与确认

一、投资性房地产的范围

某项房地产，部分用于赚取租金或资本增值，部分用于生产商品、提供劳务或经营管理，能够单独计量和出售的、用于赚取租金或资本增值的部分，应当确认为投资性房地产；不能够单独计量和出售的、用于赚取租金或资本增值的部分，不确认为投资性房地产。投资性房地产的范围如表7－1所示。

表7－1 投资性房地产的范围

范围	具体内容
已出租的土地使用权	以经营租赁方式出租的土地使用权。其中，用于出租的土地使用权是指企业通过出让或转让方式取得的土地使用权
持有并准备增值后转让的土地使用权	企业取得的、准备增值后转让的土地使用权。按照国家有关规定认定的闲置土地，不属于持有并准备增值后转让的土地使用权
已出租的建筑物	用于出租的建筑物是指企业拥有产权的建筑物

企业将建筑物出租，按租赁协议向承租人提供的相关辅助服务在整个协议中不重大的，如企业将办公楼出租并向承租人提供保安、维修等辅助服务，应当将该建筑物确认为投资性房地产。企业拥有并自行经营的旅馆饭店，其经营目的主要是通过提供客房服务赚取服务收入，该旅馆饭店不确认为投资性房地产。

二、投资性房地产的确认条件

投资性房地产的确认条件如表7－2所示。

表7－2 投资性房地产的确认条件

内容	需同时满足的条件
投资性房地产的两个确认条件	与该投资性房地产相关的经济利益很可能流入企业
	该投资性房地产的成本能够可靠地计量

第二节 取得投资性房地产的会计核算

总体而言，投资性房地产应当按照取得的总成本进行初始计量，但根据取得方式的不同，其成本的计算有各自的特点。不同方式取得的投资性房地产的会计核算如表 7－3 所示。

表 7－3 取得投资性房地产的会计核算

投资性房地产的取得方式	初始计量的具体说明	初始计量的成本	相关说明
外购的房地产	只有在购入房地产的同时开始对外出租（自租赁期开始日起，下同）或用于资本增值，才能称之为外购的投资性房地产	购买价款、相关税费和可直接归属于该资产的其他支出	自用一段时间之后再改为出租或用于资本增值的，应当先将外购的房地产确认为固定资产或无形资产，自租赁期开始日或用于资本增值之日起，再从固定资产或无形资产转换为投资性房地产
自行建造的房地产	只有在自行建造或开发活动完成（即达到预定可使用状态）的同时开始对外出租或用于资本增值，才能将自行建造的房地产确认为投资性房地产	由建造该项房地产达到预定可使用状态前发生的必要支出构成	达到预定可使用状态后一段时间才对外出租或用于资本增值的，应当先将自行建造的房地产确认为固定资产、无形资产或存货，自租赁期开始日或用于资本增值之日起，从固定资产、无形资产或存货转换为投资性房地产

第三节　投资性房地产的后续计量

投资性房地产的后续计量具有成本和公允价值两种模式，通常应当采用成本模式计量，满足特定条件时可以采用公允价值模式计量。但是，同一企业只能采用一种模式对所有投资性房地产进行后续计量，不得同时采用两种计量模式。

一、采用成本模式进行后续计量的投资性房地产

采用成本模式进行后续计量的投资性房地产的会计处理方式如表 7－4 所示。

表 7－4　采用成本模式进行后续计量的投资性房地产

采用成本模式的后续计量	遵循的会计处理
外购投资性房地产或自行建造的投资性房地产达到预定可使用状态时	按照其实际成本，借记“投资性房地产”科目，贷记“银行存款”、“在建工程”等科目
按期(月)计提折旧或进行摊销	借记“其他业务成本”等科目，贷记“投资性房地产累计折旧(摊销)”科目
取得的租金收入	借记“银行存款”等科目，贷记“其他业务收入”等科目
经减值测试后确定发生减值的	借记“资产减值损失”科目，贷记“投资性房地产减值准备”科目

二、采用公允价值模式进行后续计量的投资性房地产

(一)采用公允价值模式的前提条件

企业只有存在确凿证据表明投资性房地产的公允价值能够持续可靠取得，才可以采用公允价值模式对投资性房地产进行后续计量。企业一旦选择采用公允价值计量模式，就应当对其所有投资性房地产均采用公允价值模式进行

后续计量。采用公允价值模式进行后续计量应同时满足的条件如表 7 – 5 所示。

表 7 – 5　采用公允价值模式进行后续计量同时满足的条件

项目	内容
采用公允价值模式进行后续计量同时满足的条件	投资性房地产所在地有活跃的房地产交易市场
	能够从活跃的房地产交易市场上取得同类或类似房地产(所处地理位置和地理环境相同、性质相同、结构类型相同或相近、新旧程度相同或相近、可使用状况相同或相近的建筑物或同一城区、同一位置区域、所处地理环境相同或相近、可使用状况相同或相近的土地)的市场价格及其他相关信息，从而对投资性房地产的公允价值作出合理的估计

(二)采用公允价值模式进行后续计量的会计处理

采用公允价值模式进行后续计量的会计处理如表 7 – 6 所示。

表 7 – 6　采用公允价值模式进行后续计量的会计处理

采用公允价值模式进行后续计量	遵循的会计处理
按取得的成本确认投资性房地产价值	按实际成本，借记“投资性房地产(成本)”科目，贷记“银行存款”、“在建工程”等科目
平常不对投资性房地产计提折旧或摊销，只需要在会计期末按照公允价值调整其账面价值	当资产负债表日，投资性房地产的公允价值高于原账面价值的差额，借记“投资性房地产(公允价值变动)”科目，贷记“公允价值变动损益”科目；公允价值低于原账面价值的差额，编制相反的会计分录
取得投资性房地产的租金收入	借记“银行存款”等科目，贷记“其他业务收入”等科目

【例 7 – 1】立兴建筑工程公司为一家建筑施工企业，2012 年 6 月 1 日，立兴建筑工程公司与 E 公司达成租赁协议，约定自身购入的一栋可用于办公的写字楼租赁给 E 公司使用，租期自 9 月 1 日开始，租赁期为 5 年。

当年 9 月 1 日，立兴建筑工程公司一次性交纳了全部的购楼款 10 000 000元，该写字楼也开始起租。由于该栋写字楼地处商业繁华区，所在城区有活跃的房地产交易市场，而且能够从房地产交易市场上取得同类房地产的市场报价，立兴建筑工程公司决定采用公允价值模式对该项出租的房地产进行后续计量。

2012 年 12 月 31 日，该写字楼的公允价值为 12 000 000 元。2013 年 12 月 31 日，该写字楼的公允价值为 13 000 000 元。立兴建筑工程公司的账务处理如下：

① 2012 年 9 月 1 日，立兴建筑工程公司交纳了全部房款并开始出租。

借：投资性房地产——××写字楼(成本)　　10 000 000

　　贷：银行存款　　10 000 000

② 2012 年 12 月 31 日，以公允价值为基础调整其账面价值，公允价值与原账面价值之间的差额计入当期损益。

公允价值变动损益 = 12 000 000 - 10 000 000 = 2 000 000(元)。

借：投资性房地产——××写字楼(公允价值变动)　　2 000 000

　　贷：公允价值变动损益　　2 000 000

③ 2013 年 12 月 31 日，公允价值又发生变动。

公允价值变动损益 = 13 000 000 - 12 000 000 = 1 000 000(元)。

借：投资性房地产——××写字楼(公允价值变动)　　1 000 000

　　贷：公允价值变动损益　　1 000 000

三、投资性房地产后续计量模式的变更

企业对投资性房地产的计量模式一经确定，不得随意变更。按照当前《企业会计准则》的规定，只允许成本模式转为公允价值模式，已采用公允价值模式计量的投资性房地产，不得从公允价值模式转为成本模式。

成本模式转为公允价值模式的，应当作为会计政策变更处理，将计量模式变更时公允价值与账面价值的差额调整期初留存收益(未分配利润)。企业变更投资性房地产计量模式时，应当按照计量模式变更日投资性房地产的公允价值，借记“投资性房地产(成本)”科目。按照已计提折旧或摊销，借记“投资性房地产累计折旧(摊销)”科目。原已计提减值准备的，借记“投资性房地产减值准备”科目，按照原账面余额，贷记“投资性房地产”科目；按照公允价值与其账面价值之间的差额，贷记或借记“利润分配——未分配利润”、“盈余公积”等科目。

【例7－2】立兴建筑工程公司拥有一栋可办公用的独栋小楼，一直出租给G科技开发公司办公使用。在会计处理上一直按照成本模式作为投资性房地产处理。

2013年1月1日，立兴建筑工程公司认为，出租的写字楼由于其所在地的房地产交易市场比较成熟，具备了采用公允价值模式计量的条件，决定对该项投资性房地产从成本模式转换为公允价值模式计量。该写字楼的原造价为1 000 000元，已计提折旧200 000元，账面价值为800 000元。2013年1月1日，该写字楼的公允价值为950 000元。假设立兴建筑工程公司按净利润的10%计提盈余公积。立兴建筑工程公司应该进行的账务处理如下：

借：投资性房地产——××写字楼(成本)	950 000	
投资性房地产累计折旧(摊销)	200 000	
贷：投资性房地产——××写字楼		1 000 000
利润分配——未分配利润		135 000
盈余公积		15 000

第四节　投资性房地产的转换

一、投资性房地产转换的概念

房地产的转换，并非是指两个所有权人之间的房产置换，其实质上是因房地产用途发生改变，而在会计处理上由投资性房地产转换为其他资产，或者由其他资产转换为投资性房地产。

二、投资性房地产的转换形式及转换日

关于房地产的转换形式和转换日的规定如表7－7所示。

表 7－7　投资性房地产的转换形式及转换日

转换形式	具体含义	相应的转换日的确定
投资性房地产开始自用	将投资性房地产转为自用房地产	房地产达到自用状态，企业开始将其用于生产商品、提供劳务或者经营管理的日期
作为存货的房地产改为出租	房地产开发企业将其持有的开发产品以经营租赁的方式出租	房地产的租赁期开始日（承租人有权行使其使用租赁资产权利的日期）
自用建筑物或土地使用权停止自用，改为出租	企业将原本用于生产商品、提供劳务或者经营管理的房地产改用于出租，固定资产或土地使用权相应地转换为投资性房地产	租凭期开始日
自用土地使用权停止自用改用于资本增值	企业将原本用于生产商品、提供劳务或者经营管理的土地使用权改用于资本增值，将土地使用权相应地转换为投资性房地产	自用土地使用权停止自用后，确定用于资本增值的日期

三、投资性房地产转换的会计处理

（一）采用成本模式计量的投资性房地产转为自用房地产

具体的会计处理如表 7－8 所示。

表 7－8　采用成本模式计量的投资性房地产转为自用房地产的会计处理

采用成本模式计量的投资性房地产转为自用房地产	具体的会计处理
按该项投资性房地产在转换日的账面余额、累计折旧、减值准备等，分别转入“固定资产”、“累计折旧”、“固定资产减值准备”等科目	按账面余额，借记“固定资产”或“无形资产”科目，贷记“投资性房地产”科目；按已计提的折旧或摊销，借记“投资性房地产累计折旧（摊销）”科目，贷记“累计折旧”或“累计摊销”科目；原已计提减值准备的，借记“投资性房地产减值准备”科目，贷记“固定资产减值准备”或“无形资产减值准备”科目

【例7-3】立兴建筑工程公司将拥有的一座独立厂房出租给另一家企业R使用，在会计处理上一直采用成本模式计量，截至2013年7月31日，账面价值为1 350 000元，其中，原价值1 500 000元，累计已提折旧150 000元。

2013年7月末，立兴建筑工程公司将出租在外的厂房收回，从8月1日开始供本公司的生产车间使用，该厂房相应地由投资性房地产转换为自用房地产。立兴建筑工程公司2013年8月1日的账务处理如下：

借：固定资产	1 500 000	
投资性房地产累计折旧(摊销)	150 000	
贷：投资性房地产——××厂房		1 500 000
累计折旧		150 000

(二)作为存货的房地产转换为采用成本模式计量的投资性房地产

企业将作为存货的房地产转换为采用成本模式计量的投资性房地产时，应当按该项存货在转换日的账面价值，借记“投资性房地产”科目；原已计提跌价准备的，借记“存货跌价准备”科目，按其账面余额贷记“开发产品”等科目。

【例7-4】立兴建筑工程公司是从事房地产开发业务的企业，2013年3月10日，立兴建筑工程公司与另一家公司W签署了租赁协议，将其开发的一栋写字楼整体出租给W公司使用，租赁期开始日为2013年4月15日。2013年4月15日，该写字楼的账面余额10 000 000元，未计提存货跌价准备，转换后采用成本模式计量。

立兴建筑工程公司2013年4月15日的账务处理如下：

借：投资性房地产——××写字楼	10 000 000	
贷：开发产品		10 000 000

(三)自用土地使用权或建筑物转换为以成本模式计量的投资性房地产

自用土地使用权或建筑物转换为以成本模式计量的投资性房地产的会计

处理如表 7 –9 所示。

表 7 –9　自用土地使用权或建筑物转换为以成本模式计量的投资性房地产的会计处理

方法	具体的会计处理
按该项土地使用权或建筑物在转换日的原价、累计折旧、减值准备等，分别转入“投资性房地产”、“投资性房地产累计折旧(摊销)”、“投资性房地产减值准备”科目	按账面余额，借记“投资性房地产”科目，贷记“固定资产”或“无形资产”科目；按已计提的折旧或摊销，借记“累计折旧”或“累计摊销”科目，贷记“投资性房地产累计折旧(摊销)”科目；原已计提减值准备的，借记“固定资产减值准备”或“无形资产减值准备”科目，贷记“投资性房地产减值准备”科目

【例 7 –5】立兴建筑工程公司拥有一栋写字楼，2013 年之前一直用于本公司的办公使用。在本公司于其他地方购置了新办公用楼之后，立兴建筑工程公司于 2013 年 3 月 10 日，与 Q 企业签订了办公楼的经营租赁协议，将这栋办公楼整体出租给 Q 公司使用，租赁期 5 年，起租日为 2013 年 4 月 10 日。

由于立兴建筑工程公司所在城市缺乏活跃的房地产交易市场，该公司决定将该房产由固定资产转换为以成本模式核算的投资性房地产。2013 年 4 月 10 日，这栋办公楼的账面余额为 1 500 000 元，已计提折旧 3 000 000 元。假设立兴建筑工程公司所在城市没有活跃的房地产交易市场。

立兴建筑工程公司 2013 年 4 月 10 日的账务处理如下：

借：投资性房地产——××写字楼　　15 000 000

　　累计折旧　　3 000 000

　　贷：固定资产　　15 000 000

　　　　投资性房地产累计折旧(摊销)　　3 000 000

(四) 采用公允价值模式计量的投资性房地产转为自用房地产

采用公允价值模式计量的投资性房地产转为自用房地产的会计处理如表 7 –10所示。

表7－10 采用公允价值模式计量的投资性房地产转为自用房地产的会计处理

方法	转换日具体的会计处理
以其转换当日的公允价值作为自用房地产的账面价值，公允价值与原账面价值的差额计入当期损益	按该项投资性房地产的公允价值，借记“固定资产”或“无形资产”科目；按该项投资性房地产的成本，贷记“投资性房地产（成本）”科目；按该项投资性房地产的累计公允价值变动，贷记或借记“投资性房地产（公允价值变动）”科目；按其差额，贷记或借记“公允价值变动损益”科目

【例7－6】2013年10月15日，立兴建筑工程公司因租赁期满，将出租的写字楼收回，准备作为办公楼用于本企业的行政管理。该项房地产在转换前采用公允价值模式计量，原账面价值为17 500 000元，其中，成本为15 000 000元，公允价值变动为增值2 500 000元。

2013年12月1日，该写字楼正式开始自用，相应地由投资性房地产转换为自用房地产，当日的公允价值为18 000 000元。立兴建筑工程公司的账务处理如下：

借：固定资产　　18 000 000

　　贷：投资性房地产——写字楼（成本）　　15 000 000

　　　　　　　　　　——写字楼（公允价值变动）　　2 500 000

　　　　公允价值变动损益　　500 000

（五）作为存货的房地产转换为采用公允价值模式计量的投资性房地产

企业将作为存货的房地产转换为采用公允价值模式计量的投资性房地产时，应当按该项房地产在转换日的公允价值，借记“投资性房地产（成本）”科目；原已计提跌价准备的，借记“存货跌价准备”科目，按其账面余额贷记“开发产品”等科目。同时，转换日的公允价值小于账面价值的，按其差额，借记“公允价值变动损益”科目；转换日的公允价值大于账面价值的，按其差额，贷记“资本公积——其他资本公积”科目。待该项投资性房地产处置时，因转换计入资本公积的部分应转入当期的其他业务收入，借记“资本公积——其他资本公积”科目，贷记“其他业务收入”科目。

【例 7－7】立兴建筑工程公司是从事房地产开发业务的企业，2012 年 3 月 10 日，立兴建筑工程公司与 Y 公司签订了租赁协议，将其开发的一栋写字楼整体出租给 Y 公司使用，租赁期开始日为 2009 年 4 月 15 日。2012 年 4 月 15 日，该写字楼的账面余额 10 000 000 元，未计提存货跌价准备，假设转换后采用公允价值模式计量，4 月 15 日该写字楼的公允价值为 9 000 000元，2012 年 12 月 31 日，该项投资性房地产的公允价值为 12 000 000元。2013 年 4 月租赁期届满，立兴建筑工程公司收回该项投资性房地产，并于 2013 年 6 月以 16 000 000 元出售，出售款项已收讫。

立兴建筑工程公司的账务处理如下：

① 2012 年 4 月 15 日。

借：投资性房地产——××写字楼(成本)　　9 000 000

　　公允价值变动损益　　1 000 000

　　贷：开发产品　　10 000 000

② 2012 年 12 月 31 日。

借：投资性房地产——××写字楼(公允价值变动)　　3 000 000

　　贷：公允价值变动损益　　3 000 000

③ 2013 年 6 月，出售时。

借：银行存款　　16 000 000

　　贷：其他业务收入　　16 000 000

借：其他业务成本　　12 000 000

　　贷：投资性房地——××写字楼(成本)　　11 000 000

　　　　——××写字楼(公允价值变动)　　1 000 000

同时，将投资性房地产累计公允价值变动转入其他业务收入。

公允价值变动增值＝公允价值变动增值－公允价值变动减值＝3 000 000－1 000 000＝2 000 000(元)。

借：公允价值变动损益　　20 000 000

　　贷：其他业务收入　　20 000 000

(六) 自用土地使用权或建筑物转换为采用公允价值模式计量的投资性房地产

将自用土地使用权或建筑物转换为采用公允价值模式计量的投资性房地

产的会计处理如表7－11。

表7－11 自用土地使用权或建筑物转换为采用公允价值模式计量的投资性房地产的会计处理

项目	内容
将自用土地使用权或建筑物转换为采用公允价值模式计量的投资性房地产的会计处理	按转换日的公允价值，借记“投资性房地产（成本）”科目；按其账面余额，贷记“固定资产”或“无形资产”科目
	按已计提的累计摊销或累计折旧，借记“累计摊销”或“累计折旧”科目；原已计提减值准备的，借记“无形资产减值准备”、“固定资产减值准备”科目；同时，转换日的公允价值小于账面价值的，按其差额，借记“公允价值变动损益”科目；转换日的公允价值大于账面价值的，按其差额，贷记“资本公积——其他资本公积”科目
	处置时，因转换计入资本公积的部分应转入当期的其他业务收入，借记“资本公积——其他资本公积”科目，贷记“其他业务收入”科目

【例7－8】2012年6月，立兴建筑工程公司打算搬迁至新建办公楼，由于原办公楼处于商业繁华地段，立兴建筑工程公司准备将其出租，以赚取租金收入。2012年10月，立兴建筑工程公司完成了搬迁工作，原办公楼停止自用。

2012年12月，立兴建筑工程公司与H公司签订了租赁协议，将其原办公楼停止使用，租赁期开始日为2013年1月1日，租赁期限为3年。立兴建筑工程公司应当于租赁期开始日（2013年1月1日），将自用房地产转换为投资性房地产。由于该办公楼处于繁华商业区，房地产交易活跃，该企业能够从市场上取得同类或类似房地产的市场价格及其他相关信息，假设立兴建筑工程公司对出租的办公楼采用公允价值模式作为投资性房地产进行会计核算。

2013年1月1日，该办公楼的公允价值为13 000 000元，其原价为15 000 000元，已计提折旧1 500 000元。

立兴建筑工程公司2013年1月1日的账务处理如下：

借：投资性房地产——××办公楼(成本)　　13 000 000
　　公允价值变动损益　　500 000
　　累计折旧　　1 500 000
　　贷：固定资产　　15 000 000

第五节 投资性房地产的处置

当投资性房地产被处置，或者永久退出使用且预计不能从其处置中取得经济利益时，应当终止确认该项投资性房地产。企业出售、转让、报废投资性房地产或者发生投资性房地产毁损，将实际收到的处置收入计入其他业务收入，所处置投资性房地产的账面价值计入其他业务成本，这样就相当于将处置收入与其账面价值、相关税费后的差额计入了当期损益。

一、成本模式计量的投资性房地产

如果投资性房地产采用成本模式进行核算，在对其进行处置时，应当按实际收到的金额，借记“银行存款”等科目，贷记“其他业务收入”科目；按该项投资性房地产的累计折旧或累计摊销，借记“投资性房地产累计折旧(摊销)”科目；按该项投资性房地产的账面余额，贷记“投资性房地产”科目；按其差额，借记“其他业务成本”科目。已计提减值准备的，还应同时结转减值准备。

【例7-9】立兴建筑工程公司拥有一栋用于出租的办公用房，一直采用成本模式将其作为投资性房地产进行会计核算。2013年6月，立兴建筑工程公司将该栋写字楼出售给G公司，合同价款为5 000 000元，G公司已用银行存款付清。出售时，该栋写字楼的成本为2 800 000元，已计提折旧600 000元。立兴建筑工程公司的账务处理如下：

借：银行存款　　5 000 000
　　贷：其他业务收入　　5 000 000

借：其他业务成本　　2 200 000
　　投资性房地产累计折旧（摊销）　　600 000
　　贷：投资性房地产——××写字楼　　2 800 000

二、公允价值模式计量的投资性房地产

公允价值模式计量的投资性房地产的会计处理如表 7－12 所示。

表 7－12　公允价值模式计量的投资性房地产的会计处理

项目	内容
投资性房产采用公允价值模式进行核算	按实际收到的金额，借记“银行存款”等科目，贷记“其他业务收入”科目
	按该项投资性房地产的账面余额，借记“其他业务成本”科目，贷记“投资性房地产（成本）”科目、贷记或借记“投资性房地产（公允价值变动）”科目
	按该项投资性房地产的公允价值变动，借记或贷记“公允价值变动损益”科目，贷记或借记“其他业务收入”科目
	按该项投资性房地产在转换日计入资本公积的金额，借记“资本公积——其他资本公积”科目，贷记“其他业务收入”科目

【例 7－10】立兴建筑工程公司拥有一栋用于出租的办公用房，一直采用公允价值模式将其作为投资性房地产进行会计核算。2013 年 6 月，立兴建筑工程公司将该栋写字楼出售给 G 公司，合同价款为 5 000 000 元，G 公司已用银行存款付清。出售时，该栋写字楼的成本为 2 800 000 元，公允价值变动为借方余额 400 000 元。立兴建筑工程公司的账务处理如下：

借：银行存款　　5 000 000
　　贷：其他业务收入　　5 000 000
借：其他业务成本　　3 200 000
　　贷：投资性房地产——××写字楼（成本）　　2 800 000
　　　　　　　　　　——××写字楼（公允价值变动）　　400 000

同时，将投资性房地产累计公允价值变动转入其他业务收入。

借：公允价值变动损益　　400 000
　　贷：其他业务收入　　400 000

第八章
无形资产和其他资产

本章导读

在知识经济社会中，知识产权等无形资产越来越受到企业的重视。美国可口可乐公司的老板曾夸下海口说即使公司在一夜之间被大火吞没，第二天仍会有众多大银行争着为其贷款。这话听起来总有些近似天方夜谭，其实，敢夸此海口的可口可乐公司老板和他所说的能争先恐后地为其贷款的各大银行都清楚，被大火烧毁的可口可乐公司还有价值约 800 亿美元的商标、价值约 550 万美元的外包装瓶的设计专利以及谁都无法说清其价值的可口可乐饮料的配方。

大火烧毁的只能是可口可乐公司的厂房、设备等有形资产，而对商标、专利、配方等无形资产，大火是无法烧毁的。无形资产将成为企业最为重要的一类资产。在本章中，我们重点学习以下内容：

☑ 什么是无形资产，包括哪些种类。
☑ 如何对无形资产进行计价。
☑ 如何对无形资产进行摊销。
☑ 当无形资产需要注销和减值时，怎样进行会计核算。
☑ 长期待摊费用怎样进行会计核算。

第一节 无形资产概述

一、无形资产的概念、分类及特征

（一）无形资产的概念

无形资产的概念如表8－1所示。

表8－1 无形资产的概念

<table>
<tr><td>无形资产的含义</td><td colspan="2">企业为生产商品、提供劳务、出租给他人，或为管理目的而持有的、没有实物形态的非货币性资产</td></tr>
<tr><td rowspan="6">无形资产的内容</td><td>专利权</td><td>权利人在法定期限内对某一发明创造所拥有的独占权和专有权</td></tr>
<tr><td>非专利技术</td><td>也叫专有技术，是指发明人垄断的、不公开的、具有实用价值的先进技术、资料、技能、知识等</td></tr>
<tr><td>商标权</td><td>企业专门在某种指定的商品上使用特定的名称、图案、标记的权利</td></tr>
<tr><td>著作权</td><td>著作人对其著作依法享有的出版、发行等方面的专有权利</td></tr>
<tr><td>土地使用权</td><td>国家准许某一企业在一定期间内对国有土地享有开发、利用、经营的权利</td></tr>
<tr><td>商誉</td><td>企业获得超额收益的能力。只有在企业购并过程中所产生的商誉，才能入账核算</td></tr>
</table>

（二）无形资产的分类

无形资产的分类如表8－2所示。

表8－2 无形资产的分类

<table>
<tr><td>无形资产的划分标准</td><td colspan="2">无形资产的分类具体内容</td></tr>
<tr><td rowspan="2">按可否辨认分类</td><td rowspan="2">可辨认无形资产和不可辨认无形资产</td><td>通常可以脱离企业个体而单独取得或转让，具有相对独立性，如专利权、版权、商标权、非专利技术、土地使用权等</td></tr>
<tr><td>不能脱离企业个体而单独取得或者转让，如商誉</td></tr>
</table>

（续表）

无形资产的划分标准	无形资产的分类具体内容
按形成来源分类	购入的无形资产、自创的无形资产、投资者投入的无形资产以及接受捐赠的无形资产
按有无期限分类	有限期无形资产和无限期无形资产。有限期无形资产的有效期多为法律规定，如专利权、商标权等；无限期无形资产在法律上没有规定其有效期限，如商誉

（三）无形资产的特征

无形资产的特征如表 8－3 所示。

表 8－3　无形资产的特征

无形资产的特征	具体含义	相关说明
无实体性	无形资产一般是由法律或契约关系所赋予的权利，也可能为获得超额收益的能力，它没有实物形态，看不见，摸不着，但其作用可以感觉得到	没有实物形态的资产不一定都是无形资产，如应收账款，但无形资产一定是没有实物形态的
未来效益的不确定性	无形资产能为企业带来长期效益，但它所能提供的未来经济效益具有很大的不确定性	如企业拥有一项专利权，它使企业在某一项技术上拥有独占使用权，从而获得超过同类其他企业的经济利益。但是，一旦有一项新的技术出现，它可以远远领先于企业的专利技术，那么企业来自该项专利的经济利益可能减少，甚至消失
非流动性	无形资产能为企业连续提供 1 年以上的服务或利益，其成本不能在短期内得到充分补偿	由于无形资产有效期在 1 年以上，因此也可以说是一种广义的固定资产。除此之外，与固定资产相同之处还包括：在用途上，两者都是主要用于企业的生产经营活动而非用于出售或投资；两者都能为企业带来经济利益且有价值，其成本都应按受益期分摊

二、无形资产的确认

无形资产的确认条件如表 8 –4 所示。

表 8 –4　无形资产的确认条件

无形资产的确认条件	举例说明	相关内容
与该无形资产有关的经济利益很可能流入企业	企业外购一项专利权，从而拥有法定所有权，使得企业的相关权利受到法律的保护，此时，表明企业能够控制该项无形资产所产生的经济利益	在实务工作中，要确定无形资产产生的经济利益是否很可能流入企业，应当对无形资产在预计使用寿命内可能存在的各种经济因素作出合理估计，并且应当有明确证据支持。在进行这种判断时，需要考虑相关的因素
该无形资产的成本能够可靠地计量	一些高科技领域的高科技人才，假定其与企业签订了服务合同，且合同规定其在一定期限内不能为其他企业提供服务。在这种情况下，虽然这些高科技人才的知识在规定的期限内预期能够为企业创造经济利益，但由于这些高科技人才的知识难以准确或合理辨认，加之为形成这些知识所发生的支出难以计量，从而不能作为企业的无形资产加以确认	—

三、无形资产的主要类型

无形资产主要包括专利权、非专利技术、商标权、著作权、土地使用权、特许权等。

(一) 专利权

专利权是指专利权人在法定期限内对其发明创造成果享有的专有权利。它是国家专利行政部门授予发明人或申请人生产经营其发明创造并禁止他人生产经营其发明创造的某种特权，是对发明创造独占的排他权。

《中华人民共和国专利法》明确规定，专利人拥有的专利权受到国家法律保护。专利权是允许其持有者独家使用或控制的特权，但它并不保证一定能给持有者带来经济效益，如有的专利可能会被另外更有经济价值的专利所淘汰等。因此，企业不应将其所拥有的一切专利权都予以资本化，作为无形资产管理和核算。一般而言，只有从外单位购入的专利或者自行开发并按法律程序申请取得的专利，才能作为无形资产管理和核算。这种专利可以降低成本，或者提高产品质量，或者将其转让出去获得转让收入。

企业从外单位购入的专利权，应按实际支付的价款作为专利权的成本。企业自行开发并按法律程序申请取得的专利权，应按照无形资产准则确定的金额作为成本。

（二）商标权

商标权是指商标所有人对其商标拥有的独占的、排他的权利。由于我国在商标权的取得方面实行的是注册原则，因此，商标权实际上是因商标所有人申请，经政府主管部门确认的专有权利，即因商标注册而产生的权利。从权利的性质上看，商标权与所有权一样，属于绝对权的范围，即权利主体对其注册商标享有完全的使用权和排他的权利。从权利的特征上看，商标权与一般知识产权一样，具有无形性、法定性、专有性、地域性和时间性。

企业自创商标并将其注册登记，所花费用一般不大，是否将其资本化并不重要。能够给拥有者带来获利能力的商标，往往是通过多年的广告宣传和其他传播商标名称的手段，以及客户的信赖等树立起来的。广告费一般不作为商标权的成本，而是在发生时直接计入当期损益。

按照《中华人民共和国商标法》的规定，商标可以转让，但受让人应保证使用该注册商标的产品质量。如果企业购买他人的商标，一次性支出费用较大的，可以将其资本化，作为无形资产管理。这时，应根据购入商标的价款、支付的手续费及有关费用作为商标的成本。

（三）土地使用权

土地使用权是指国家准许某一企业或单位在一定期间内对国有土地享有开发、利用、经营的权利。企业取得土地使用权，应将取得时发生的支出资本化，作为土地使用权的成本，记入“无形资产”科目。

(四)非专利技术

非专利技术即专有技术，或技术秘密、技术诀窍，是指先进的、未公开的、未申请专利、可以带来经济效益的技术及诀窍。非专利技术的主要内容如表8－5所示。

表8－5　非专利技术的主要内容

项目	内容
非专利技术的主要内容	工业专有技术，即在生产上已经采用，仅限于少数人知道，不享有专利权或发明权的生产、装配、修理、工艺或加工方法的技术知识
	商业(贸易)专有技术，即具有保密性质的市场情报、原材料价格情报以及用户、竞争对象的情况和有关知识
	管理专有技术，即生产组织的经营方式、管理方式、培训职工方法等保密知识。非专利技术并不是专利法的保护对象，专有技术所有人依靠自我保密的方式来维持其独占权，可以用于转让和投资

注：企业的非专利技术，有些是自己开发研究的，有些是根据合同规定从外部购入的。如果是企业自己开发研究的，应将符合《企业会计准则第6号——无形资产》规定的开发支出资本化条件的，确认为无形资产。对于从外部购入的非专利技术，应将实际发生的支出予以资本化，作为无形资产入账。

(五)著作权

著作权，亦称版权，是指作者及其他著作权人对其创作的文学、艺术和科学作品依法享有的权利。著作权包括人身权和财产权两个方面的内容。

著作权属于民事权利，是知识产权重要的组成部分。著作权的特征如表8－6所示。

表8－6　著作权的特征

项目	内容
著作权除了具有知识产权所共有的特征，即具有专有性、地域性、时间性等特征外，还具有的特征	著作权因作品的创作完成而自动产生，一般不必履行任何形式的登记或注册手续，也不论其是否已经发表
	著作权突出对人身权的保护。著作权中作者的发表权、署名权、修改权、保护作品完整权等人身权利，永远归作者享有，不能转让，也不受著作权保护期限的限制

（六）特许权

特许权，又称经营特许权、专营权，指企业在某一地区经营或销售某种特定商品的权利，或是一家企业接受另一家企业使用其商标、商号、技术秘密等的权利。前者一般是指政府机关授权、准许企业使用或在一定地区享有经营某种业务的特权，如水、电、邮电通讯等专营权、烟草专卖权等；后者指企业间依照签订的合同，有限期或无限期使用另一家企业的某些权利，如连锁店分店使用总店的名称等。

第二节　无形资产的会计核算

一、无形资产的初始计量

不同方式下取得的无形资产的成本的确认方式如表 8－7 所示。

表 8－7　无形资产成本的确认

无形资产的取得方式	无形资产成本的确定
外购的无形资产	购买价款、相关税费以及直接归属于使该项资产达到预定用途所发生的其他支出
购买无形资产的价款超过正常信用条件延期支付，实质上具有融资性质	以购买价款的现值为基础确定。实际支付的价款与购买价款的现值之间的差额，除按照《企业会计准则第 17 号——借款费用》应予资本化的以外，应当在信用期间内计入当期损益
自行开发的无形资产	自满足本准则第四条和第九条规定后至达到预定用途前所发生的支出总额，但是对于以前期间已经费用化的支出不再调整
投资者投入的无形资产	按照投资合同或协议约定的价值确定，但合同或协议约定价值不公允的除外
非货币性资产交换、债务重组、政府补助和企业合并取得的无形资产	分别按照《企业会计准则第 7 号——非货币性资产交换》、《企业会计准则第 12 号——债务重组》、《企业会计准则第 16 号——政府补助》和《企业会计准则第 20 号——企业合并》确定

二、无形资产的摊销

(一)摊销期限的选择

由于各种不同的无形资产在其价值上具有不确定性，而且在生产经营中的受益期难以预计，在理论上对无形资产是否进行摊销见解不一。但是，按照我国《企业会计准则——无形资产》的规定，无形资产应当自企业取得当月起，在预计使用年限内分期平均摊销，计入损益。对摊销的年限的规定如表8－8所示。

表8－8　摊销年限的规定

合同对无形资产摊销年限的规定	应确定的摊销年限
合同规定了受益年限但法律没有规定有效年限的	按不超过合同规定的受益年限摊销
合同没有规定受益年限而法律规定了有效年限的	按不超过法律规定的有效年限摊销
合同规定了受益年限，法律也规定了有效年限的	按不应超过受益年限和有效年限两者之中较短者
合同没有规定受益年限，法律也没有规定有效年限的	摊销年限不应超过10年

(二)摊销方法

由于企业的无形资产应当在规定的期限内平均摊销，所以，资产的摊销方法采用平均法。其计算公式如下：

无形资产年摊销额＝无形资产的原值/无形资产的有效使用年限

无形资产月摊销额＝无形资产年摊销额/12

无形资产摊销期限的选择，无疑对企业的利润有着直接的影响。由于无形资产的摊销记入了管理费用，但未发生货币资金的流出，也使得无形资产摊销成为一些企业调整或粉饰财务报表的工具。

三、无形资产注销与减值的核算

企业应当定期或至少每年年度终了，对各项资产进行全面检查。由于无形资产未来经济效益和受益期的不确定性，某些无形资产随时要经受市场竞争和新技术发明带来的冲击，所以，企业要根据谨慎性原则，合理地预计各项无形资产可能发生的损失，对可能发生的各项资产损失计提资产减值准备。无形资产注销与减值准备的确定主要考虑的因素如表 8－9 所示，正确计量无形资产价值对于企业的好处如表 8－10 所示。

表 8－9　无形资产注销与减值准备的确定主要考虑的因素

<table>
<tr><th>项目</th><th colspan="2">内容</th></tr>
<tr><td rowspan="8">无形资产注销与减值准备的确定主要考虑的因素</td><td colspan="2">企业的无形资产应当按照账面价值与可收回金额孰低计量，可收回金额低于账面价值的差额作如下会计处理</td></tr>
<tr><td rowspan="3">当存在右侧一项或若干项情形时，应当将该项无形资产的账面价值全部转入当期损益</td><td>某项无形资产已被其他新技术所代替，并且该项无形资产已无使用价值和转让价值</td></tr>
<tr><td>某项无形资产已超过法律保护期限，并且已不能为企业带来经济利益</td></tr>
<tr><td>其他足以证明某项无形资产已经丧失了使用价值和转让价值的情形</td></tr>
<tr><td rowspan="4">当存在右侧一项或若干项情形时，应当计提无形资产的减值准备</td><td>某项无形资产已被其他新技术所代替，使其为企业创造经济利益的能力受到重大不利影响</td></tr>
<tr><td>某项无形资产的市价在当期大幅下跌，在剩余摊销年限内预期不会恢复</td></tr>
<tr><td>某项无形资产已超过法律保护期限，但仍然具有部分使用价值</td></tr>
<tr><td>其他足以证明某项无形资产实质上已经发生了减值的情形</td></tr>
</table>

表 8－10　正确计量无形资产价值对于企业的好处

<table>
<tr><th>意义</th><th>项目</th><th>具体内容</th></tr>
<tr><td rowspan="2">正确计量无形资产价值对于企业的好处</td><td>资产公允</td><td>无形资产的入账金额并不会一成不变，技术的进步和人为因素的影响，会造成无形资产价值上的变化。企业通过无形资产摊销和确认无形资产减值准备，将使会计报表中的无形资产项目更公允、更可靠</td></tr>
<tr><td>利润真实</td><td>无形资产价值更多地体现在未来超额收益的流入上。倘若无形资产真的减值了，及时反映其对利润总额的影响，才能保证对外会计报表的真实性</td></tr>
</table>

【例8－1】A公司有A、B两项专利权。2013年年末，账面价值为5 000元的A专利权因泄密等原因，符合将其账面价值全部转入当期损益的规定；B专利权的账面价值为8 600元，因技术陈旧应当计提3 000元的减值准备。

会计上，年末应将专利权A的价值5 000元，全部记入"管理费用"账户，B专利权减值3 000元，记入"营业外支出——计提的无形资产减值准备"账户，冲减本年利润。按照会计稳健性原则，如果B专利权的价值逐年恢复，会计上确认的恢复价值不应超过当初计提无形资产减值准备的价值，即无形资产价值仍以历史成本为基础。

四、无形资产的批露

对无形资产披露的规定如表8－11所示。

表8－11　无形资产的披露

项目	内容
按照无形资产的类别在附注中披露的信息	无形资产的期初和期末账面余额、累计摊销额及减值准备累计金额
	使用寿命有限的无形资产，其使用寿命的估计情况；使用寿命不确定的无形资产，其使用寿命不确定的判断依据
	无形资产的摊销方法
	用于担保的无形资产账面价值、当期摊销额等情况
	计入当期损益和确认为无形资产的研究开发支出金额

第三节　其他资产项目

其他资产是指除流动资产、长期投资、固定资产和无形资产以外的各项资产，主要包括开办费、长期待摊费用、银行冻结存款和诉讼中财产等。

一、开办费的会计核算

开办费的具体会计核算的规定如表8－12所示。

表 8－12　开办费的会计核算

<table>
<tr><th>开办费的含义</th><th colspan="2">会计处理</th></tr>
<tr><td rowspan="2">企业在筹建期间发生的不能计入各项资产价值的支出，主要包括筹建期间人员的工资、办公费、培训费、差旅费、印刷费、注册登记费以及不计入固定资产价值的汇兑损益、利息支出等。开办费应该在企业生产经营开始之日一次摊销</td><td>发生各项开办费时</td><td>借记“开办费”科目，贷记相关科目</td></tr>
<tr><td>摊销时</td><td>借记“管理费用”科目，贷记“开办费”科目</td></tr>
</table>

二、长期待摊费用的核算

长期待摊费用是指公司已经支出但摊销期限在 1 年以上(不含 1 年)的各项费用，包括固定资产大修理支出、租入固定资产的改良支出等。应当由本期负担的借款利息、租金等，不得作为长期待摊费用处理，即同本期无关的费用应当分期摊销。

固定资产大修理费用等对公司利润的影响不能低估。如果公司的固定资产大修理安排不当，大修理费用没有进行必要的分摊，不仅会影响公司的生产和经营成果，甚至会影响上市公司的股票价值。长期待摊费用的会计核算规定如表 8－13 所示。

表 8－13　长期待摊费用的会计核算

长期待摊费用	摊销的方式
固定资产大修理费用	将发生的大修理费用在下一次大修理前平均摊销
租入固定资产改良支出	在租赁期限与预计可使用年限两者孰短的期限内平均摊销
其他长期待摊费用	在受益期内平均摊销
股份有限公司委托其他单位发行股票支付的手续费或佣金等相关费用，减去股票发行冻结期间的利息收入的余额较大	在不超过 2 年的期限内平均摊销，计入损益(金额较小，直接计入当期损益)

（续表）

长期待摊费用	摊销的方式
企业所有筹建期间发生的费用，即开办费用	先在长期待摊费用中归集，待企业开始生产经营时一次计入开始生产经营当期的损益。如果长期待摊费用不能使以后会计期间受益，应当将尚未摊销的项目的摊余价值全部计入当期损益

总之，企业的长期待摊费用是一种费用性质的资产，由于金额较大，对其处理应当格外慎重。企业的经理人员应当根据企业预期的利润目标，在制度允许的前提下，结合企业的生产实际，有计划地安排长期待摊费用的发生和摊销。这对企业盈余管理是非常重要的。

【例8－2】2013年4月1日，鲁班制造公司对其以经营租赁方式新租入的办公楼进行装修，发生以下有关支出：生产用材料500 000元，购进该批原材料时支付的增值税进项税额为85 000元；辅助生产车间为该装修工程提供的劳务支出为180 000元；有关人员工资等职工薪酬435 000元。2013年12月1日，该办公楼装修完工，达到预定可使用状态并交付使用，并按租赁期10年开始进行摊销。假定不考虑其他因素，鲁班制造公司应作如下会计处理。

①装修领用原材料时。

借：长期待摊费用　　585 000

　　贷：原材料　　500 000

　　　　应交税费——应交增值税(进项税额转出)　　85 000

②辅助生产车间为装修工程提供劳务时。

借：长期待摊费用　　180 000

　　贷：生产成本——辅助生产成本　　180 000

③确认工程人员职工薪酬时。

借：长期待摊费用　　435 000

　　贷：应付职工薪酬　　435 000

④2013年摊销装修支出时。

借：管理费用　　10 000

　　贷：长期待摊费用　　10 000

第九章
流动负债

本章导读

负债是企业借助外部的资源，发展自身事业的行为。在现代商业社会中，不再会存在“无债一身轻”的公司，学会用别人的钱做自己的事将是企业家的重要任务。合理的负债，将加速企业的发展；不合理的负债，将成为企业沉重的包袱。在本章中，我们重点学习以下内容：

☑ 负债是什么，包括哪些种类。
☑ 什么是应付票据，如何进行会计核算。
☑ 什么是应付账款，如何进行会计核算。
☑ 什么是应交税费，如何进行会计核算。
☑ 什么是应付职工薪酬，如何进行会计核算。

第一节　负债的概念与分类

一、负债的概念

负债，是指企业过去的交易或者事项形成的、预期会导致经济利益流出企业的现时义务。负债的特征如表9－1所示。

表9－1　负债的特征

负债的特征	负债特征的具体含义	相关规定
负债是企业承担的现时义务	由企业过去的交易或事项形成的、现已承担的义务。现时义务可以是法定义务，也可以是推定义务	法定义务是指具有约束力的合同或者法律、法规规定的义务，通常在法律意义上需要强制执行。推定义务是指根据企业多年来的习惯做法、公开的承诺或者公开宣布的政策而导致企业将承担的责任，这些责任也使有关各方形成了企业将履行义务解脱责任的合理预期
负债的清偿预期会导致经济利益流出企业	履行债务的结果会导致企业经济利益的流出。具体表现为交付资产、提供劳务、将一部分股权转给债权人等	如果企业能够回避义务，则不能相应地确认为一项负债
负债是由企业过去的交易或者事项形成的	只有过去发生的交易或者事项才形成负债，企业将在未来发生的承诺、合同等交易或者事项，不形成负债	过去的交易或者事项包括购买货物、使用劳务、接受银行贷款等

二、负债的确认条件

将一项现时义务确认为负债，首先应当符合负债的定义。除此之外，还需要同时满足以下两个条件。

(一)与该义务有关的经济利益很可能流出企业

根据负债的定义，预期会导致经济利益流出企业是负债的一个本质特征。鉴于履行义务所需流出的经济利益带有不确定性，尤其是与推定义务相关的经济利益通常需要依赖于大量的估计，因此，负债的确认应当与经济利益流出的不确定性程度的判断结合起来。如果根据编制财务报表时所取得的证据判断，与现时义务有关的经济利益很可能流出企业，那么就应当将其作为负债予以确认。

(二)未来流出的经济利益的金额能够可靠地计量

负债的确认也需要符合可计量性的要求，即对于未来流出的经济利益的金额应当能够比较准确地计量。对于与法定义务有关的经济利益流出金额，通常可以根据合同或者法律规定的金额予以确定。考虑到经济利益的流出一般发生在未来期间，有时未来期间的时间还很长，在这种情况下，有关金额的计量通常需要考虑货币时间价值等因素的影响。对于与推定义务有关的经济利益流出金额，通常需要较大程度的估计。为此，企业应当根据履行相关义务所需支出的最佳估计数进行估计，并综合考虑有关货币时间价值、风险等因素的影响。

三、负债的分类

负债按偿还期的长短，可以分为流动负债和非流动负债。这种划分有利于了解流动资产和流动负债的比例，反映企业短期偿债能力，有利于了解企业的清算能力，还可以为短期债权人提供所需的信息资料。两类负债的相关内容介绍如表9－2所示。

表9－2 负债的分类

负债的分类	具体内容	包含项目
流动负债	预计在一个正常营业周期中清偿，或者主要为交易目的而持有，或者自资产负债表日起1年内(含1年)到期应予以清偿，或者企业无权自主地将清偿推迟至资产负债表日后1年以上的负债	短期借款、应付票据、应付账款、预收账款、应付职工薪酬、应交税费、应付利息、应付股利、其他应付款等
非流动负债	流动负债以外的负债	长期借款、应付债券等

第二节　短期借款的会计核算

短期借款是指企业为满足生产经营的需要，向银行或其他金融机构借入的、偿还期在1年以内的各种借款。

"短期借款"科目总括地反映企业短期借款的借入、归还和结余情况，该科目应按债权人户名和借款种类进行明细核算。该科目的会计处理方式如表9－3所示。

表9－3　短期借款的会计处理

短期借款的业务	相关的会计核算
借入各种短期借款	借记"银行存款"等科目，贷记"短期借款"科目
归还短期借款	借记"短期借款"科目，贷记"银行存款"科目
发生的短期借款利息	数额不大的，可于支付月份计入财务费用借记"财务费用"科目，贷记"预提费用"、"银行存款"等科目
	数额较大的，采用按月预提的办法，即各月末应借记"财务费用"科目，贷记"预提费用"科目；实际支付利息时，再借记"预提费用"科目，贷记"银行存款"科目

【例9－1】某企业为了采购原料，于2013年9月1日从银行取得期限为3个月、年利率6%的短期借款10万元，利息在偿还本金时一并归还；该企业对此项短期借款的利息支出，采用按月预提的办法。编制会计分录如下。

① 取得借款时。

借：银行存款　　100 000

　　贷：短期借款　　100 000

② 每月末(9月、10月末)预提利息费用时。

每月应预提的利息＝100 000×6%×1/12＝500(元)。

借：财务费用　　500

　　贷：预提费用　　500

③ 该项借款到期，按期归还本息时。

应归还的本息总和 = 100 000 + 500 × 3 = 101 500（元）。

借：短期借款 100 000

预提费用 1 000

财务费用 500

贷：银行存款 101 500

第三节 应付票据

一、应付票据的概念

应付票据是指企业根据合同进行延期付款交易采用商业汇票结算时，所签发、承兑的商业汇票。“应付票据”科目总括地反映和监督企业应付票据的发生、偿付等情况。该科目的贷方登记已承兑的商业汇票的面额，借方登记已到期付款的商业汇票的面额、转做应付账款或作借款处理的商业汇票的面额。

二、应付票据的账务处理

应付票据的相关会计处理如表 9－4 所示。

表 9－4 应付票据的账务处理

应付票据的业务	相关的会计核算
开出、承兑商业汇票或以承兑汇票抵付货款	借记“原材料”、“应付账款”、“应交税费”等科目，贷记“应付票据”科目
开出银行承兑汇票，在支付银行承兑手续费	借记“财务费用”科目，贷记“银行存款”科目
汇票到期付款	借记“应付票据”科目，贷记“银行存款”科目。如为带息票据，则应借记“应付票据”、“财务费用”等科目，贷记“银行存款”科目

（续表）

应付票据的业务	相关的会计核算
票据到期无力偿付	若为商业承兑汇票，则将应付票据转为应付账款，借记“应付票据”科目，贷记“应付账款”科目
	若为银行承兑汇票，则银行先代为付款，企业将不足部分转为短期借款，借记“应付票据”科目，贷记“银行存款”、“短期借款”科目
归还银行短期借款	借记“短期借款”科目，贷记“银行存款”科目

为了加强对应付票据的管理，企业应当设置“应付票据备查簿”，详细登记每一应付票据的种类、号数、签发日期、到期日、票面金额、票面利率、合同交易号、收款人姓名或单位名称，以及付款日期和金额等资料。应付票据到期结清时，应当在备查簿内逐笔注销。

【例9－2】立兴建筑工程公司出具一张期限为90天、票面金额为35 100元的不带息商业承兑汇票，向J供应单位购进原材料一批，其增值税发票上记载的货款金额为30 000元，增值税税额为5 100元。对以上的业务编制会计分录如下。

① 购进原材料时。

借：原材料　30 000
　　应交税费——应交增值税(进项税额)　5 100
　　贷：应付票据　35 100

② 票据到期，接到银行支付汇票款项的通知时。

借：应付票据　35 100
　　贷：银行存款　35 100

第四节　应付账款的会计核算

一、应付账款的概念

应付账款是指企业在经营过程中因购买商品、材料、物资或接受劳务而发生的待清偿的债务。

“应付账款”科目是用来总括反映企业应付账款的发生、偿还和结欠情况的科目，该科目的贷方登记发生的应付账款，借方登记偿还的应付账款、以商业汇票抵付的应付账款以及冲销无法支付的应付账款，贷方余额表示尚未偿还的应付账款。

“应付账款”科目在设立二级科目时，一般应按照债权单位进行明细核算。

二、应付账款的账务处理

应付账款的账务处理如表9－5所示。

表9－5 应付账款的账务处理

应付账款的业务	相关的会计核算
购入材料、物资等已验收入库，但货款尚未支付	据有关结算凭证，借记“原材料”和“应交税费”科目，贷记“应付账款”科目
对于材料等已验收入库、结算凭证未到、货款尚未支付的业务	因结算凭证一般在短时间内即可到达，为了简化核算，可以暂不作会计分录，待收到结算凭证后，再按正常手续进行账务处理。但是，每月月末，对于那些结算凭证尚未到达的入库材料，则应按材料的暂估价格（合同价格或计划单位成本）计价入库，借记“原材料”等科目，贷记“应付账款”科目。这笔分录，在下月月初时应用红字冲回，以便下月结算凭证到达时，按正常程序进行核算
接受供应单位提供劳务而发生的应付未付款项	据供应单位的发票账单，借记有关的成本费用科目和“应交税费”科目，贷记“应付账款”科目
偿付应付账款	借记“应付账款”科目，贷记“银行存款”等科目
企业开出、承兑商业汇票抵付应付账款	借记“应付账款”科目，贷记“应付票据”科目

对于一些预付账款业务不多的企业，在不单独设置“预付账款”科目的情况下，可以通过“应付账款”科目进行核算，即用“应付账款”科目同时核算企业应付账款和预付账款的增减变动和结果。在这种情况下，期末应根据“应付账款”科目所属各明细科目的余额方向来分析判断其是预付账款还是应付账

款，也就是该明细科目为借方余额，为预付账款；若该明细科目为贷方余额，则为应付账款。

【例 9－3】立兴建筑工程公司 5 月 30 日从 R 厂购进原材料一批，增值税发票记载的货款金额为 10 000 元，增值税进项税额为 1 700 元，已验收入库，款项尚未支付。7 月 10 日，立兴建筑工程公司开出 11 700 元的转账支票一张，支付此笔购料款。编制以上业务的会计分录如下。

① 购买材料时。

借：原材料	10 000	
应交税费——应交增值税(进项税额)	1 700	
贷：应付账款		11 700

② 支付购料款时。

借：应付账款	11 700	
贷：银行存款		11 700

【例 9－4】环雅公司 6 月 28 日收到供货单位运来的新型材料 10 吨，发票和商品结算清单尚未到达，原材料已验收入库。6 月 30 日时，发票账单仍未到，按每吨 3 000 元的暂估价入账，编制以上业务的会计分录如下。

借：原材料	30 000	
贷：应付账款		30 000

7 月 1 日，以红字冲回，其会计分录如下：

借：原材料	30 000	
贷：应付账款		30 000

第五节　应付职工薪酬

一、应付职工薪酬应核算的内容

应付职工薪酬是指企业根据有关规定应付给职工的各种薪酬，包括职工工资、奖金、津贴和补贴，职工福利费，医疗、养老、失业、工伤、生育等社会保险费，住房公积金，工会经费，职工教育经费，非货币性福利等因职工提供服务而产生的义务。对所包含内容的具体介绍如表9－6所示。

表9－6 应付职工薪酬的具体内容

不同视角	具体内容	详细解释
广义的职工薪酬	企业必须付出的人力成本，是吸引和激励职工的重要手段	职工薪酬既是职工对企业投入劳动获得的报酬，也是企业的成本费用
职工薪酬	职工工资、奖金、津贴和补贴	按照国家统计局《关于职工工资总额组成的规定》，构成工资总额的计时工资、计件工资、支付给职工的超额劳动报酬和增收节支的劳动报酬、为了补偿职工特殊或额外的劳动消耗和因其他特殊原因支付给职工的津贴，以及为了保证职工工资水平不受物价影响支付给职工的物价补贴等企业按规定支付给职工的加班加点工资，以及根据国家法律、法规和政策规定，企业在职工因病、工伤、产假、计划生育假、婚丧假、事假、探亲假、定期休假、停工学习、执行国家或社会义务等特殊情况下，按照计时工资或计件工资标准的一定比例支付的工资，也属于职工工资范畴，在职工休假或缺勤时，不应当从工资总额中扣除
	职工福利费	企业为职工集体提供的福利，如补助生活困难职工等
	医疗保险费、养老保险费、失业保险费、工伤保险费和生育保险费等社会保险费	企业按照国家规定的基准和比例计算，向社会保险经办机构缴纳的医疗保险金、基本养老保险金、失业保险金、工伤保险费和生育保险费，以及根据《企业年金试行办法》、《企业年金基金管理试行办法》等相关规定，向有关单位(企业年金基金账户管理人)缴纳的补充养老保险费；以商业保险形式提供给职工的各种保险待遇
	住房公积金	企业按照国家《住房公积金管理条例》规定的基准和比例计算，向住房公积金管理机构缴存的住房公积金
	工会经费和职工教育经费	企业为了改善职工文化生活、提高职工业务素质，用于开展工会活动和职工教育及职业技能培训，根据国家规定的基准和比例，从成本费用中提取的金额

（续表）

不同视角	具体内容	详细解释
职工薪酬	非货币性福利	包括企业以自己的产品或其他有形资产发放给职工作为福利，企业向职工提供无偿使用自己拥有的资产（如提供给企业高级管理人员的汽车、住房等），企业为职工无偿提供商品或类似医疗保健的服务等
	其他职工薪酬	比如因解除与职工的劳动关系给予的补偿（又称辞退福利），即由于企业分离办社会职能、实施主辅分离、辅业改制等分流安置富余人员，实施重组、改组计划，职工不能胜任等原因，企业在职工劳动合同到期之前解除与职工的劳动关系，或者为鼓励职工自愿接受裁减而提出补偿建议的计划中给予职工的经济补偿

二、应付职工薪酬的核算

对“应付职工薪酬”科目的具体规定如表 9－7 所示。

表 9－7　应付职工薪酬科目的设置

科目设置目的	核算内容	明细设置
“应付职工薪酬”科目用来核算应付职工薪酬的提取、结算、使用等情况	贷方登记已分配计入有关成本费用项目的职工薪酬的数额，借方登记实际发放职工薪酬的数额；该科目期末贷方余额反映企业应付未付的职工薪酬	按照“工资”、“职工福利”、“社会保险费”、“住房公积金”、“工会经费”、“职工教育经费”、“非货币性福利”等应付职工薪酬项目设置明细科目

（一）计算职工薪酬

进行应付职工薪酬的核算，首先要计算应付给职工的工资。计算应付职工工资时，应根据考勤记录、工时记录、产量记录、工资标准、工资等级、计件工资单件，以及其他有关资料，计算应付给每一职工的工资数，在此基础上，再根据有关代扣款项凭证计算实际应发放给每一职工的金额。一般情况下，应按照部门分别编制“工资结算表”，企业可根据本单位的实际需要设计该表的格式与内容。“工资结算表”的一般格式如表9－8所示。

表9－8 部门工资结算表

所属部门：第一基本生产车间　　2013年×月　　单位：元

序号	姓名	基本工资	浮动工资	津贴		应付工资	代扣款项		实发金额
				乘车补助	餐补		三险一金	个人所得税	
1									
2									
3									
4									
5									
6									
7									
合计									

为了总括反映整个企业对职工工资的结算情况，便于进行总分类核算，会计部门应根据按车间、部门编制的工资结算单，汇总编制“工资结算汇总表”，企业可根据本单位的实际需要设计该表的格式与内容。工资结算汇总表的常见格式如表9－9所示。

表9－9 工资结算汇总表

2013年×月　　单位：元

车间、部门名称	计时工资	计件工资	应扣工资		综合奖金	应付工资	扣除款项		实发金额
			事假	病假			社会保险	个人所得税	
第一基本生产车间									
其中：生产工人									
管理人员									
第二基本生产车间									
其中：生产工人									
管理人员									

（续表）

车间、部门名称	计时工资	计件工资	应扣工资		综合奖金	应付工资	扣除款项		实发金额
			事假	病假			社会保险	个人所得税	
管理部门									
销售机构人员									
基建工程人员									
医院室内、托儿所									
长期病假人员									
合　计									

（二）分配职工薪酬

1. 货币性职工薪酬

企业应当在职工为其提供服务的会计期间，根据职工提供服务的受益对象，将应确认的职工薪酬（包括货币性薪酬和非货币性福利）计入相关资产成本或当期损益，同时确认为应付职工薪酬。对职工薪酬的会计处理规定如表9－10所示。

表9－10　职工薪酬的会计处理

职工薪酬	相应的会计处理
生产部门人员的职工薪酬	借记“生产成本”、“制造费用”、“劳务成本”等科目，贷记“应付职工薪酬”科目
管理部门人员的职工薪酬	借记“管理费用”科目，贷记“应付职工薪酬”科目
销售人员的职工薪酬	借记“销售费用”科目，贷记“应付职工薪酬”科目
由在建工程、研发支出负担的职工薪酬	借记“在建工程”、“研发支出”科目，贷记“应付职工薪酬”科目
外商投资企业按规定从净利润中提取的职工奖励及福利基金	借记“利润分配——提取的职工奖励及福利基金”科目，贷记“应付职工薪酬”科目

企业在计量应付职工薪酬时，应当注意国家是否有相关的明确计提标准加以区别处理。一般而言，企业应向社会保险经办机构（或企业年金基金账户管理人）缴纳的医疗保险费、养老保险费、失业保险费、工伤保险费、生育保险费等社会保险费，应向住房公积金管理中心缴存的住房公积金，以及应向工会部门缴纳的工会经费等，国家（或企业年金计划）统一规定了计提基础和计提比例，应当按照国家规定的标准计提；而职工福利费等职工薪酬，国家（或企业年金计划）没有明确规定计提基础和计提比例，企业应当根据历史经验数据和实际情况，合理预计当期应付职工薪酬。当期实际发生金额大于预计金额的，应当补提应付职工薪酬；当期实际发生金额小于预计金额的，应当冲回多提的应付职工薪酬。

月份终了，应按照工资的用途，进行工资费用的分配。工资费用的分配，先由各车间根据工资结算凭证等编制工资费用分配表，会计部门根据各车间的工资费用分配表及其他部门发生的工资数，编制工资费用分配汇总表，据以进行总分配核算。工资费用分配汇总表的格式如表 9－11 所示。

表 9－11　工资分配汇总表

2013 年 × 月　　　　单位：元

车间部门 科目	第一基本生产车间	第二基本生产车间	管理部门	销售部门	基建部门	医院室托儿所	合计
生产成本							
制造费用							
管理费用							
销售费用							
在建工程							
应付福利费							
合计							

【例 9－5】乙企业本月应付工资总额 462 000 元，工资费用分配汇总表中列示的产品生产人员工资为 320 000 元，车间管理人员工资为 70 000 元，企业行政管理人员工资为 60 400 元，销售人员工资为 11 600 元。乙企业的有关会计分录如下：

借：生产成本——基本生产成本　　320 000
　　制造费用　　70 000
　　管理费用　　60 400
　　销售费用　　11 600
　　贷：应付职工薪酬——工资　　462 000

本例中，根据不同职工提供服务的受益对象不同，产品生产人员工资320 000元应记入“生产成本——基本生产成本”科目，车间管理人员工资70 000元应记入“制造费用”科目，行政管理人员工资60 400元应记入“管理费用”科目，销售人员工资11 600元应记入“销售费用”科目。

【例9－6】丙企业下设一所职工食堂，每月根据在岗职工数量及岗位分布情况、相关历史经验数据等计算需要补贴食堂的金额，从而确定企业每期因职工食堂而需要承担的福利费金额。2012年11月，企业在岗职工共计100人，其中管理部门20人，生产车间80人，企业的历史经验数据表明，

对于每个职工企业每月需补贴食堂120元。丙企业的有关会计分录如下：

借：生产成本　　9 600
　　管理费用　　2 400
　　贷：应付职工薪酬——职工福利　　12 000

丙企业应当提取的职工福利＝120×100＝12 000(元)。

其中，生产车间职工相应的福利费9 600元应记入“生产成本”科目，管理部门职工相应的福利费2 400元应记入“管理费用”科目。

【例9－7】根据国家规定的计提标准计算，甲企业本月应向社会保险经办机构缴纳职工基本养老保险费共计64 680元，其中，应计入基本生产车间生产成本的金额为44 800元，应计入制造费用的金额为9 800元，应计入管理费用的金额为10 080元。甲企业的有关会计分录如下：

借：生产成本——基本生产成本　　44 800
　　制造费用　　9 800
　　管理费用　　10 080
　　贷：应付职工薪酬——社会保险费(基本养老保险)　　64 680

2. 非货币性职工薪酬

非货币性职工薪酬的会计处理如表9－12所示。

表9－12 非货币性职工薪酬的会计处理

非货币性职工薪酬的形式	相关会计处理
企业以其自产产品作为非货币性福利发放给职工	据受益对象不同，按该产品的公允价值，计入相关资产成本或当期损益，同时确认应付职工薪酬，借记“管理费用”、“生产成本”、“制造费用”等科目，贷记“应付职工薪酬——非货币性福利”科目
将企业拥有的房屋等资产无偿提供给职工使用	据受益对象不同，将该住房每期应计提的折旧计入相关资产成本或当期损益，同时确认应付职工薪酬，借记“管理费用”、“生产成本”、“制造费用”等科目，贷记“应付职工薪酬——非货币性福利”科目，并且同时借记“应付职工薪酬——非货币性福利”科目，贷记“累计折旧”科目
租赁住房等资产供职工无偿使用	根据受益对象不同，将每期应付的租金计入相关资产成本或当期损益，并确认应付职工薪酬，借记“管理费用”、“生产成本”、“制造费用”等科目，贷记“应付职工薪酬——非货币性福利”科目。难以认定受益对象的非货币性福利，直接计入当期损益和应付职工薪酬

【例9－8】华光建材有限公司为小家电生产企业，共有职工200名，其中170名为直接参加生产的职工，30名为总部管理人员。2013年2月，华光建材有限公司以其生产的每台成本为900元的电暖器作为春节福利发放给公司每名职工。该型号的电暖器市场售价为每台1 000元，华光建材有限公司适用的增值税税率为17%。华光建材有限公司的有关会计处理如下：

借：生产成本　　198 900

　　管理费用　　35 100

　　贷：应付职工薪酬——非货币性福利　　234 000

本例中，应确认的应付职工薪酬＝200×1 000×17%＋200×1 000＝234 000(元)。

其中，应记入“生产成本”科目的金额 = 170 × 1 000 × 17% + 170 × 1 000 = 198 900（元）。

总记入“管理费用”科目的金额 = 30 × 1 000 × 17% + 30 × 1 000 = 35 100（元）。

【例 9－9】 华光建材有限公司为总部各部门经理级别以上职工提供汽车免费使用，同时为副总裁以上高级管理人员每人租赁一套住房。华光建材有限公司总部共有部门经理以上职工 20 名，每人提供一辆桑塔纳汽车免费使用，假定每辆桑塔纳汽车每月计提折旧 1 000 元；该公司共有副总裁以上高级管理人员 5 名，公司为其每人租赁一套面积为 200 平方米带有家具和电器的公寓，月租金为每套 8 000 元。华光建材有限公司的有关会计处理如下：

借：管理费用　　60 000

　　贷：应付职工薪酬——非货币性福利　　60 000

借：应付职工薪酬——非货币性福利　　20 000

　　贷：累计折旧　　20 000

本例中，华光建材有限公司为总部各部门经理级别以上职工提供汽车免费使用，同时为副总裁以上高级管理人员租赁住房使用，根据受益对象，确认的应付职工薪酬应当计入管理费用。

应确认的应付职工薪酬 = 20 × 1 000 + 5 × 8 000 = 60 000（元）。

其中，提供企业拥有的汽车供职工使用的非货币性福利 = 20 × 1 000 = 20 000（元）。

租赁住房供职工使用的非货币性福利 = 5 × 8 000 = 40 000（元）。

此外，华光建材有限公司将其拥有的汽车无偿提供给职工使用的，还应当按照该部分非货币性福利 20 000 元，借记“应付职工薪酬——非货币性福利”科目，贷记“累计折旧”科目。

（三）发放职工薪酬

1. 支付职工工资、奖金、津贴和补贴

相关会计处理规定如表 9－13 所示。

表 9－13　支付职工工资、奖金、津贴和补贴的会计处理

相关支付活动	会计处理
向职工支付工资、奖金、津贴等	借记“应付职工薪酬——工资”科目，贷记“银行存款”、“库存现金”等科目
从应付职工薪酬中扣还的各种款项(代垫的家属药费、个人所得税等)	借记“应付职工薪酬”科目，贷记“银行存款”、“库存现金”、“其他应收款”、“应交税费——应交个人所得税”等科目
每月发放工资前据“工资结算汇总表”中的“实发金额”栏的合计数向开户银行提取现金	借记“库存现金”科目，贷记“银行存款”科目。然后，再向职工发放

【例 9－10】A 企业根据“工资结算汇总表”结算本月应付职工工资总额 462 000 元，代扣职工房租 40 000 元，企业代垫职工家属医药费 2 000 元，实发工资 420 000 元。A 企业的有关会计处理如下。

① 向银行提取现金。

借：库存现金　　420 000

　　贷：银行存款　　420 000

② 发放工资，支付现金。

借：应付职工薪酬——工资　　420 000

　　贷：库存现金　　420 000

③ 代扣款项。

借：应付职工薪酬——工资　　42 000

　　贷：其他应收款——职工房租　　40 000

　　　　　　　　　——代垫医药费　　2 000

本例中，企业从应付职工薪酬中代扣职工房租 40 000 元、扣还代垫职工家属医药费 2 000 元，应当借记“应付职工薪酬”科目，贷记“其他应收款”科目。

2. 支付职工福利费

企业向职工食堂、职工医院、生活困难职工等支付职工福利费时，借记“应付职工薪酬——职工福利”科目，贷记“银行存款”、“库存现金”等科目。

【例9－11】2013年9月，甲企业以现金支付职工张某生活困难补助800元。甲企业的有关会计分录如下：

借：应付职工薪酬——职工福利　800
　　贷：库存现金　800

3. 支付工会经费、职工教育经费和缴纳社会保险费、住房公积金

企业支付工会经费和职工教育经费用于工会运作和职工培训，或按照国家有关规定缴纳社会保险费或住房公积金时，借记“应付职工薪酬——工会经费（或职工教育经费、社会保险费、住房公积金）”科目，贷记“银行存款”、“库存现金”等科目。

【例9－12】B企业以银行存款缴纳参加职工医疗保险的医疗保险费40 000元，B企业的有关会计分录如下：

借：应付职工薪酬——社会保险费　40 000
　　贷：银行存款　40 000

4. 发放非货币性福利

企业以自产产品作为职工薪酬发放给职工时，应确认主营业务收入，借记“应付职工薪酬——非货币性福利”科目，贷记“主营业务收入”科目，同时结转相关成本，涉及增值税销项税额的，还应进行相应的处理。

企业支付租赁住房等资产供职工无偿使用所发生的租金，借记“应付职工薪酬——非货币性福利”科目，贷记“银行存款”等科目。

【例9－13】华光建材有限公司向职工发放电暖器作为福利，以上电暖器的成本价为180 000元，按该公司同种产品的售价，该批电暖器的总售价为200 000元，其销项税额为34 000元，同时要根据相关税收规定，视同销售计算增值税销项税额。华光建材有限公司的有关会计处理如下：

借：应付职工薪酬——非货币性福利　234 000
　　贷：主营业务收入　200 000
　　　　应交税费——应交增值税（销项税额）　34 000

借：主营业务成本　　　　　　　　　　　　　　　　　　180 000

　　贷：库存商品——电暖器　　　　　　　　　　　　　　　180 000

华光建材有限公司应确认的主营业务收入＝200×1 000＝200 000(元)。

华光建材有限公司应确认的增值税销项税额＝200×1 000×17%＝34 000(元)。

华光建材有限公司应结转的销售成本＝200×900＝180 000(元)。

第六节　应交税费的会计核算

施工企业应交税费的种类较多，营业税、增值税、企业所得税是最重要的几个税种，这里介绍应交营业税、应交增值税、应交消费税、应交城市维护建设税，和其“他应缴款——应交教育费附加”的核算。

一、应交营业税

在我国境内提供应税劳务、转让无形资产或者销售不动产的单位和个人为营业税的纳税义务人。对应的会计核算如表9－14所示。

表9－14　应缴营业税的会计核算

营业税应税项目	计税办法及公式	“应交税费”科目的设置	
交通运输业、建筑业、金融保险业、邮电通信业、文化体育业。娱乐业、服务业等行业所提供的应税劳务，以及各行业转让无形资产和销售不动产	应纳税额＝营业额×适用税率。 以上公式中的营业额，除营业税暂行条例规定的有关情形外，是指企业提供应税劳务、转让无形资产或者销售不动产向对方收取的全部价款和价外费用	设置目的：为了反映和监督营业税的应交和实际交纳情况	在“应交税费”科目下设置“应交营业税”明细科目。该明细科目的贷方登记应交纳的营业税金，借方登记实际交纳的营业税金，期末贷方余额表示尚未交纳的营业税金

【例9－14】顺达建筑公司是一家民用建筑承办商，其营业税税率为3%。该公司3月份实现施工收入200 000元，本月以银行存款实际交纳营业税金5 800元。营业税应纳税额的计算，以及编制的有关会计分录如下：

营业税应纳税额 =200 000×3% =6 000(元)。

① 计算出应纳营业税税额时。

借：营业税金及附加　　6 000

　　贷：应交税费——应交营业税　　6 000

② 实际交纳营业税时。

借：应交税费——应交营业税　　5 800

　　贷：银行存款　　5 800

二、应交增值税

增值税是对在我国境内销售货物或者提供加工、修理修配劳务，以及进口货物的单位和个人，就其取得的货物或应税劳务销售额，以及进口货物金额计算税款，并实行税款抵扣制的一种流转税。

对于施工企业而言，其在建筑施工的过程中，一般也是要提供建筑材料的，建筑材料的成本一般也包括在施工收入中，这种情况下，应该按照建造合同的全额一并缴纳营业税。

如果有少量的销售业务，而且没有和施工收入单独核算的，一般也是和施工收入一并缴纳营业税的。

只有当销售业务单独核算的情况下，才需要按照正常的销售业务缴纳增值税。如果施工企业有下属的以对外销售为主业的独立核算的单位，如施工企业下属的建材公司、水泥搅拌站、水泥预制件制造厂，则更应该按照普通工业企业、商品流通企业的要求，计算缴纳营业税。

在对增值税纳税人的管理中，根据纳税人经营规模的大小、企业财务制度的执行水平的不同，可以划分为一般纳税人和小规模纳税人两种。两种纳税人应纳增值税税额的计算方法是不同的。下面以一般纳税企业为主，简单介绍应纳增值税额的计算和应交增值税的核算。

(一)应纳税额的计算

从应纳增值税额的一般计算原理来说，企业销售货物或者提供应税劳务，应纳税额为当期销项税额抵扣当期进项税额后的余额。即应纳税额的一般计算公式为：

应纳税额 = 当期销项税额 − 当期进项税额

因当期销项税额小于当期进项税额不足抵扣时，其不足部分可以结转下期继续抵扣。

增值税进项税额是指一般纳税人购进货物或接受应税劳务支付价款中所含的增值税税额。企业支付的增值税进项税额能否在销项税额中抵扣，应视具体情况而定。不得从销项税额中抵扣的进项税额项目包括的内容如表 9－15 所示。

表 9－15 不得从销项税额中抵扣的进项税额的项目

项目	内容
不得从销项税额中抵扣的进项税额的项目	购进固定资产
	用于非应税项目的购进货物或者应税劳务
	用于免税项目的购进货物或者应税劳务
	用于集体福利或者个人消费的购进货物或者应税劳务
	非正常损失的购进货物
	非正常损失的在产品、产成品所耗用的购进货物或者应税劳务

增值税销项税额是指一般纳税人销售货物或提供应税劳务收取价款中所含的增值税税额。其计算公式为：

$$销项税额 = 销售额 \times 增值税税率$$

计算增值税销项税额所依据的销售额是指企业销售货物或提供应税劳务向购买方收取的除销项税额、代扣代交的消费税以及代垫运杂费以外的全部价款和价外费用。价外费用主要包括手续费、包装费、违约金（延期付款利息）以及运杂费等。

企业如果采用不含税定价的方法，销项税额可以直接根据不含税的销售额计算；如果采用销售额和销项税额合并定价的方法，应按下列公式将含税销售额还原为不含税销售额，并按不含税销售额计算销项税额：

$$不含税销售额 = 价税销售额/(1 + 增值税税率)$$

视同销售行为及其计税时销售额的确定顺序如表 9－16 所示。

表 9－16　视同销售行为及其计税时销售额的确定顺序

视同销售行为	计算交纳增值税时，销售额的确定顺序
企业将自产、委托加工的货物用于非应税项目	① 按当月同类货物的平均销售价格确定。 ② 按最近时期同类货物的平均销售价格确定。 ③ 按组成计税价格确定，其计算公式为： 组成计税价格＝成本×（1＋成本利润率） 属于应征消费税的货物，其组成计税价格应加计消费税额
将自产、委托加工的货物用于投资、提供给其他单位或个体经营者	
将自产、委托加工或购买的货物分配给股东或投资者	
将自产或委托加工的货物用于集体福利或个人消费	
将自产、委托加工或购买的货物无偿赠送他人的	

（二）应纳增值税的会计核算

进行应交增值税的核算，企业应在“应交税费”科目下设置“应交增值税”和“未交增值税”两个明细科目。

在“应交增值税”明细账内，一般应在借方设置“进项税额”、“已交税金”、“转出未交增值税”等栏目；贷方一般应设置“销项税额”、“进项税额转出”、“转出多交增值税”等栏目。

通过“应交增值税”明细账借、贷双方各栏目的记录可计算出以下数据：

公式 1：

抵减后的进项税额＝进项税额－进项税额转出

公式 2：

本期应交增值税＝本期销项税额－抵减后的进项税额

公式 3：

本期未交增值税＝本期应交增值税－已交税金

上述公式 2 中，如果本期销项税额小于抵减后的进项税额，其差额为尚未抵扣的进项税额，保留在“应交增值税”明细账内，可以在以后期间继续抵扣。

上述公式 3 中，如果本期应交增值税大于已交税金，则差额为本期未交增值税，应将其通过“应交增值税”明细账借方的“转出未交增值税”栏中转入

“未交增值税”明细账的贷方。如果本期应交增值税小于已交税金，则差额为本期多交增值税，应将其通过“应交增值税”明细账贷方的“转出多交增值税”栏中转出至“未交增值税”明细账的借方。

“未交增值税”明细科目的借方登记转入的当期多交的增值税以及上缴的上期应交未交的增值税；贷方登记转入的当期应交未交的增值税。该明细科目若为借方余额表示累计多交的增值税，若为贷方余额表示累计未交的增值税。

在这里需要注意的是，企业在交纳增值税时，应将补交的以前月份未交增值税记入“应交税费——未交增值税”科目借方，将交纳的当月增值税记入“应交增值税——应交增值税(已交税金)”科目的借方。

【例9-15】中和建材公司为增值税一般纳税人，其销售产品的增值税税率为17%，2012年8月份发生的与增值税有关的经济业务及其会计分录如下：

①销售甲产品一批，不含税的价格为80 000元，增值税销项税额为13 600元(80 000×17%)，共计93 600元，款项收到存入银行。

借：银行存款	93 600	
贷：主营业务收入		80 000
应交税费——应交增值税(销项税额)		13 600

②补交5月份未交增值税2 000元。

借：应交税费——未交增值税	2 000	
贷：银行存款		2 000

③购进原材料一批，原价30 000元，增值税5 100元，运费1 000元(供应单位代垫)，共计36 100元，原材料已验收入库，货款未付。注意，由购货方实际承担的运费，可按7%作为进项税额抵扣。

增值税进项税额=5 100+1 000×7%=5 170(元)。

原材料成本=36 100-5 170=30 930(元)。

借：原材料	30 930	
应交税费——应交增值税(进项税额)	5 170	
贷：应付账款		36 100

三、应交城市维护建设税

城市维护建设税是一种附加税，对应的会计核算如表9－17所示。

表9－17　城市维护建设税的计税方法及核算

城市维护建设税的计税依据及公式	会计核算
以应交纳的增值税、消费税、营业税为计税依据，公式为： 应纳税额＝计税依据×适用税率	计算应纳城市维护建设税时，应借记“营业税金及附加”、“其他业务成本”、“固定资产清理”等科目，贷记“应交税费——应交城市维护建设税”科目；实际交纳城市维护建设税时，应借记“应交税费——应交城市维护建设税”科目，贷记“银行存款”科目

【例9－16】泰山建筑工程公司2013年7月应交增值税、消费税和营业税如下：

销售产品应交增值税	60 000元
销售产品应交消费税	30 000元
合计	90 000元

根据以上数据和本企业城市维护建设税税率7%计算的应交城市维护建设税及会计分录如下：

本月应交城市维护建设税＝90 000×7%＝6 300(元)。

借：营业税金及附加　　6 300

　　贷：应交税费——应交城市维护建设税　　6 300

四、应交教育费附加

教育费附加是一种附加费。应交教育费附加的计算方法与应交城市维护建设税的计算口径相同。由于教育费附加不是税，因而不通过“应交税费”科目核算，而是通过“其他应交款”科目核算。

计算出应交教育费附加时，借记“营业税金及附加”、“其他业务成本”、“固定资产清理”等科目，贷记“其他应交款——应交教育费附加”科目；实际交纳教育费附加时，借记“其他应交款——应交教育费附加”科目，贷记“银行存款”科目。

【例9-17】泰山建筑工程公司2013年7月应交增值税、消费税和营业税如下：

销售产品应交增值税	60 000元
销售产品应交消费税	30 000元
合计	90 000元

根据以上数据和本企业应交教育费附加的税率为3%计算的应交教育费附加金额及会计分录如下：

本月应交教育费附加=90 000×3%=2 700(元)。

借：营业税金及附加　　2 700

　　贷：其他应交款——应交教育费附加　　2 700

第十章
非流动负债

本章导读

非流动负债是指流动负债以外的负债，主要包括长期借款、应付债券等，非流动负债可以帮助企业获得发展所必需的长期资金。在本章中，我们重点学习以下内容：

☑ 什么是长期借款，取得长期借款时如何进行会计核算。

☑ 如何对长期借款的费用进行会计核算。

☑ 归还长期借款时，如何进行会计核算。

☑ 什么是债券溢价发行，如何进行会计核算。

☑ 什么是债券折价发行，如何进行会计核算。

☑ 什么是可转换债券，如何进行会计核算。

第一节　长期借款

一、长期借款的概念

长期借款是指企业向银行或其他金融机构借入的期限在1年以上(不含1年)的各种借款，一般用于固定资产的购建、改扩建工程、大修理工程、对外投资以及为了保持长期经营能力等方面。它是企业长期负债的重要组成部分，必须加强管理与核算。

由于长期借款的使用关系到企业的生产经营规模和效益，企业除了要遵守有关的贷款规定、编制借款计划并要有不同形式的担保外，还应监督借款的使用、按期支付长期借款的利息以及按规定的期限归还借款本金等。因此，长期借款会计处理的基本要求是反映和监督企业长期借款的借入、借款利息的结算和借款本息的归还情况，促使企业遵守信贷纪律。提高信用等级，同时也要确保长期借款发挥效益。

二、长期借款的会计核算

为了总括地反映和监督长期借款的借入、应计利息以及本息的归还情况，企业应设置“长期借款”科目。该科目的贷方登记借款本金和利息的增加数，借方登记借款本金和利息的减少数，贷方余额表示尚未归还的长期借款的本金和利息。该科目应按借款单位设置明细科目，并按借款种类进行明细核算。

(一)取得长期借款时的账务处理

企业借入长期借款，应按实际收到的金额，借记“银行存款”科目，贷记“长期借款——本金”科目；如存在差额，还应借记“长期借款——利息调整”科目。

【例10－1】泰山建筑工程公司于2013年4月10日从银行借入资金4 000 000元，借款期限为3年，年利率为8.4%(到期一次还本付息，不计复利)，所借款项已存入银行。A企业的有关会计处理如下：

借：银行存款　　4 000 000

　　贷：长期借款——本金　　4 000 000

(二)长期借款费用的账务处理

借款费用是指企业因借款而发生的利息、折价或溢价的摊销和辅助费用，以及因外币借款而发生的汇兑差额。在我国，对借款费用处理的原则是，允许借款费用在符合条件的情况下，计入资产的成本(也称为借款费用的资本化)，其他借款费用则作为当期的费用计入当期损益(也称为借款费用的费用化)。长期借款费用的几种情况的账务处理如表10－1所示。

表10－1　长期借款费用的几种情况的账务处理

长期借款费用的几种情况	具体的账务处理
属于筹建期间的，计入长期待摊费用	借记“长期待摊费用”科目，贷记“长期借款”科目
属于生产经营期间的，计入财务费用	借记“财务费用”科目，贷记“长期借款”科目
属于发生的与固定资产购建有关的专门借款的借款费用，在固定资产达到预定可使用状态前按规定应予以资本化	借记“在建工程”科目，贷记“长期借款”科目
固定资产达到预定可使用状态后所发生的借款费用以及按规定不能予以资本化的借款费用	借记“财务费用”科目，贷记“长期借款”科目

(三)对借款费用进行账务处理时的关键点

1. 借款费用开始资本化时点的确定

专门借款的借款费用开始资本化的条件如表10－2所示。

表 10－2　专门借款的借款费用开始资本化，计入所购建固定资产的成本应同时具备的三个条件

项目	内容
专门借款的借款费用开始资本化，计入所购建固定资产的成本应同时具备的三个条件	资产支出已经发生：只包括为购建固定资产而以支付现金、转移非现金资产或者承担带息债务形式发生的支出
	借款费用已经发生：已经发生了因购建固定资产而专门借入款项的利息、折价或溢价的摊销、辅助费用或汇兑差额
	为使资产达到预定可使用状态所必要的购建活动已经开始

注：因安排专门借款而发生的一次性支出的辅助费用，一般不考虑开始资本化的三个条件，应当在发生时予以资本化，如发行债券的手续费、初始借款手续费应当在实际发生时予以资本化。

2. 借款费用资本化金额的确定

（1）利息资本化金额的确定

在应予资本化的每一会计期间，利息的资本化金额按如下公式计算：

每一会计期间利息的资本化金额＝至当期末止购建固定资产累计支出加权平均数×资本化率

上式中：

$$累计支出加权平均数=\sum[每笔资产支出金额\times每笔资产支出实际占用的天数(月数)/会计期间涵盖的天数(月数)]$$

如果为购建固定资产只借入一笔专门借款，资本化率为该项借款的利率。如果为购建固定资产借入一笔以上的专门借款，资本化率为这些借款的加权平均利率，计算公式为：

公式1：

$$加权平均利率=\frac{专门借款当期实际发生的利息之和}{专门借款本金加权平均数}$$

其中：

$$专门借款本金加权平均数=\sum每笔专门借款本金\times\frac{每笔专门借款的实际占用天数(月数)}{会计期间涵盖的天数(月数)}$$

（2）借款折价和溢价的摊销

当专门借款存在折价或溢价，还应当将每期应摊销的折价或溢价金额作

为利息的调整额，对资本化率作相应调整。折溢价的摊销，可以采用实际利率法，也可以采用直线法。加权平均利率的计算公式如下：

加权平均利率＝专门借款当期实际发生的利息之和＋（或－）折价（或溢价）摊销额

特别强调：在确定借款费用资本化金额时，与专门借款有关的利息收入不得冲减所购建的固定资产成本，所发生的利息收入直接计入当期财务费用。

(3) 辅助费用资本化金额的确定

每期辅助费用的资本化金额就是每期辅助费用的实际发生额，不与发生在所购置的固定资产上的支出相挂钩。

(4) 外币专门借款汇兑差额资本化金额的确定

汇兑差额的资本化金额为当期外币专门借款本金及利息所发生的汇兑差额，不与发生在所购建的固定资产上支出相挂钩。

3. 借款费用资本化的暂停和停止

借款费用资本化的暂停和停止应满足的条件和对应的会计处理如表10－3所示。

表10－3　借款费用资本化的暂停和停止

区分	满足的条件	会计处理
借款费用资本化的暂停	固定资产的购建活动发生非正常中断，并且中断时间连续超过3个月	暂停借款费用的资本化，将其确认为当期费用，直至资产的购建活动重新开始
借款费用资本化的停止	当所购建的固定资产达到预定可使用状态	停止其借款费用的资本化；以后发生的借款费用应当于发生当期确认为费用

【例10－2】 泰山建筑工程公司由于缺乏生产周转资金，决定从银行申请2年期的长期贷款用于企业的生产经营周转，2012年1月1日从银行取得长期借款100 000元，年利率为8%，按单利计息，每年计提一次利息，到期一次还本付息。

由于该项长期借款的用途是企业的生产经营周转，因而按期确认的借款利息应计入财务费用。

① 取得借款，并存入开户银行时。

借：银行存款　　100 000

　　贷：长期借款　　100 000

② 2012 年年末计提利息时。

利息费用 = 100 000 × 8% = 8 000（元）

借：财务费用　　8 000

　　贷：长期借款　　8 000

③ 2013 年年末计提利息的计算和所编制会计分录与 2012 年年末的相同。

④ 2013 年年末到期归还本息时。

两年的累计利息 = 8 000 + 8 000 = 16 000（元）。

应归还的本息之和 = 100 000 + 16 000 = 116 000（元）。

借：长期借款　　116 000

　　贷：银行存款　　116 000

【例 10 - 3】泰山建筑工程公司计划购建一条搅拌水泥生产线，2012 年 1 月 1 日为购建这条生产线从银行取得 2 年期借款 2 000 000 元，年利率 8%，按单利计息。在该项固定资产的购建中，分别于 1 月 1 日、4 月 1 日和 10 月 1 日各投入 500 000 元、1 000 000 元和 500 000 元。该项固定资产于 2012 年 12 月 31 日达到预定可使用状态。有关具体经济业务及资本化金额的计算和会计分录如下。

① 2012 年 1 月 1 日，取得该项借款，其中 500 000 元直接用于支付工程价款，1 500 000 元存入银行。

借：在建工程　　500 000

　　银行存款　　1 500 000

　　贷：长期借款　　2 000 000

② 2012 年 4 月 1 日，支付工程价款 1 000 000 元。

借：在建工程　　1 000 000

　　贷：银行存款　　1 000 000

③ 2012 年 10 月 1 日，支付工程价款 500 000 元。

借：在建工程　　500 000

　　贷：银行存款　　500 000

④ 2012年年末确认借款利息及其中应予资本化的金额和应计入财务费用的金额。

借款利息 =2 000 000 ×8% =160 000(元)。

应予资本化的金额的计算如下：

因为为购建这条生产线，只取得了一笔贷款，因此资本化率也就是该笔贷款的利率8%。

加权资金金额 = 500 000 + 1 000 000 × (9/12) + 500 000 × (3/12) =1 375 000(元)。

应予资本化的金额 = 1 375 000 ×8% = 110 000(元)。

应计入财务费用的金额 =160 000 - 110 000 =50 000(元)。

借：在建工程　　110 000

　　财务费用　　50 000

　　贷：长期借款　　160 000

⑤ 2012年年末该项固定资产达到预定可使用状态，并验收竣工，交付使用。

该项固定资产的造价 = 500 000 + 1 000 000 + 500 000 + 110 000 =2 110 000(元)。

借：固定资产　　2 110 000

　　贷：在建工程　　2 110 000

⑥ 2013年年末确认利息时。

借款利息 =2 000 000 ×8% =160 000(元)。

借：财务费用　　160 000

　　贷：长期借款　　160 000

⑦ 2013年年末归还本息时。

本息之和 =2 000 000 +160 000 +160 000 =2 320 000(元)。

借：长期借款　　2 320 000

　　贷：银行存款　　2 320 000

(四)归还长期借款

企业归还长期借款的本金时，应按归还的金额，借记“长期借款——本金”科目，贷记“银行存款”科目；按归还的利息，借记“应付利息”科目，贷记“银行存款”科目。

第二节　长期债券的会计核算

一、一般公司债券的会计核算

（一）应付债券核算应设置的科目

企业发行的超过1年期以上的债券，构成了企业的长期负债。“应付债券”科目的设置和会计核算如表10-4所示。

表10-4　“应付债券”科目的设置

“应付债券”科目的设置目的	科目的核算
为了总括地反映和监督企业为筹集长期资金而实际发行的债券及应付的利息	贷方登记应付债券的本息，借方登记归还的债券本息，贷方余额表示尚未归还的债券本息

按照债券发行价格（也就是销售价格）与债券面额的高低比较，债券的发行有平价发行、溢价发行和折价发行三种情况。之所以会出现债券的发行价格和票面金额不一样，主要是由于债券的票面利率与债券发行当时的市场利率，或者说投资者期望得到的投资收益率不相一致等原因造成的。债券的发行情况如表10-5所示，科目的设置情况如表10-6所示。

表10-5　债券的发行情况

相关概念	具体内容	发行情况
债券的票面利率（名义利率）	债券上载明的、用以计算应付给债券购买人利息的利率	票面利率等于市场利率时，债券按其面值发行，即平价发行；票面利率大于市场利率时，债券以高于其面值的价格发行，即溢价发行，发行价格超出债券面值的部分，称为债券溢价，这一部分差价，相当是给于债券发行人多支付利息的补偿；票面利率小于市场利率时，债券以低于其面值的价格发行，即折价发行，发行价格低于债券面值的部分，称为债券折价，这一部分差价，相当是给于债券投资人少收获的利息的补偿
市场利率（实际利率）	债券发行时，金融市场上那些风险和期限与该债券类似的借贷资本的通行利率	

表 10－6　应付债券科目的设置

科目设置目的	明细科目的设置	核算的内容
为了全面核算企业应付债券的面值、溢价、折价和应计利息	应付债券——债券面值	贷方登记已发行债券的面值，借方登记归还债券的面值；贷方余额表示尚未归还债券的面值
	应付债券——债券溢价	贷方登记已发行债券的溢价金额，借方登记逐期摊销的溢价金额；贷方余额表示尚未摊销的溢价金额
	应付债券——债券折价	借方登记已发行债券的折价金额，贷方登记逐期摊销的折价金额；借方余额表示尚未摊销的折价金额
	应付债券——应计利息	贷方登记各期应计的债券利息，借方登记实际支付的债券利息；贷方余额表示尚未支付的债券利息

应付债券所发生的借款费用（如利息、折价或溢价的摊销和辅助费用）的处理原则，比照长期借款的借款费用的处理办法。

为了反映和监督各种债券的详细情况，企业应按照债券的种类进行明细核算。

应付债券的核算，包括债券发行的核算、应计利息和债券溢价、折价摊销的核算以及债券还本付息的核算等内容。

（二）公司债券发行的核算

公司债券的发行方式有三种，即面值发行、溢价发行、折价发行。溢价或折价是发行债券企业在债券存续期内对利息费用的一种调整。

企业发行债券时，如果发行费用大于发行期间冻结资金所产生的利息收入，按发行费用减去发行期间冻结资金所产生的利息收入后的差额，根据发行债券所筹集资金的用途，分别计入财务费用或相关资产成本。如果发行费用小于发行期间冻结资金所产生的利息收入，按发行期间冻结资金所产生的利息收入减去发行费用后的差额，视同发行债券的溢价收入，在债券存续期间于计提利息时摊销，分别计入财务费用或相关资产成本。

无论是按面值发行，还是溢价发行或折价发行，均按债券面值记入“应付债券”科目的“面值”明细科目，实际收到的款项与面值的差额，记入“利息调整”明细科目。企业发行债券时，按实际收到的款项，借记“银行存款”、“库存现金”等科目；按债券票面价值，贷记“应付债券——面值”科目；按实际收到的款项与票面价值之间的差额，贷记或借记“应付债券——利息调整”科目。债券发行的会计核算如表 10－7 所示。

表 10－7　债券发行的会计核算

债券发行方式	相关账务处理
债券平价发行	按照实际收到的款项（这时实际收到的款项与已发行债券的面值总额相等），借记“银行存款”、”库存现金”科目，贷记“应付债券——债券面值”科目
	支付债券代理发行手续费及印刷费时，借记“在建工程”、“财务费用”科目，贷记“银行存款”科目
债券溢价发行	按实际收到的款项，借记“银行存款”、”库存现金”科目；按已发行债券的面值总额，贷记“应付债券——债券面值”科目
	按实际收到的款项与已发行债券的面值总额的差额，贷记“应付债券——债券溢价”科目
债券折价发行	按实际收到的款项，借记“银行存款”、”库存现金”科目；按实际收到的款项与已发行债券的面值总额的差额，借记“应付债券——债券折价”科目；按已发行债券的面值总额，贷记“应付债券——债券面值”科目

【例 10－4】南山公司 2013 年 2 月 1 日发行 2 年期长期债券，用于生产经营周转。债券面值总额为 120 000 元，年利率为 9%，债券到期一次还本付息。债券平价发行，全部售完，实际收到 120 000 元，款项已存入银行。收到发行债券筹集到的款项时，编制会计分录：

借：银行存款　　　　120 000

　　贷：应付债券——债券面值　　　　120 000

【例 10－5】华夏公司 2013 年 2 月 1 日发行 2 年期长期债券，用于生产经营周转。债券面值总额为 100 000 元，年利率为 10%，债券到期一次还本付息。债券溢价发行，全部售完，实际收到 101 694 元，款项已存入银行。编制会计分录如下：

借：银行存款　　　　101 694

　　贷：应付债券——债券面值　　　　100 000

　　　　　　　——债券溢价　　　　1 694

【例10-6】长远公司2013年2月1日发行2年期长期债券，用于生产经营周转。债券面值总额为150 000元，年利率为8%，债券到期一次还本付息。债券折价发行，全部售完，实际收到147 458元，款项已存入银行。编制会计分录：

借：银行存款	147 458	
应付债券——债券折价	2 542	
贷：应付债券——债券面值		150 000

（三）应计利息和债券溢价、折价摊销的核算

企业应按期计提债券的利息费用。在计提利息费用时，需考虑债券的溢价或折价。

债券溢价，是债券发行时，债券购买人因市场利率比债券票面利率低，而给予发行企业的利息补偿；而债券折价，则是债券发行企业因票面利率比市场利率低而给予债券购买人的利息补偿。也就是说，债券发行企业在发行债券时多收的溢价或少收的折价，都不是发行当时的利益或损失，而是对债券整个期间的利息费用的一种调整。因此，对于债券的溢价、折价，债券发行企业应在债券存续期间分期摊销，以调整各期的利息费用。具体说来，对债券溢价，应通过分期摊销方式，陆续冲减各期的利息费用；对债券折价，也应通过分期摊销方式，陆续增加各期的利息费用。

企业债券溢价和折价的摊销，可以采用直线法，也可以采用实际利率法。这里只介绍直线法下企业债券溢价和折价摊销的处理。直线法是将债券溢价或折价平均分摊于各期的一种摊销方法。

1. 平价发行的债券计提利息的账务处理

平价发行的债券不存在溢价和折价问题，计提利息的账务处理较为简单。计提利息时，按应计利息的数额，借记“在建工程”、“财务费用”科目，贷记“应付债券——应计利息”科目。

【例 10－7】南山公司 2012 年 2 月 1 日发行 2 年期长期债券，用于生产经营周转。债券面值总额为 120 000 元，年利率为 9%，债券到期一次还本付息。债券平价发行，全部售完，实际收到 120 000 元，款项已存入银行。假设每年计提一次利息，那么各期应计利息可计算如下：

各期应计利息＝120 000×9%＝10 800（元）。

根据以上计算结果，各期期末（2013 年 1 月 31 日、2014 年 1 月 31 日）分别编制会计分录：

借：财务费用　　10 800

　贷：应付债券——应计利息　　10 800

2. 债券溢价的摊销和应计利息的账务处理

溢价发行的债券在计提利息时，应按应摊销的溢价金额，借记“应付债券——债券溢价”科目，按应计利息与溢价摊销额的差额，借记“在建工程”、“财务费用”科目；按应计利息，贷记“应付债券——应计利息”科目。

【例 10－8】南山公司 2012 年 2 月 1 日发行 2 年期长期债券，用于生产经营周转。债券面值总额为 100 000 元，年利率为 10%，债券到期一次还本付息。债券溢价发行，全部售完，减除各项发行费用后实际收到 105 000 元，款项已存入银行。假设每年计提一次利息，那么各期应计利息和应摊销的溢价金额如下：

各期应计利息＝100 000×10%＝10 000（元）。

根据以上计算结果，各期期末（2013 年 1 月 31 日、2014 年 1 月 31 日）分别编制会计分录：

借：财务费用　　7 500

　　应付债券——债券溢价　　2 500

　贷：应付债券——应计利息　　10 000

3. 债券折价的摊销和应计利息的账务处理

折价发行的债券在计提利息时，应按应摊销的折价金额与应计利息之和，借记“在建工程”、“财务费用”科目；按应摊销的折价金额，贷记“应付债券——债券折价”科目；按应计利息，贷记“应付债券——应计利息”科目。

【例10－9】南山公司2012年2月1日发行2年期长期债券，用于生产经营周转。债券面值总额为100 000元，年利率为10%，债券到期一次还本付息。债券折价发行，全部售完，减除各项发行费用后实际收到95 000元，款项已存入银行。假设每年计提一次利息，那么各期应计利息和应摊销的溢价金额如下：

各期应计利息＝100 000×10%＝10 000(元)。

根据以上计算结果，各期期末(2013年1月31日、2014年1月31日)分别编制会计分录：

借：财务费用　　12 500
　　贷：应付债券——应计利息　　10 000
　　　　应付债券——债券溢价　　2 500

(四)债券到期支付本息的核算

债券到期，支付本息时，应按支付的本金，借记“应付债券——债券面值”科目；按支付的利息，借记“应付债券——应计利息”科目；按支付的本金和利息之和，贷记“银行存款”科目。

【例10－10】天天公司于2012年10月1日发行一批2年期企业债券，票面金额120 000元，票面利率为9%，单利计息，约定到期后一次性还本付息。编制会计分录：

分析：该笔债券到期时，支付的本金为120 000元，支付的利息为21 600元(12 000×9%×2)。

借：应付债券——债券面值　　120 000
　　应付债券——应计利息　　21 600
　　贷：银行存款　　141 600

二、可转换公司债券核算

我国发行可转换公司债券采取记名式无纸化发行方式，债券最短期限为3年，最长期限为5年。企业发行的可转换公司债券在“应付债券”科目下设置“可转换公司债券”明细科目核算。对可转换公司债券的核算如图10－1所示。

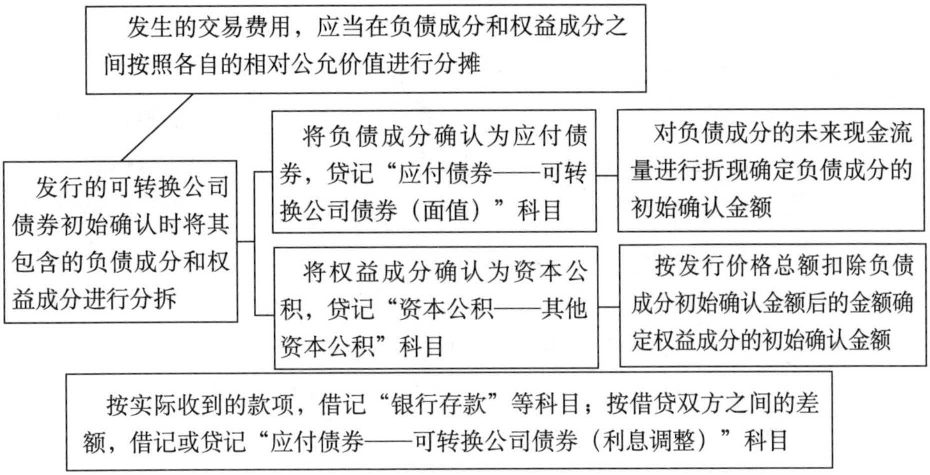

图 10－1　可转换公司债券核算

对于可转换公司债券的负债成分，在转换为股份前，其会计处理与一般公司债券相同，即按照实际利率和摊余成本确认利息费用，按照面值和票面利率确认应付债券，差额作为利息调整。可转换公司债券持有者在债券存续期间内行使转换权利，将可转换公司债券转换为股份时，对于债券余额不足转换 1 股股份的部分，企业应当以现金偿还。

可转换公司债券持有人行使转换权利，将其持有的债券转换为股票，按可转换公司债券的余额，借记“应付债券——可转换公司债券(面值、利息调整)”科目，按其权益成分的金额，借记“资本公积——其他资本公积”科目，按股票面值和转换的股数计算的股票面值总额，贷记“股本”科目，按其差额，贷记“资本公积——股本溢价”科目。如用现金支付不可转换股票的部分，还应贷记“库存现金”、“银行存款”等科目。

【例 10－11】甲公司经批准于 2012 年 2 月 1 日按面值发行 5 年期一次还本付息的可转换公司债券 200 000 000 元，款项已收存银行，债券票面年利率为 6%，利息按年支付。债券发行 1 年后可转换为普通股股票，初始转股价为每股 10 元，股票面值为每股 1 元。

2013 年 2 月 1 日，债券持有人将持有的可转换公司债券全部转换为普通股股票(假定按当日可转换公司债券的账面价值计算转股数)，甲公司发行可转换公司债券时二级市场上与之类似的没有转换权的债券市场利率为 9%。

据此，甲公司的账务处理如下。

① 2012 年 2 月 1 日，发行可转换公司债券。

借：银行存款　　200 000 000

　　应付债券——可转换公司债券(利息调整)　　23 343 600

　　贷：应付债券——可转换公司债券(面值)　　200 000 000

　　　　资本公积——其他资本公积　　23 343 600

可转换公司债券负债成分的公允价值为 = 200 000 000 × 0.6499 + 200 000 000 × 6% × 3.8897 = 176 656 400(元)。

可转换公司债券权益成分的公允价值 = 200 000 000 － 176 656 400 = 23 343 600(元)。

② 2013 年 1 月 31 日，确认利息费用。

借：财务费用　　15 899 076

　　贷：应付债券——可转换公开发行债券(应计利息)　　12 000 000

　　　　　　　　——可转换公司债券(利息调整)　　3 899 076

③ 2013 年 2 月 1 日，债券持有人行使转换权。

转换的股份数 = (176 656 400 + 12 000 000 + 3 899 076)/10 = 19 255 547.6 (股)。

不足 1 股的部分支付现金 0.6 元。

借：应付债券——可转换公司债券(面值)　　200 000 000.00

　　　　　　——可转换公司债券(应计利息)　　12 000 000.00

　　资本公积——其他资本公积　　23 343 600.00

　　贷：股本　　19 255 547.00

　　　　应付债券——可转换公司债券(利息调整)　　19 444 524.00

　　　　资本公积——股本溢价　　196 643 528.40

　　　　库存现金　　0.60

第十一章
或有事项

本章导读

金融危机的周期性复发，使得企业更加关注风险，对不确定性越来越持谨慎的态度。企业在日常的经营活动中，经常会出现一些潜在的义务，如未决诉讼或仲裁、债务担保、产品质量保证等，正是因为或有事项的不确定性，在会计处理时基于谨慎性原则，我们需要对或有事项中的或有资产和或有负债进行不同的处理。在本章中，我们重点学习以下内容：

☑ 什么是或有事项，或有事项具有什么特征。

☑ 在或有事项中，哪些属于或有负债、哪些属于或有资产，两者之间具有什么联系。

☑ 哪些事项属于或有事项，如何对其进行计量。

☑ 对于各种或有事项，如何进行会计处理。

第一节　或有事项的特征

一、或有事项的特征

或有事项是指过去的交易或者事项形成的，其结果须由某些未来事项的发生或不发生才能决定的不确定事项。

或有事项与不确定性联系在一起，但在会计处理过程中存在的不确定性并不都形成或有事项，如固定资产折旧，虽然存在固定资产使用年限和残值等不确定性，但由于固定资产的原价本身是确定的，其价值最终转移到产品中去也是确定的，因而固定资产折旧不是或有事项。其他的如固定资产大修理、正常维护等，还有计提存货跌价准备、短期投资跌价准备、长期投资减值准备、坏账准备等，均不属于或有事项。或有事项的基本特征如表 11 -1 所示。

表 11 -1　或有事项的基本特征

或有事项的基本特征	具体含义	举例说明
由过去交易或事项形成	或有事项的现存状况是过去交易或事项引起的客观存在	未决诉讼虽然是正在进行中的诉讼，但该诉讼是企业因过去的经济行为导致起诉其他单位或被其他单位起诉。这是现存的一种状况而不是未来将要发生的事项。未来可能发生的自然灾害、交通事故、经营亏损等，不属于或有事项
结果具有不确定性	或有事项的结果是否发生具有不确定性，或者或有事项的结果预计将会发生，但发生的具体时间或金额具有不确定性	债务担保事项的担保方到期是否承担和履行连带责任，需要根据被担保方债务到期时能否按时还款加以确定。这一事项的结果在担保协议达成时具有不确定性
由未来事项决定	或有事项的结果只能由未来不确定事项的发生或不发生才能决定	债务担保事项只有在被担保方到期无力还款时，企业（担保方）才履行连带责任

常见的或有事项有未决诉讼或仲裁、债务担保、产品质量保证(含产品安全保证)、环境污染整治、承诺、亏损合同、重组义务，等等。

二、或有负债和或有资产与或有事项密切相关

(一)或有负债与或有事项的关系

或有负债，是指过去的交易或事项形成的潜在义务，其存在须通过未来不确定事项的发生或不发生证实；或过去的交易或事项形成的现时义务，履行该义务不是很可能导致经济利益流出企业或该义务的金额不能可靠地计量。或有负债的两类义务如表 11 –2 所示 。

表 11 –2 或有负债的两类义务

或有负债的两类义务	具体含义	相关内容
潜在义务	结果取决于不确定未来事项的可能义务	潜在义务最终是否转变为现时义务，由某些未来不确定事项的发生或不发生才能决定。或有负债作为一项潜在义务，其结果如何只能由未来不确定事项的发生或不发生来证实
现时义务	企业在现行条件下已承担的义务	或有负债作为现时义务，其特征在于：该现时义务的履行不是很可能导致经济利益流出企业，或者该现时义务的金额不能可靠地计量

注：①“不是很可能导致经济利益流出企业”，是指该现时义务导致经济利益流出企业的可能性不超过 50%(含 50%)。

②“金额不能可靠地计量”，是指该现时义务导致经济利益流出企业的“金额”难以合理预计，现时义务履行的结果具有较大的不确定性。

或有负债无论是潜在义务还是现时义务，均不符合负债的确认条件，因而不能在会计报表内予以确认，但应按相关规定在附注中披露。

(二)或有资产与或有事项的关系

或有资产的概念的介绍如表 11 –3 所示。

表 11－3　或有资产的含义

或有资产的含义	或有资产的具体解释	举例说明
过去的交易或者事项形成的潜在资产，其存在须通过未来不确定事项的发生或不发生予以证实	或有资产作为一种潜在资产，其结果具有较大的不确定性，只有随着经济情况的变化，通过某些未来不确定事项的发生或不发生才能证实其是否会形成企业真正的资产	甲企业向法院起诉乙企业侵犯了其专利权。法院尚未对该案件进行公开审理，甲企业是否胜诉尚难判断。对于甲企业而言，将来可能胜诉而获得的赔偿属于一项或有资产，但这项或有资产是否会转化为真正的资产，要由法院的判决结果确定。如果终审判决结果是甲企业胜诉，那么这项或有资产就转化为甲企业的一项资产；如果终审判决结果是甲企业败诉，那么或有资产就消失了，更不可能形成甲企业的资产

正如或有负债不符合负债确认条件一样，或有资产也不符合资产确认条件，因而也不能在会计报表内确认。然而，需要指出的是，影响或有负债和或有资产的多种因素处于不断变化之中，企业应当持续地对这些因素予以关注。随着时间推移和事态的进展，或有负债对应的潜在义务可能转化为现时义务，原本不是很可能导致经济利益流出的现时义务也可能被证实将很可能导致经济利益流出企业，并且现时义务的金额也能够可靠计量。企业应当对或有负债相关义务进行评价，分析判断其是否符合负债确认条件。如符合，应将其确认为负债。类似地，或有资产对应的潜在权利也可能随着相关因素的改变而发生性质变化，如基本确定可以收到，应将其了以确认。

第二节　或有事项的确认和计量

一、或有事项的确认

或有事项的确认条件如图 11－1 所示。

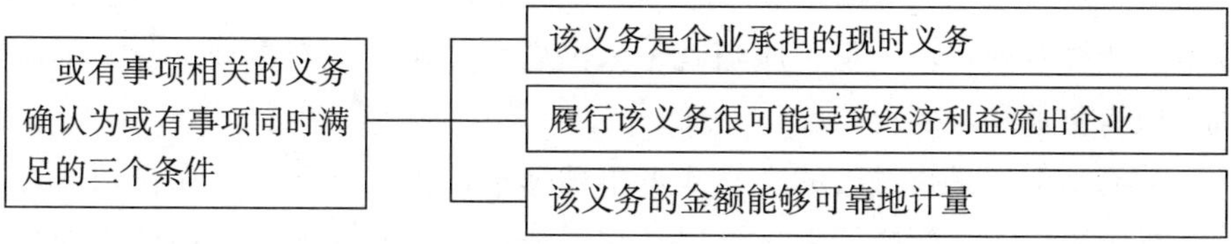

图 11－1　或有事项相关的义务确认为或有事项同时满足的三个条件

该义务是企业承担的现时义务，是指与或有事项相关的义务，是在企业当前条件下已承担的义务，而非潜在义务。企业没有其他可行的选择，只能履行该义务，如法律要求企业履行、有关各方合理预期企业应当履行等。

“履行该义务很可能导致经济利益流出企业”是指履行与或有事项相关的现时义务时，导致经济利益流出企业的可能性超过 50%。

履行或有事项相关义务导致经济利益流出企业的可能性，通常应当结合表 11－4 的情况加以判断。

表 11－4　或有事项可能性判断标准

结果的可能性	对应的概率区间
基本确定	大于 95% 但小于 100%
很可能	大于 50% 但小于或等于 95%
可能	大于 5% 但小于或等于 50%
极小可能	大于 0 但小于或等于 5%

“该义务的金额能够可靠地计量”是指与或有事项相关的现时义务的金额能够合理地估计。

计量或有事项的金额应考虑的情况如表 11－5 所示。

表 11－5　计量或有事项的金额应考虑的情况

项目	内容
计量或有事项的金额应考虑的情况	充分考虑与或有事项有关的风险和不确定性，在此基础上按照最佳估计数确定或有事项的金额
	或有事项的金额通常等于未来应支付的金额，但未来应支付金额与其现值相差较大的，如油井或核电站的弃置费用等，应当按照未来应支付金额的现值确定
	有确凿证据表明相关未来事项将会发生的，如未来技术进步、相关法规出台等，确定或有事项金额时应考虑相关未来事项的影响

确定或有事项的金额不应考虑预期处置相关资产形成的利得。在实务中，企业应当注意两点：一是不应当就未来经营亏损确认或有事项，二是不应当确认或有负债和或有资产。

或有负债，是指过去的交易或者事项形成的潜在义务，其存在须通过未来不确定事项的发生或不发生予以证实；或过去的交易或者事项形成的现时义务，履行该义务不是很可能导致经济利益流出企业或该义务的金额不能可靠计量的或有资产，是指过去的交易或者事项形成的潜在资产，其存在须通过未来不确定事项的发生或不发生予以证实。

二、或有事项的计量

或有事项的计量指与或有事项相关义务形成的预计负债的计量，主要涉及两方面：一是最佳估计数的确定，二是预期可获得补偿的处理。

(一)最佳估计数的确定

预计负债应当按照履行相关现时义务所需支出的最佳估计数进行初始计量。两种不同情形确定最佳估计数的具体介绍如表 11 -6 所示。

表 11 -6　最佳估计数的确定

两种情形	最佳估计数的确定
所需支出存在一个连续范围，且该范围内各种结果发生的可能性相同	按照该范围内的中间值，即上、下限金额的平均数确定
所需支出不存在一个连续范围，或者虽然存在一个连续范围但该范围内各种结果发生的可能性不相同	或有事项涉及单个项目的，按照最可能发生金额确定。“涉及单个项目”指或有事项涉及的项目只有一个，如一项未决诉讼、一项未决仲裁或一项债务担保等
	或有事项涉及多个项目的，按照各种可能结果及相关概率计算确定。“涉及多个项目”指或有事项涉及的项目不止一个，如在产品质量保证中，提出产品保修要求的可能有许多客户。相应地，企业对这些客户负有保修义务，应根据发生质量问题的概率及相关的保修费用计算确认应予确认的负债金额

(二)预期可获得的补偿

企业清偿预计负债所需支出全部或部分预期由第三方补偿的，补偿金额只有在基本确定能够收到时才能作为资产单独确认。确认的补偿金额不应当超过预计负债的账面价值，如图 11 –2 所示。

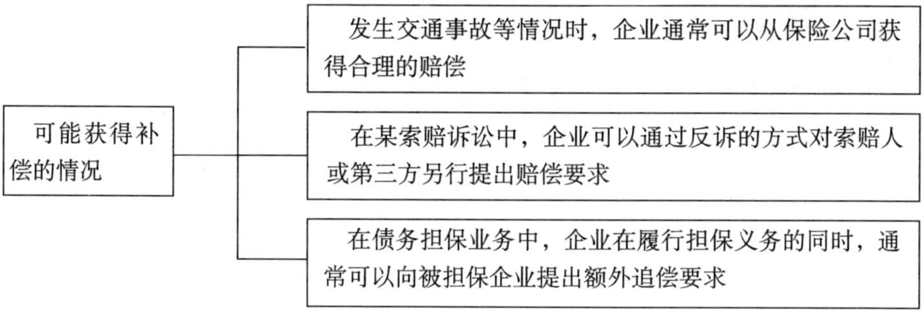

图 11 –2　可能获得补偿的情况

企业预期从第三方获得的补偿是一项潜在资产，其最终是否会转化为企业真正的资产(即企业是否能够收到这项补偿)具有较大不确定性，企业只能在基本确定能够收到补偿时才能对其进行确认。根据资产和负债不能随意抵销的原则，预期可获得的补偿在基本确定能够收到时才应当确认为一项资产，而不能作为预计负债金额的扣减。

补偿金额的确认涉及两个问题：一个确认时间，补偿只有在“基本确定”能够收到时才予以确认；二是确认金额，确认的金额是基本确定能够收到的金额，而且不能超过相关预计负债的金额。

(三)预计负债计量需要考虑的其他因素

预计负债计量需要考虑的其他因素如表 11 –7 所示。

表 11 –7　预计负债计量需要考虑的其他因素

预计负债计量需要考虑的其他因素	具体含义	具体解释
与或有事项有关的风险、不确定性	风险是对交易或事项结果的变化可能性的一种描述。风险的变动可能增加负债计量的金额。企业在不确定的情况下进行判断需要谨慎，使得收益或资产不会被高估，费用或负债不会被低估。但是，不确定性并不说明应当确认过多的预计负债和故意夸大负债	企业需要谨慎从事，充分考虑与或有事项有关的风险和不确定性，既不能忽略风险和不确定性对或有事项计量的影响，也要避免对风险和不确定性进行重复调整，从而在低估和高估预计负债金额之间寻找平衡点

（续表）

预计负债计量需要考虑的其他因素	具体含义	具体解释
货币时间价值	相关现时义务的金额通常应当等于未来应支付的金额。但是，因货币时间价值的影响，资产负债表日后不久发生的现金流出，要比一段时间之后发生的同样金额的现金流出负有更大的义务。所以，如果预计负债的确认时点距离实际清偿有较长的时间跨度，货币时间价值的影响重大，那么要通过对相关未来现金流出进行折现后确认最佳估计数。例如，油气井或核电站的弃置费用等，应当按照未来应支付金额的现值确定。确定预计负债的金额不应考虑预期处置相关资产形成的利得	折现需要注意三点：①用来计算现值的折现率，应当是反映货币时间价值的当前市场估计和相关负债特有风险的税前利率。②风险和不确定性既可以在计量未来现金流出时作为调整因素，也可以在确定折现率时予以考虑，但不能重复反映。③随着时间的推移，即使在未来现金流出和折现率均不改变的情况下，预计负债的现值也将逐渐增长。企业应当在资产负债表日，对预计负债的现值进行重新计量
未来事项	企业应当考虑可能影响履行现时义务所需金额的相关未来事项。也就是说，对于这些未来事项，如果有足够的客观证据表明它们将会发生，则应当在预计负债计量中予以反映	预期的未来事项可能对预计负债的计量较为重要。例如，某核电企业预计在生产结束时清理核废料的费用将因未来技术水平的提高而显著降低。那么，该企业因此确认的预计负债金额应当反映有关专家对技术发展以及清理费用减少作出的合理预测。但是，这种预计需要得到相当客观的证据予以支持
资产负债表日对预计负债账面价值的复核	在资产负债表日对预计负债的账面价值进行复核	有确凿证据表明该账面价值不能真实反映当前最佳估计数的，应当按照当前最佳估计数对该账面价值进行调整

【例 11－1】某化工企业对环境造成了污染，按照当时的法律规定，只需要对污染进行清理。随着国家对环境保护越来越重视，按照现行的法律规定，该企业不但需要对污染进行清理，还很可能要对企业附近的居民进行赔偿。这种法律要求的变化，会对企业预计负债的计量产生影响。企业应当在资产负债表日对为此确认的预计负债金额进行复核，相关因素发生变化表明预计负债金额不再能反映真实情况时，需要按照当前情况下企业清理和赔偿支出的最佳估计数对预计负债的账面价值进行相应的调整。

企业当期实际发生的担保诉讼损失金额与已计提的相关预计负债之间的差额，其不同的处理方法如图 11－3 所示。

企业当期实际发生的担保诉讼损失金额与已计提的相关预计负债之间的差额，应分别情况处理

- 企业在前期资产负债表日，依据当时实际情况和所掌握的证据合理预计了预计负债的，应当将当期实际发生的诉讼损失金额与已计提的相关预计负债之间的差额，直接计入或冲减当期营业外支出
- 企业在前期资产负债表日，依据当时实际情况和所掌握的证据原本应当能够合理估计诉讼损失，但企业所作的估计却与当时的事实严重不符（如未合理预计损失或不恰当地多计或少计损失），应当按照重大前期差错更正的方法进行处理
- 企业在前期资产负债表日，依据当时实际情况和所掌握的证据，确实无法合理预计诉讼损失，因而未确认预计负债的，则在该项损失实际发生的当期，直接计入当期营业外支出
- 资产负债表日后至财务报告批准报出日之间发生的需要调整或说明的未决诉讼，按照《企业会计准则第29号——资产负债表日后事项》的有关规定进行处理

图 11－3　企业当期实际发生的担保诉讼损失金额与已计提的相关预计负债之间的差额，应分别情况处理

第三节　或有事项会计处理原则的运用

“预计负债”科目的设置详情如表11－8所示。

表11－8　“预计负债”科目的设置

科目设置目的	核算内容	明细科目的设置
为了正确核算和披露预计负债，并区别于其他负债项目	借方反映实际发生的费用以及预计负债的冲销额，如支付产品维修费用、因败诉而支付的赔偿款等；贷方反映确认的预计负债金额；期末贷方余额反映企业已预计但尚未清偿的债务金额	分别不同性质设置“预计产品质量保证损失”、“预计未决诉讼损失”、“预计担保损失”、“预计重组损失”等明细科目，进行明细核算

一、产品质量保证

产品质量保证是企业为了树立信誉、扩大销售、提高市场竞争能力所采取的对于出售的产品附有的各种各样的质量保证，如对售出产品实行“三包”，即包退、包换和包修等措施。由于产品的质量问题通常在所难免，所以伴随企业对售出产品的质量保证而发生的费用，如修理费用等，其发生的可能性是相当肯定的，其发生的金额往往也可以根据以往经验合理预计，所以产品质量保证通常可以确认为一项预计负债。通常可以在产品售出后，根据产品质量保证条款的规定、产品的销售额以及预计质量保证费用的最佳估计数确认产品质量保证负债金额，在确认时，应借记“销售费用——预计产品质量保证损失”科目，贷记“预计负债——预计产品质量保证损失”科目；平时，实际发生产品质量保证费用时，应借记“预计负债——预计产品质量保证损失”科目，贷记“银行存款”等科目。

【例11－2】宝华公司是生产和销售空调器的企业。本年第一季度销售A型空调器5 000台，每台售价8 000元。宝华公司A型空调器的质量保证条款规定：产品在售出两年内如出现非意外事件造成的故障和质量问题，公司免费负责保修。根据以往经验，发生保修费一般为销售额的1%至3%之间。根据上述业务，宝华公司在第一季度应确认的产品质量保证负债金额为800 000元[(5 000×8 000)×(1%+3%)÷2]，应编制会计分录如下：

借：销售费用——预计产品质量保证损失　　800 000

　　贷：预计负债——预计产品质量保证损失　　800 000

若宝华公司在第一季度实际以银行存款支出的A型空调器维修费为50 000元，则应编制如下会计分录：

借：预计负债——预计产品质量保证损失　　50 000

　　贷：银行存款　　50 000

产品质量保证负债核算时还应注意：如果发现保证费用的实际发生额与预计数相差较大，应及时对预计比例进行调整；企业针对特定批次产品确认预计负债，在保修期结束时，应将“预计负债——预计产品质量保证损失”余额冲销，不留余额；已对其确认预计负债的产品，如企业不再生产，则应在相应的产品质量保证金期满后，将“预计负债——预计产品质量保证损失”余额冲销，不留余额。

二、未决诉讼

企业在经营活动中经常会涉及经济诉讼、仲裁等案件，但这些审理中的诉讼、仲裁事项将对企业的财务状况和经营成果产生多大影响，企业因此要承担多大风险，具有不确定性。如果这些未决诉讼引起的相关义务符合预计负债确认条件、预计败诉的可能性属于“很可能”，要发生的诉讼等费用也能可靠预计，则企业应将预计要发生的支出确认为预计负债，借记“营业外支出”、“管理费用”等科目，贷记“预计负债——预计未决诉讼损失”科目；因败诉实际支付诉讼等费用时，应借记“预计负债——预计未决诉讼损失”科目，贷记“银行存款”等科目。

【例11-3】2012年11月20日，通威公司从A银行取得一笔信用贷款50 000 000元，期限为1年，年利率为7.2%。2013年11月20日，通威公司的借款(本金和利息)到期。通威公司具有还款能力，但因与A银行之间存在其他经济纠纷，而未按时归还A银行的贷款。

A银行遂与通威公司协商，但未达成协议，于2013年12月20日向法院提起诉讼。截至2013年12月31日，法院尚未对A银行提起的诉讼进行审理。2013年12月31日，通威公司对此诉讼案件进行分析，认为如无特殊情况，本公司很可能败诉，为此不仅要偿还贷款本息，还需要支付罚息和承担诉讼费等费用。假设通威公司预计将要支付的罚息、诉讼费等费用估计为500 000元至600 000元之间，其中包括对方支付前诉讼费50 000元，则通威公司在2013年12月31日应确认的负债为550 000元[(500 000+600 000)/2]，编制会计分录如下：

借：管理费用——诉讼费　　50 000
　　营业外支出——罚息支出　　500 000
　　贷：预计负债——预计未决诉讼损失　　550 000

三、对外担保事项

企业对外提供担保可能产生的负债，如果符合预计负债的确认条件，应当确认为预计负债。

在担保涉及诉讼的情况下，如果企业已被判决败诉，则应当按照法院判决的应承担的损失金额，确认为预计负债，并计入当期营业外支出（不含诉讼费，实际发生的诉讼费应计入当期的“管理费用”，下同）；如果已判决被诉，但企业正在上诉，或者经上一级法院裁定暂缓执行，或者由上一级法院发回重审等，企业应当在资产负债表日，根据已有判决结果合理估计可能产生的损失金额，确认为预计负债，并计入当期营业外支出；如果法院尚未判决，企业应向其律师或法律顾问等咨询，估计败诉的可能性，以及败诉后可能发生的损失金额，并取得有关书面意见。如果败诉的可能性大于胜诉的可能性，并且损失金额能够合理估计的，应当在资产负债表日将预计担保损失金额，确认为预计负债，并计入当期营业外支出。

企业当期实际发生的担保诉讼损失金额与已计提的相关预计负债之间的差额，处理的详情如图11－4所示。

资产负债表日后至财务报告批准报出日之间发生的需要调整或说明的担保诉讼事项，按照资产负债表日后事项准则的有关规定进行会计处理。

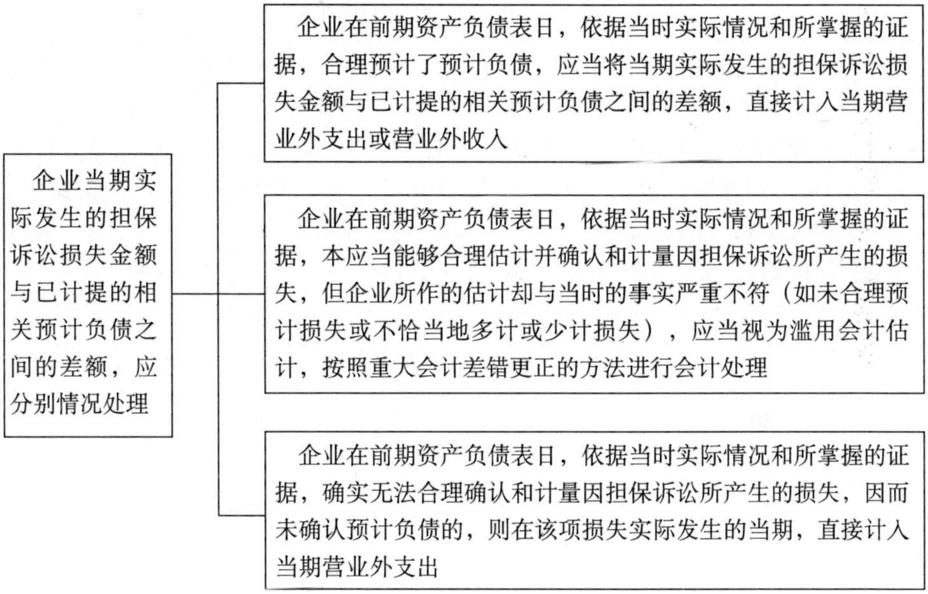

图 11－4　企业当期实际发生的担保诉讼损失金额与已计提的相关预计负债之间的差额，应分别情况处理

四、待执行合同变成亏损合同事项

待执行合同与亏损合同的对比如表 11－9 所示，对预计负债的说明如表 11－10 所示。

表 11－9　待执行合同与亏损合同的对比

合同名称	具体内容	相关内容
待执行合同	合同各方尚未履行任何合同义务，或部分地履行了同等义务的合同	企业与其他方签订的尚未履行或部分履行了同等义务的合同，如商品买卖合同、劳务合同租赁合同等，均属于待执行合同
亏损合同	履行合同义务不可避免会发生的成本超过预期经济利益的合同	根据或有事项准则的规定，待执行合同变成亏损合同的，该亏损合同产生的义务满足规定条件的，应当确认为预计负债

表 11－10　预计负债的说明

合同转换的会计处理	案例说明
企业在履行合同义务过程中，如发生的成本预期将超过与合同相关的未来流入的经济利益的，待执行合同即变成了亏损合同。此时，如果与该合同相关的义务不需支付任何补偿，即可撤销，通常不存在现时义务，不应确认预计负债。如果与该合同相关的义务不可撤销，企业就存在了现时义务，同时满足该义务很可能导致经济利益流出企业和金额能够可靠地计量的，通常应当确认预计负债	某公司 2009 年 1 月采用经营租赁方式租入生产线生产产品，租赁期 3 年，生产的产品预计每年均可获利。2010 年 12 月，市政规划要求公司迁址，加之宏观政策调整该公司决定停产上述产品，原经营租赁合同为不可撤销合同，还要持续 1 年，生产线无法转租给其他单位。此时，该公司执行原经营租赁合同发生的费用很可能超过预期获得的经济利益，该租赁合同变为亏损合同，应当在 2010 年 12 月 31 日根据未来期间（2011 年）应支付的租金确认预计负债
待执行合同变成亏损合同时，企业拥有合同标的资产的，应当先对标的资产进行减值测试并按规定确认减值损失，如预计亏损超过该减值损失，应将超过部分确认为预计负债。企业没有合同标的资产的，亏损合同相关义务满足规定条件时，应当确认为预计负债	商品销售合同属于待执行合同，在其售价低于成本时，该合同即变为亏损合同，该合同存在标的资产（存货）的，应当确认减值损失和存货跌价准备，不确认预计负债；如果合同不存在标的资产（存货），企业应在满足资产确认条件时确认预计负债

五、重组事项

重组事项的详细介绍如表 11－11 所示。

表 11－11　重组事项

定义	重组事项	重组与企业合并和债务重组的区别	承担重组义务的情况（同时存在）	案例说明
企业制定和控制的，将显著改变企业组织形式、经营范围或经营方式的计划实施行为	① 出售或终止企业的部分经营业务；② 对企业的组织结构进行较大调整；③ 关闭企业的部分营业场所，或将营业活动由一个国家或地区迁移到其他国家或地区	重组通常是企业内部资源的调整和组合，谋求现有资产效能的最大化；企业合并是在不同企业之间的资本重组和规模扩张；债务重组是债权人对债务人作出让步，债务人减轻债务负担，债权人尽可能减少损失	① 有详细、正式的重组计划，包括重组涉及的业务、主要地点、需要补偿的职工人数及其岗位性质、预计重组支出、计划实施时间等；② 该重组计划已对外公告	某公司董事会决定关闭一个事业部。如果有关决定尚未传达到受影响的各方，也未采取任何措施实施该项决定，表明该公司没有承担重组义务，不应确认预计负债；如果有关决定已经传达到受影响的各方，各方预期公司将关闭该事业部，通常表明公司开始承担重组义务，同时满足预计负债确认条件的，应当确认预计负债

注：根据或有事项准则的规定，企业承担的重组义务满足规定条件的，应当确认为预计负债。

企业应当按照与重组有关的直接支出确定预计负债金额。直接支出不包括留用职工岗前培训、市场推广、新系统和营销网络投入等支出。

六、或有事项的信息披露

企业应当在附注中披露与或有事项有关的信息情况，如表 11－12 所示。

表 11－12　企业应当在附注中披露与或有事项有关的下列信息

企业应在附注中披露与或有事项有关的信息	详细内容
预计负债	① 预计负债的种类、形成原因以及经济利益流出不确定性的说明； ② 各类预计负债的期初、期末余额和本期变动情况； ③ 与预计负债有关的预期补偿金额和本期已确认的预期补偿金额

（续表）

企业应在附注中披露与或有事项有关的信息	详细内容
或有负债（不包括极小可能导致经济利益流出企业的或有负债）	① 或有负债的种类及其形成原因，包括已贴现商业承兑汇票、未决诉讼、未决仲裁、对外提供担保等形成的或有负债。 ② 经济利益流出不确定性的说明。 ③ 或有负债预计产生的财务影响，以及获得补偿的可能性；无法预计的，应当说明原因
企业通常不应当披露或有资产	或有资产很可能会给企业带来经济利益的，应当披露其形成的原因、预计产生的财务影响等。在涉及未决诉讼、未决仲裁的情况下，如按照上述规定披露全部或部分信息预期对企业造成重大不利影响的，企业无需披露这些信息，但应当披露该未决诉讼、未决仲裁的性质，以及没有披露这些信息的事实和原因

第十二章
所有者权益

本章导读

从法律意义上讲，企业全部属于股东，但从经济的角度讲，只有所有者权益部分属于股东，而其余部分是属于债权人的。在本章中，我们重点学习以下内容：

☑ 所有者权益具体指什么，它和负债有什么区别。

☑ 所有者权益包括哪些内容。

☑ 什么是实收资本，如何进行会计核算。

☑ 什么是资本公积，如何进行会计核算。

☑ 什么是盈余公积，如何进行会计核算。

☑ 什么是未分配利润，如何进行会计核算。

第一节　所有者权益的性质及内容

一、所有者权益的概述

所有者权益的简要概述如表 12－1 所示。

表 12－1　所有者权益的简述

所有者权益定义	所有者权益构成要素	所有者权益和负债的联系	所有者权益和负债的区别
企业所有者对企业净资产的要求权，企业的净资产在数量上等于企业全部资产减去全部负债后的余额	实收资本（股本）、资本公积和留存收益	同属权益，都是对企业资产的要求权。企业的资产总额等于负债总额加上所有者权益总额	① 从本质上讲，所有者权益是所有者对企业剩余资产的要求权，是一种“剩余权益”，在顺序上置于债权人的要求权之后。即它是对企业资产中满足债权人的要求权之后的剩余部分的要求权；而负债则是企业对债权人应负担的义务。 ② 企业向有关债权人到期应支付的利息是按一定的利率计算的、预先可以确定的固定金额；而企业向所有者分配多少利润，则是根据企业的盈利情况、经营状况和企业的政策而定，一般是不固定的。 ③ 权利上的区别。作为企业负债对象的债权人与企业只有债权债务关系，无权参与企业的经营管理，也不参与企业的利润分配；而作为所有者权益对象的投资人则有法定参与管理企业或委托他人管理企业的权利，同时也有参与企业利润分配的权利。 ④ 每项负债必须在其发生时按规定的方法单独计价，即负债有明确的计价方法；而所有者权益的数量除了投资人投入资本以外，在企业存续期间的任一时点，都是按照一定的方法计量资产和负债以后形成的结果

第二节　实收资本

我国有关法律规定，投资者设立企业首先必须投入资本。《企业法人登记管理条例》规定，企业申请开业，必须具备国家规定的与其生产经营和服务规模相适应的资金。为了反映和监督投资者投入资本的增减变动情况，企业必须按照国家统一的会计制度的规定进行实收资本的核算，真实地反映所有者投入企业资本的状况，维护所有者各方在企业的权益。

一、取得实收资本的会计核算

取得实收资本的会计核算和账务处理规定如表 12 –2 所示。

表 12 –2　取得实收资本的会计核算

实收资本的会计核算	账务处理
股份有限公司应通过“股本”科目核算，除股份有限公司以外，其他各类企业应通过“实收资本”科目核算。企业收到所有者投入企业的资本后，应根据有关原始凭证（如投资清单、银行通知单等），分别不同的出资方式进行会计处理	企业接受投资者投入的资本，应借记“银行存款”、“其他应收款”、“固定资产”、“无形资产”、“长期股权投资”等科目；按其在注册资本或股本中所占份额，贷记“实收资本”科目（股份公司记“股本科目”）；按其差额，贷记“资本公积——资本溢价或股本溢价”科目

（一）接受现金资产投资

1. 股份有限公司接受现金资产投资

股份有限公司发行股票时，既可以按面值发行股票，也可以溢价发行（我国目前不准许折价发行）。股份有限公司在核定的股本总额及核定的股份总额的范围内发行股票时，应按实际收到的现金资产金额借记“银行存款”科目；按其所发行股票的面额，贷记“股本”科目；按照实际收到的现金金额与股票面额之间的差额，贷记“资本公积——资本溢价或股本溢价”科目。

【例12－1】星宇股份有限公司发行普通股1 000万股，每股面值1元，每股发行价格5元。假定股票发行成功，发行费用忽略不计，股款50 000 000元已全部收到。星宇股份公司对于以上的经济业务应作如下账务处理：

借：银行存款　　50 000 000
　　贷：股本　　10 000 000
　　　　资本公积——股本溢价　　40 000 000

2. 股份有限公司以外的企业接受现金资产投资

股份有限公司以外的企业接受现金资产投资，在账务处理上，与股份有限公司是一致的，只是所使用的科目名称有所区别，在股份有限公司中用“股本”科目，股份有限公司以外的企业使用“实收资本”。

【例12－2】甲、乙、丙共同投资设立A有限公司，注册资本为2 000 000元，甲、乙、丙持股比例分别为60%，25%和15%。按照章程规定，甲、乙、丙投入资本分别为120 000元、500 000元和3 300 000元。A公司已如期收到各投资者一次缴足的款项。A有限公司在进行会计处理时，应编制会计分录如下：

借：银行存款　　2 000 000
　　贷：实收资本——甲　　1 200 000
　　　　　　　　——乙　　500 000
　　　　　　　　——丙　　300 000

（二）接受非现金资产投资

接受非现金资产投资的会计处理规定如表12－3所示。

表 12－3 接受非现金资产投资的会计处理

《公司法》的规定	非现金资产投资		
	接受投入固定资产	接受实物投资	接受无形资产投资
股东可以用货币出资，也可以用实物、知识产权、土地使用权等可以用货币估价并可以依法转让的非货币财产作价出资；但是，法律、行政法规规定不得作为出资的财产除外。对作为出资的非货币财产应当评估作价，核实财产，不得高估或者低估作价。法律、行政法规对评估作价有规定的，从其规定。全体股东的货币出资金额不得低于有限责任公司注册资本的30%。不论以何种方式出资，投资者如在投资过程中违反投资合约，不按规定如期缴足出资额，企业可以依法追究投资者的违约责任	接受投资者作价投入的房屋、建筑物、机器设备等固定资产，应按投资合同或协议约定价值确定固定资产价值（但投资合同或协议约定价值不公允的除外）和在注册资本中应享有的份额	企业在接受股东或国家的原材料、固定资产等实物投资时，应对这些实物的价值进行评估，按投资各方确认的价值作为入账价值	对于投资人投入的各种无形资产，如专利权、商标权、著作权、土地使用权、非专利技术、商誉等，一般情况下，应以投资各方确认的价值作为入账价值。 企业收到投资人投入的无形资产时，应按确认的价值，借记“无形资产”科目，贷记“实收资本”科目

【例 12－3】甲有限公司于设立时收到乙公司作为资本投入的不需要安装的机器设备一台，合同约定该机器设备的价值为 2 000 000 元，增值税进项税额为 340 000 元（假设不允许抵扣）。合同约定的固定资产价值与公允价值相符，不考虑其他因素，甲有限公司进行会计处理时，应编制会计分录如下：

借：固定资产 2 340 000

　　贷：实收资本——乙公司 2 340 000

本例中，该项固定资产合同约定的价值与公允价值相符，并且甲公司接受的固定资产投资产生的相关增值税进项税额不允许抵扣，因此，固定资产应按合同约定价值与增值税进项税额的合计金额 2 340 000 元入账。甲公司接受乙公司投入的固定资产按合同约定全额作为实收资本，因此，可按 234 000 元的金额贷记“实收资本”科目。

【例 12－4】星兴公司收到 A 公司按合资协议投入的原材料一批，双方所确认的价值为 234 000 元，其中增值税为 34 000 元。编制会计分录如下：

借：原材料　200 000

　　应交税费——应交增值税(进项税额)　34 000

　　贷：实收资本　234 000

【例 12－5】立兴建筑工程公司接受 C 公司以一项专利权作为投资，该项专利权经双方商定确认其价值为 100 000 元。立兴建筑工程公司在取得该项专利的使用权时，编制会计分录如下：

借：无形资产——专利权　100 000

　　贷：实收资本　100 000

(三)实收资本(或股本)的增减变动

一般情况下，企业的实收资本应相对固定不变，但在某些特定情况下，实收资本也可能发生增减变化。

实收资本(或股本)的增减变动如表 12－4 所示。

表 12－4　实收资本(或股本)的增减变动

企业法人登记管理条例的规定	实收资本(或股本)的增加	实收资本(或股本)的减少
除国家另有规定外，企业的注册资金应当与实收资本相一致，当实收资本比原注册资金增加或减少的幅度超过 20% 时，应持资金信用证明或者验资证明，向原登记主管机关申请变更登记。如擅自改变注册资本或抽逃资金，要受到工商行政管理部门的处罚	三个途径：接受投资者追加投资、资本公积转增资本和盈余公积转增资本 由于资本公积和盈余公积均属于所有者权益，用其转增资本时，如果是独资企业比较简单，直接结转即可。如果是股份公司或有限公司，应该按照原投资者出资比例相应增加各投资者的出资额	企业减少实收资本应按法定程序报经批准，股份有限公司采用收购本公司股票方式减资的，按股票面值和注销股数计算的股票面值总额冲减股本，所注销库存股的账面余额与所冲减股本的差额冲减股本溢价，股本溢价不足冲减的，再冲减盈余公积直至未分配利润。如果购回股票支付的价款低于面值总额的，所注销库存股的账面余额与所冲减股本的差额作为增加股本溢价处理

【例12-6】甲、乙、丙三人共同投资设立A有限公司，甲、乙、丙原来的持股比例分别是12.5%、50%、37.5%。为扩大经营规模，经股东会表决通过，甲、乙、丙三位股东按照原出资比例分别追加投资125 000元、500 000元和375 000元。A公司如期收到甲、乙、丙追加的现金投资后，进行了以下的账务处理：

借：银行存款　　1 000 000

　　贷：实收资本——甲　　125 000

　　　　　　　　——乙　　500 000

　　　　　　　　——丙　　375 000

【例12-7】星宇股份公司2012年8月1日发行的总股本为1亿股，面值为1元，资本公积（股本溢价）30 000 000元，盈余公积40 000 000元。经股东大会批准，立兴建筑工程公司以现金在证券市场上回购本公司股票并计划予以注销。

① 当回购成本低于股票总面额时，增加资本公积时的账务处理。

假定A公司按每股0.9元回购2 000万股股票，其他条件不变，A公司的会计处理如下。

回购本公司股票时：

库存股成本 = 20 000 000 × 0.9 = 18 000 000（元）。

借：库存股　　18 000 000

　　贷：银行存款　　18 000 000

注销本公司股票时：

由于折价回购，回购股票总面额与库存股成本的差额2 000 000元应作为增加资本公积处理。

应增加的资本公积 = 20 000 000 × 1 - 20 000 000 × 0.9 = 2 000 000（元）。

借：股本　　20 000 000

　　贷：库存股　　18 000 000

　　　　资本公积——股本溢价　　2 000 000

② 当回购成本高于股票总面额时，只冲减资本公积时的账务处理。

假定A公司按每股2.1元回购股票2 000万股，不考虑其他因素，A公司的会计处理如下。

回购本公司股票时：

回购库存股的成本 =20 000 000 ×2. 1 =42 000 000（元）。

借：库存股　　42 000 000

　　贷：银行存款　　42 000 000

注销本公司股票时：

应冲减的资本公积 = 20 000 000 × 2. 1 － 20 000 000 × 1 = 22 000 000（元）。

借：股本　　20 000 000

　　资本公积——股本溢价　　22 000 000

　　贷：库存股　　42 000 000

③ 当回购成本高于股票总面额时，需要冲减资本公积和盈余公积时账务处理。

假定 A 公司按每股 3 元回购股票，其他条件不变，由于应冲减的资本公积大于公司现有的资本公积，所以只能冲减资本公积 30 000 000 元，剩余的 10 000 000 元应冲减盈余公积。A 公司的会计处理如下：

回购本公司股票时：

借：库存股　　60 000 000

　　贷：银行存款　　60 000 000

库存股成本 =20 000 000 ×3 =60 000 000（元）。

注销本公司股票时：

应冲减的资本公积 =20 000 000 ×3 －20 000 000 ×1 =40 000 000（元）。

因为差额大于资本公积的全额，在冲减了全部的资本公积之后，还要冲减盈余公积。

借：股本　　20 000 000

　　资本公积——股本溢价　　30 000 000

　　盈余公积　　10 000 000

　　贷：库存股　　60 000 000

第三节 资本公积

一、资本公积的概念与组成

资本公积的概念与组成如表 12－5 所示。

表 12－5 资本公积的概念与组成

资本公积的定义	资本溢价（或股本溢价）的定义	直接计入所有者权益的利得和损失的定义	资本公积核算内容
企业收到投资者的超出其在企业注册资本（或股本）中所占份额的投资，以及直接计入所有者权益的利得和损失等。资本公积包括资本溢价（或股本溢价）和直接计入所有者权益的利得和损失等	企业收到投资者的超出其在企业注册资本（或股本）中所占份额的投资。形成资本溢价（或股本溢价）的原因有溢价发行股票、投资者超额缴入资本等	不应计入当期损益、会导致所有者权益发生增减变动的、与所有者投入资本或者向所有者分配利润无关的利得或者损失	包括资本溢价（或股本溢价）的核算、其他资本公积的核算和资本公积转增资本的核算等内容

二、资本溢价（或股本溢价）的核算

（一）资本溢价

股份有限公司以外的其他类型的企业在创立时，投资者认缴的出资额与注册资本一致，一般不会产生资本溢价。但在企业重组或有新的投资者加入时，常常会出现资本溢价。新加入的投资者往往要付出大于原投资者的出资额，才能取得与原投资者相同的出资比例。投资者多缴的部分就形成了资本溢价。

【例12-8】立兴建筑工程公司由甲、乙两位股东在2011年设立，成立时各出资300 000元。2012年5月，丙投资者以实际出资400 000元、占有该公司1/3的股份为条件加入该公司。该公司变更登记后的注册资本为900 000元，甲、乙、丙三位股东各占1/3的股份。该公司收到丙股东的出资时，编制会计分录如下：

借：银行存款　　400 000

　　贷：实收资本　　300 000

　　　　资本公积——资本溢价　　100 000

本例中，立兴建筑工程公司收到第三位投资者的现金投资400 000元中，300 000元属于第三位投资者在注册资本中所享有的份额，应记入“实收资本”科目；100 000万元属于资本溢价，应记入“资本公积——资本溢价”科目。

(二)股本溢价

股份有限公司是以发行股票的方式筹集股本的，股票可按面值发行，也可按溢价发行，我国目前不准折价发行。与其他类型的企业不同，股份有限公司在成立时可能会溢价发行股票，因而在成立之初就可能会产生股本溢价。股本溢价的数额等于股份有限公司发行股票时实际收到的款额超过股票面值总额的部分。

在按面值发行股票的情况下，企业发行股票取得的收入，应全部作为股本处理；在溢价发行股票的情况下，企业发行股票取得的收入，等于股票面值部分作为股本处理，超出股票面值的溢价收入应作为股本溢价处理。

发行股票相关的手续费、佣金等交易费用，如果是溢价发行股票的，应从溢价中抵扣，冲减资本公积(股本溢价)；无溢价发行股票或溢价金额不足以抵扣的，应将不足抵扣的部分冲减盈余公积和未分配利润。

【例12-9】星宇股份有限公司首次公开发行了普通股50 000 000股，每股面值1元，每股发行价格为4元。B公司以银行存款支付发行手续费、咨询费等费用共计6 000 000元。假定发行收入已全部收到，发行费用已全部支付，不考虑其他因素，B公司的会计处理如下。

① 收到发行收入时。

借：银行存款　　200 000 000

　　贷：股本　　50 000 000

　　　　资本公积——股本溢价　　150 000 000

应增加的资本公积 =50 000 000 ×(4 -1) =150 000 000(元)。

本例中，星宇股份有限公司溢价发行普通股，发行收入中等于股票面值的部分50 000 000元应记入“股本”科目，发行收入超出股票面值的部分150 000 000元记入“资本公积——股本溢价”科目。

② 支付发行费用时。

借：资本公积——股本溢价　　6 000 000

　　贷：银行存款　　6 000 000

本例中，星宇股份有限公司的股本溢价150 000 000元高于发行中发生的交易费用6 000 000元，因此，交易费用可从股本溢价中扣除，作为冲减资本公积处理。

三、其他资本公积的核算

其他资本公积是指除资本溢价(或股本溢价)项目以外所形成的资本公积，其中主要是直接计入所有者权益的利得和损失。本书以因被投资单位所有者权益的其他变动产生的利得或损失为例，介绍相关的其他资本公积的核算。

企业对某被投资单位的长期股权投资采用权益法核算的，在持股比例不变的情况下，对因被投资单位除净损益以外的所有者权益的其他变动，如果是利得，则应按持股比例计算其应享有被投资企业所有者权益的增加数额；如果是损失，则编制相反的分录。在处置长期股权投资时，应转销与该笔投资相关的其他资本公积。

【例12 -10】鹏华有限责任公司于2012年2月1日向福华公司投资8 000 000元，拥有该公司20%的股份，并对该公司有重大影响，因而对福华公司长期股权投资采用权益法核算。2013年1月31日，福华公司净损益之外的所有者权益增加了1 000 000元。假定除此以外，福华公司的所有者权益没有变化，鹏华有限责任公司的持股比例没有变化，福华公司资产的账面价值与公允价值一致，不考虑其他因素。鹏华有限责任公司的会计分录如下：

借：长期股权投资——福华公司　　200 000
　　贷：资本公积——其他资本公积　　200 000

鹏华有限责任公司增加的资本公积 = 1 000 000 元 × 20% = 200 000（元）。

本例中，鹏华有限责任公司对福华公司的长期股权投资采用权益法核算，持股比例未发生变化，福华公司发生了除净损益之外的所有者权益的其他变动，鹏华有限责任公司应按其持股比例计算应享有的福华公司权益的数额200 000元，作为增加其他资本公积处理。

四、资本公积转增资本的核算

经股东大会或类似机构决议，用资本公积转增资本时，应冲减资本公积，同时按照转增前的实收资本（或股本）的结构或比例，将转增的金额记入“实收资本”（或“股本”）科目下各所有者的明细分类账。

第四节　留存收益

一、留存收益概述

留存收益是指企业从历年实现的利润中提取或形成的留存于企业的内部积累，包括盈余公积和未分配利润两类。

盈余公积是指企业按照有关规定从净利润中提取的积累资金。公司制企业的盈余公积包括法定盈余公积和任意盈余公积。法定盈余公积是指企业按照规定的比例从净利润中提取的盈余公积。任意盈余公积是指企业按照股东会或股东大会决议提取的盈余公积。

企业提取的盈余公积可用于弥补亏损、扩大生产经营、转增资本或派送新股等。

未分配利润是指企业实现的净利润经过弥补亏损、提取盈余公积和向投资者分配利润后留存在企业的、历年结存的利润。相对于所有者权益的其他部分来说，企业对于未分配利润的使用有较大的自主权。

二、留存收益的账务处理

(一)利润分配

利润分配是指企业根据国家有关规定和企业章程、投资者协议等，对企业当年可供分配的利润所进行的分配。公式如下：

可供分配的利润 = 当年实现的净利润(或净亏损) + 年初未分配利润(- 年初未弥补亏损) + 其他转入

利润分配的顺序依次是：① 提取法定盈余公积；② 提取任意盈余公积；③ 向投资者分配利润。

企业应通过“利润分配”科目，核算企业利润的分配(或亏损的弥补)和历年分配(或弥补)后的未分配利润(或未弥补亏损)。该科目应分别“提取法定盈余公积”、“提取任意盈余公积”、“应付现金股利或利润”、“盈余公积补亏”、“未分配利润”等进行明细核算。企业未分配利润通过“利润分配——未分配利润”明细科目进行核算。

年度终了，企业应将全年实现的净利润或发生的净亏损，自“本年利润”科目转入“利润分配——未分配利润”科目，并将“利润分配”科目所属其他明细科目的余额，转入“未分配利润”明细科目。结转后，“利润分配——未分配利润”科目如为贷方余额，表示累计未分配的利润数额；如为借方余额，则表示累计未弥补的亏损数额。

【例 12 - 11】鹏远建筑股份有限公司年初未分配利润为 0，本年实现净利润 2 000 000 元，本年提取法定盈余公积 200 000 元，宣告发放现金股利 800 000 元，假定不考虑其他因素，鹏远建筑股份有限公司应编制如下会计分录：

① 结转实现净利润时。

借：本年利润　　2 000 000

　　贷：利润分配——未分配利润　　2 000 000

如企业当年发生亏损，则应借记“利润分配——未分配利润”科目，贷记“本年利润”科目。

② 提取法定盈余公积、宣告发放现金股利时。

借：利润分配——提取法定盈余公积　200 000
　　　　　　——应付现金股利　800 000
　　贷：盈余公积　200 000
　　　　应付股利　800 000

同时，

借：利润分配——未分配利润　1 000 000
　　贷：利润分配——提取法定盈余公积　200 000
　　　　　　　　——应付现金股利　800 000

结转后，如果“未分配利润”明细科目的余额在贷方，表示累计未分配的利润；如果余额在借方，则表示累计未弥补的亏损。本例中，“利润分配——未分配利润”明细科目的余额在贷方，此贷方余额1 000 000元(本年利润2 000 000 - 提取法定盈余公积200 000 - 应付现金股利800 000)即为鹏远建筑股份有限公司本年年末的累计未分配利润。

(二)盈余公积

按照《公司法》有关规定，公司制企业应按照净利润(减弥补以前年度亏损，下同)的10%提取法定盈余公积。按照《企业所得税法》规定，以前年度亏损(5年内)可用税前利润弥补，从第6年起只能用税后利润弥补。非公司制企业法定盈余公积的提取比例可超过净利润的10%。法定盈余公积累计额已达注册资本的50%时可以不再提取。值得注意的是，如果以前年度未分配利润有盈余(即年初未分配利润余额为正数)，在计算提取法定盈余公积的基数时，不应包括企业年初未分配利润；如果以前年度有亏损(即年初未分配利润余额为负数)，应先弥补以前年度亏损再提取盈余公积。

公司制企业可根据股东大会的决议提取任意盈余公积。非公司制企业经类似权力机构批准，也可提取任意盈余公积。法定盈余公积和任意盈余公积的区别在于其各自计提的依据不同，前者以国家的法律法规为依据，后者由企业的权力机构自行决定。

企业提取的盈余公积经批准可用于弥补亏损、转增资本、发放现金股利或利润等。

1. 提取盈余公积

企业按规定提取盈余公积时，应通过“利润分配”和“盈余公积”等科目核算。

【例 12－12】鹏远建筑股份有限公司本年实现净利润为 5 000 000 元，年初未分配利润为 0。经股东大会批准，鹏远建筑股份有限公司按当年净利润的 10% 提取法定盈余公积。假定不考虑其他因素，鹏远建筑公司应编制如下会计分录：

借：利润分配——提取法定盈余公积　　500 000
　　贷：盈余公积——法定盈余公积　　500 000

本年提取法定盈余公积金额 = 5 000 000 × 10% = 500 000（元）。

2. 盈余公积补亏

【例 12－13】经股东大会批准，鹏远建筑股份有限公司用以前年度提取的盈余公积弥补当年亏损，当年弥补亏损的数额为 600 000 元。假定不考虑其他因素，鹏远建筑公司应编制如下会计分录：

借：盈余公积　　600 000
　　贷：利润分配——盈余公积补亏　　600 000

3. 盈余公积转增资本

【例 12－14】因扩大经营规模需要，经股东大会批准，鹏远建筑股份有限公司有限公司将盈余公积 400 000 元转增股本。假定不考虑其他因素，鹏远公司应编制如下会计分录：

借：盈余公积　　400 000
　　贷：股本　　400 000

4. 用盈余公积发放现金股利或利润

【例 12－15】鹏远建筑股份有限公司 2012 年 12 月 31 日普通股股本为 50 000 000 股，每股面值 1 元，可供投资者分配的利润为 5 000 000 元，盈余公积为 20 000 000 元。2004 年 3 月 20 日，股东大会批准了 2003 年度利润分配方案，以 2012 年 12 月 31 日为登记日，按每股 0.2 元发放现金股利。

鹏远建筑股份有限公司共需要分派10 000 000元现金股利，其中动用可供投资者分配的利润5 000 000元、盈余公积5 000 000元。假定不考虑其他因素，鹏远建筑股份有限公司应编制如下会计分录：

① 发放现金股利时。

借：利润分配——应付现金股利	5 000 000	
盈余公积	5 000 000	
贷：应付股利		10 000 000

② 支付股利时。

借：应付股利	10 000 000	
贷：银行存款		10 000 000

本例中，鹏远建筑股份有限公司经股东大会批准，以未分配利润和盈余公积发放现金股利，属于以未分配利润发放现金股利的部分5 000 000元应记入“利润分配——应付现金股利”科目，属于以盈余公积发放现金股利的部分5 000 000元应记入“盈余公积”科目。

第十三章
工程成本

本章导读

在施工企业会计中，最大的难点就在于工程成本的会计核算。因为施工项目具有周期长、成本类别繁多、价值的转移方式不尽相同等诸多特点，导致了工程成本计算的复杂性。认真做好成本核算工作，对于加强成本管理、促进增产节约、发展企业生产都有着重要的意义。

在本章中，我们将重点学习以下内容：

☑ 什么是工程成本，它包括哪些内容。
☑ 成本管理的内容包括哪些，它们之间是如何联系的。
☑ 加强成本管理的意义和对象有哪些。
☑ 组织成本核算有哪些基本要求。
☑ 什么是成本核算对象，怎样确定工程成本核算对象。
☑ 正确计算成本，必须划清哪几方面的费用界限。
☑ 简述工程成本核算的程序，计算工程成本一般应设置哪些会计科目。
☑ 机械使用费包括哪些内容，如何进行费用的归集和分配。
☑ 什么叫“已完工程”，什么叫“未完工程”，为什么必须将施工工程分为已完工程和未完工程，未完工程成本是怎样进行计算的。

第一节　工程成本概述

施工企业在其存续期间内，为了进行施工生产而发生的各种耗费，可以笼统地称之为施工成本费用。在施工企业的会计核算实务中，为了准确地核算每一个施工项目的成本耗费，以比较各种工程项目的经济效益，往往需要把与生产有直接关系的生产费用，以各个单项工程为对象，按一定的方法进行归集，就构成各项工程的工程成本。

施工企业工程成本的会计核算，就是对在一定时期内的费用成本支出的归集，分配，再归集，再分配和工程成本形成的会计核算，它是施工企业会计核算的主要内容。

一、工程成本的概念与分类

工程成本的概念与分类如表 13－1 所示。

表 13－1　工程成本的概念与分类

<table>
<tr><th rowspan="3">工程成本的概念</th><th colspan="3">工程成本的分类</th></tr>
<tr><td colspan="3">根据建筑安装工程的特点和工程成本管理的要求划分</td></tr>
<tr><td>工程
预算成本</td><td>工程
计划成本</td><td>工程
实际成本</td></tr>
<tr><td>施工企业为进行某一项工程的施工所发生的直接人工、直接材料、机械使用费、其他直接费用和间接费用的总和，构成了施工企业的工程成本。施工企业在施工过程中，一方面生产出建筑产品，另一方面消耗一定数量的人力、物力和财力，这些消耗的货币表现即为施工费用。也就是说，施工费用是指施工企业在生产经营过程中发生的各种耗费。费用包括工程成本和期间费用两部分。
一般而言，工程成本是依据配比性原则，可以和某一项工程的施工收入相联系配比的，而期间费用很难和某一项工程的施工收入相联系配比，它作为施工企业整体的支出，作为企业当期的一项成本耗费，从当期的总收入中扣除</td><td>指施工企业根据施工图纸设计确定的建筑安装工程实物量和国家或地区制定的预算定额、预算单价以及有关收费标准计算确定的工程成本</td><td>指施工企业以工程预算为基础，根据确定的一定时期降低成本的目标，结合工程实际情况，在充分考虑可以达到的实际能力前提下，计算得出的工程成本</td><td>指施工企业为了完成特定的建筑安装工程任务，按照确定的工程成本核算对象和成本项目归集的实际成本</td></tr>
</table>

二、工程成本项目的内容

建筑安装工程成本，是施工企业在生产经营过程中，为完成一定数量的建筑工程和安装工程所发生的费用总和。它是全面反映经营管理工作质量的一个综合指标。

《企业会计制度》第九十四条规定："建筑承包商建造工程合同成本应当包括从合同签订开始至合同完成所发生的、与执行合同有关的直接费用和间接费用"。建造工程合同成本在施工企业通常称为建筑安装工程成本，具体分类如图 13－1 所示。

- 工程成本
  - 直接费用
    - 材料费：指在施工过程中所耗用的、构成工程实体或有助于工程形成的各种主要材料、外购结构件（包括内部独立核算附属工业企业供应的结构件）的费用，以及周转材料的摊销及租赁费用
    - 人工费：指在施工过程中所耗用的、构成工程实体或有助于工程形成的各种主要材料、外购结构件（包括内部独立核算附属工业企业供应的结构件）的费用，以及周转材料的摊销及租赁费用
    - 机械使用费：是指建筑安装工程施工过程中使用施工机械所发生的费用（包括机上操作人员人工费，燃料、动力费，机械折旧、修理费，替换工具及部件费，润滑及擦拭材料费，安装、拆卸及辅助设施费，养路费，牌照税，使用外单位施工机械的租赁费，以及保管机械而发生的保管费等）和按照规定支付的施工机械进出场费等
    - 其他直接费用：是指直接费用以外的施工过程中发生的其他费用。同材料费、人工费、机械使用费相比，其他直接费用具有较大弹性。就具体单项资产（单位工程）来讲，可能发生也可能不发生，需要根据现场具体施工条件加以确定。具体包括设计有关的技术援助费用、施工现场材料的二次搬运费、生产工具和用具使用费、检验试验费、工程定位复测费、工程清点交割费用、场地清理费用等其他直接费用
  - 间接费用：是企业下属的施工单位或生产单位为组织和管理施工生产活动所发生的费用，通常是指分公司或项目经理部为施工准备、组织施工生产和管理所需的费用，包括临时设施摊销费用和施工、生产单位管理人员工资、奖金、职工福利费、劳动保护费、固定资产折旧费及修理费、物料消耗、低值易耗品摊销、取暖费、水电费、办公费、差旅费、财产保险费、工程保修费、排污费等

图 13－1　工程成本项目的内容

间接费用应当在期末按照合理的方法分摊计入合同成本，与合同有关的零星收益，如合同完成后处置残余物资取得的收益，应当冲减合同成本。

三、工程成本核算的重要作用

工程成本按其经济实质来说，是工程价值的重要组成部分。工程成本的高低，直接体现着企业工程价款中用于生产耗费补偿数额的大小。在完成的施工工程量不变的情况下，工程成本越低，用于生产耗费补偿的数额就越小，企业的盈利也就越多；反之，企业的盈利就少，甚至连简单再生产也难以维持。因此，节约耗费，降低工程成本，是增加企业利润、提高经济效益、实现企业扩大再生产的重要途径，也是在工程项目实行招标承包制下，增加企业竞争能力的关键。

工程成本核算是建筑工程成本管理的基础，是进行成本预测、成本决策、成本计划、成本控制、成本分析、成本考核各项工作的主要信息源，同时也是企业进行成本控制的重要实施手段。工程成本核算的意义如图 13－2 所示。

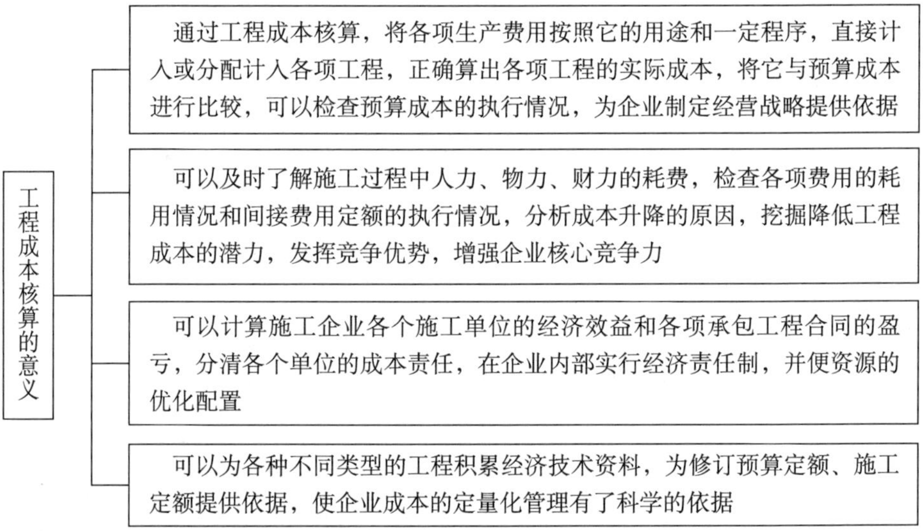

图 13－2　工程成本核算的意义

由此可见，工程成本既是一个价值范畴，又是一个反映企业经济效益的综合性指标，正确地组织工程成本核算，科学地计算和确定工程成本，对于促进企业加强经济核算，改善经济管理，进行经济预测和参与经济决策等都有着十分重要的作用。

四、工程成本核算的基本要求

(一)严格遵守国家规定的工程成本开支范围与标准

按照《企业会计准则》的要求，一切与生产经营有关的各项耗费，都应计入企业的成本费用。凡不属于上述成本的开支，均不得计入成本。在审核过程中，对于符合国家财经制度和企业计划、定额，有利于企业发展生产的费用开支，要积极支持，否则就要坚决抵制。

企业应按规定的成本项目，汇集生产经营过程中发生的各项支出。因此要通过成本核算加强成本管理，应在成本发生之前就加强审核和控制。严格遵守成本费用开支范围，正确组织成本费用核算。

根据新《企业会计准则》的规定：建筑工程成本项目包括人工费、材料费、机械使用费、其他直接费和间接费用；管理费用、财务费用单独核算，直接从当期收益中扣除，不计入施工成本。

(二)正确划分各种费用的界限

1. 正确划分资本性支出与收益性支出的界限

凡支出的效益涉及几个会计年度的，应作为资本性支出，如固定资产的购建和购入无形资产均属于资本性支出，应作增加资产处理，在以后使用过程中再逐渐通过折旧和摊销方式计入成本。凡支出的效益仅涉及本年度的，应作为收益性支出，如各种直接费用、间接费用及期间费用均属于收益性支出。直接费用与间接费用构成企业生产经营成本，期间费用不计入成本，单独核算。二者的支出全部由当期收益抵偿。要严格划分资本性支出与收益性支出的界限，坚决杜绝将资本性支出列为收益性支出的做法。

2. 正确划分生产费用及期间费用的界限

按照成本核算的要求，生产费用计入产品的生产经营成本，期间费用不能计入产品成本，只能列入当期损益，因此为了正确核算成本，必须将生产费用和期间费用严格划分开。

3. 正确划分成本计算期的费用界限

按照权责发生制原则，企业在核算成本、费用中，凡应由本期负担而尚未支出的费用，应作为预提费用计入本期成本、费用；凡已经支付、应由本期和以后各期负担的费用，应作为待摊费用，分期摊入成本费用；本期发生的费用要全部在本期入账，不应延至下期或提前结账。只有按照权责发生制原则，正确计算本期费用，正确计算待摊费用与预提费用并按合同完工进度准确计量成本、费用，才能正确划分各期费用界限，正确计算各期产品、工程成本而不允许利用任意多提或少提待摊费用和预提费用的办法调节各月产品、工程成本。

4. 正确划分各项工程的费用界限

为了分别考核和分析各项工程(一般是单项合同或单位工程)的成本计划完成情况，还必须将应由本期工程成本负担的生产费用在各项工程之间进行划分。凡能分清应由哪个产品、哪项工程负担的直接费用，应直接计入该产品、工程成本。若由几项工程共同耗用，分不清应由哪个工程负担的间接费用，要采用适当的分配方法，分配计入各个产品、各项工程成本。分配的方法要合理、简便，各项工程之间不允许任意增减费用，保“重点”、以盈补亏。

5. 正确划分已完工程和未完工程的界限

月末，将各项生产费用计入各项工程的成本以后，如果某项工程已全部完工(竣工)，则各项费用之和就是该项工程本月完成部分的成本。如果工程尚未完工(竣工)，还必须将计入该项工程的生产费用，在本月已完工程(即已完成预算定额规定的全部工序、可向客户办理结算的分部分项工程)和未完工程(又称未完施工)之间进行分配，以便计算本月已完工程和月末未完工程成本。所采用的分配方法也要合理简便。不允许任意提高或降低月末未完工程、在产品成本，人为地调节已完工程的成本。

正确划分以上这5个方面费用的界限很重要，划分的过程也就是计算工程成本的过程。划分正确，成本计算也正确。生产费用划分过程如图13－3所示。

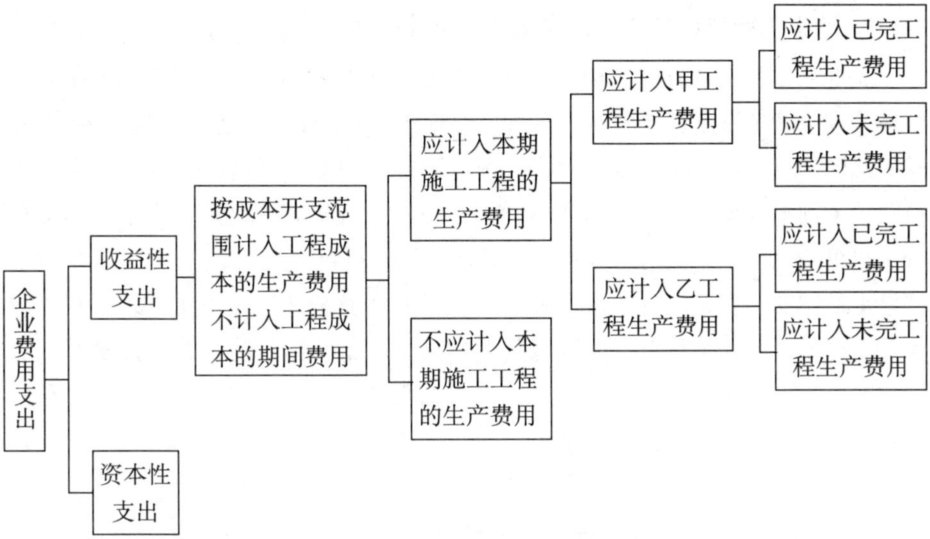

图 13－3　企业生产费用分类图

(三) 加强基础工作，保证成本计算资料的质量

为了保证成本计算的数字真实可靠，要做好各项与成本计算密切相关的基础工作，使施工过程中的劳动消耗和施工活动的经济效益及时、正确地反映出来。在这些基础工作中，除了制定符合企业实际情况的各项施工定额外，还包括材料物资的计量、验收、领退、保管制度和各项消耗的原始记录。

1. 科学地制定定额标准

定额是用数量来控制企业施工经营活动的手段。施工企业的施工定额是在一定的施工技术和施工组织条件下，企业在人力、物力、财力的利用和消耗方面应当遵守和达到的标准。它和据以计算工程造价的预算定额不同。预算定额是建筑生产部门的平均定额，而施工定额是企业定额。因此，施工定额是编制企业计划的依据，也是进行成本控制和分析的依据。正确制订施工定额，对于推动企业厉行节约、提高经济效益、降低工程成本具有重要的意义。

施工企业的施工定额，主要有劳动定额、材料消耗定额、机械设备利用定额、工具消耗定额、费用定额等。劳动定额据以签发"工程任务单"，考核班组工效；材料消耗定额据以签发"领料单"，考核班组消耗；机械设备利用定额和工具消耗定额，据以考核机械设备效率和工具节约情况；费用定额据以控制费用开支。各项施工定额既要积极先进，又要切合实际。在制订定额时，要充分发动群众，并且注意结合本企业的施工条件和施工组织管理水平。

2. 严格执行资金的收支、物资的进出等各项手续

企业对于资金的收支、物资的进出，都应同有关部门密切配合，严格凭证手续，健全管理制度，克服收支不清、手续不全的现象。工程施工所需的材料，从采购到领用，都要有计量、验收、领退手续。如果材料进场不验收，供应单位账单上列多少就算多少，不仅不利于企业的经济核算，而且还会给贪污盗窃分子以可乘之机。企业内部各单位、各部门领用材料时，都要办理必要的手续，严格审批制度。现场进料的数量要与工程用料预算相适应，防止多进材料，以免往返运输。各施工班组耗用的材料要按施工定额发给，防止造成浪费，用剩的材料要办理退库或转移手续。月末，现场已领未用材料要进行盘点。库存材料要定期进行清查，做到账物相符，防止差错和变质。对于大堆材料，如砖、瓦、砂、石等，也应采取一些简便易行的计量方法，定期进行盘点。

3. 认真做好原始记录，保存好各种原始凭证

原始记录是企业经济业务实际发生或完成情况的书面证明，是明确经济责任并据以记账的依据。如果原始记录不可靠，工程成本计算就不会正确。为此，我们必须根据部门分工，建立和健全原始记录的填制、审核和交接等责任制度，使每项原始记录都有人负责。对施工经营管理过程中发生的各项经济业务，如对材料的验收、领退、转移和盘点，工时的消耗，机械设备的利用，费用的开支，月末已完工程的盘点等，都要正确、及时地做好原始记录，以便正确计算材料消耗，合理分配工资和其他施工费用，做到物资进出有手续，工时消耗有数据，工完料清出成本。

(四)健全企业内部成本核算的其他工作

1. 企业必须按季度计算工程成本

有条件的企业也可以按月计算，内部独立核算的工业企业，机械施工和运输单位以及材料供应部门，按月计算产品，作业和材料成本的材料消耗和费用开支，应与工程、产品、作业量和材料采购数量的起讫日期一致，不得提前或延后。

2. 坚持实际成本的原则

企业必须根据计算期内已完成工程、已完作业和材料采购的数量以及实际消耗和实际价格，计算工程、作业和材料的实际成本。不得以估计成本预算成本，或计划成本代替实际成本。

3. 计算口径一致的原则

企业进行实际成本核算时，其实际成本的会计核算范围、项目设置和计算口径，应与国家有关财务制度、施工图预算、施工预算或成本计划取得一致。投标承包和投标包干的工程，其实际成本的会计核算范围、项目设置和计算口径，应与按中标价或合同编制的施工预算取得一致。

4. 账册齐全，核算依据合规

企业及其内部独立核算单位对施工、生产经营过程中所发生的各项费用，必须设置必要的账册，以审核无误、手续齐全的原始凭证为依据，按照成本核算对象、成本项目、费用项目和单位进行核算，做到真实、准确、完整、及时。

5. 会计处理方法保持一致

企业成本核算的各种处理方法，包括材料的计价、材料成本差异的调整、周转材料和低值易耗品的摊销、费用的分配、已完工程和未完工程的计算等，前后各期必须一致，不得任意变更，如需变更，需报经主管部门批准，并将变更的原因及其对成本和财务状况的影响，在当期的财务报告中加以说明。

第二节　工程成本核算的对象、组织与程序

一、工程成本核算的对象

为了正确组织工程成本核算，必须合理确定工程成本的核算对象。工程成本核算的对象，是指在工程成本的核算时应该选择什么样的工程作为目标，来归集和分配生产费用，确定它的实际成本也就是成本归属的对象。工程成本核算的对象既可根据本企业施工组织特点、所承包工程实际情况和工程价款结算办法而确定，也可根据与施工图预算相适应的原则来决定。

一般来说，施工企业应该以每一个单位工程作为成本核算对象。但是，一个施工企业要承包多个建设项目，每个建设项目的具体情况往往很不相同，有的工程规模很大、工期很长；有的是一些规模较小、工期短的零星改、扩建工程；还有的建设项目，在一个工地上有若干个结构类型相同的单位工程同时施工、交叉作业、共同耗用现场堆放的大堆材料，等等。因此，工程成

本核算对象的确定，一般要根据与施工图预算相适应的原则，以每一独立编制施工图预算的单位工程为依据，根据承包工程的规模大小、结构类型、工期长短以及施工现场条件等具体情况，结合本企业施工组织的特点和加强成本管理的要求，确定建筑安装工程成本核算对象。具体地讲，主要的几种划分方法如表 13 -2 所示。

表 13 -2　工程成本核算的对象

情况	核算对象
一般情况	每一独立编制施工图预算的单位工程成本
一个单位工程由几个施工单位共同施工时	以同一单位工程成本为核算对象，各自核算自行完成的部分
规模大、工期长的单位工程	以分部工程作为成本核算对象
同一建设项目由同一单位施工，同一施工地点、同一结构类型、开竣工时间相近的若干个单位工程	可以合并作为一个成本核算对象
改建、扩建零星工程	将开竣工时间相接近、属于同一建设项目的各个单位工程，合并作为一个成本核算对象
土石方工程、打桩工程	根据实际情况和管理需要，以一个单位工程成本为核算对象，或将同一施工地点的若干个工程量较小的单项工程合并作为一个成本核算对象
独立施工的装饰工程的成本核算对象	与土建工程成本核算对象一致
工业设备安装工程	按单位工程或专业项目，如机械设备、管道、通风设备、工业筑炉的安装等作为工程成本核算对象。变电所、配电站、锅炉房等可按所、站、房等安装工程作为成本核算对象

注：工程成本核算的对象一经确定，在一定期限内不能随意更改，若要更改应及时通知施工企业内部相关部门，以统一工程成本的核算口径，减少因此造成的成本分析和考核上的潜在矛盾。为了集中反映各个工程成本核算对象的成本发生情况，财务部门应当为每一个成本核算对象分别设置工程成本明细账(卡)，并按照成本项目设置专栏来组织核算。另外，所有的原始记录都必须按照规定的成本核算对象写清楚，以便于归集和分配成本费用。

二、工程成本核算的组织

工程成本核算的组织如图 13 －4 所示。

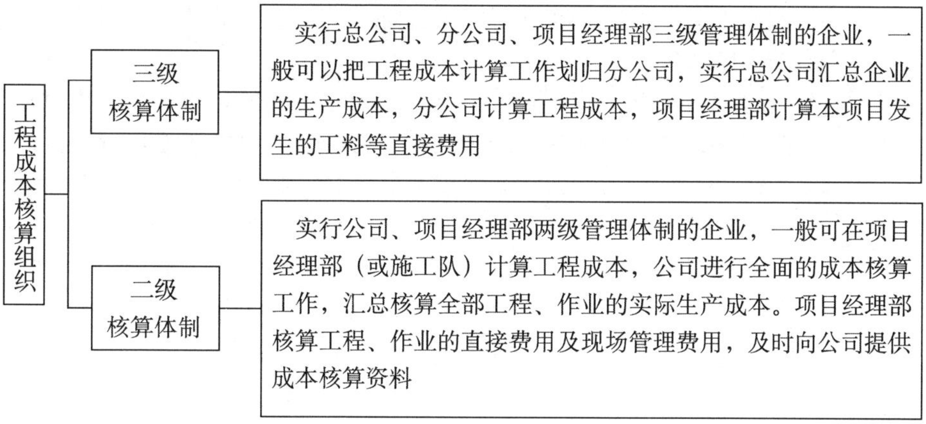

图 13 －4　工程成本核算的组织体制

无论由哪一层次核算工程成本，各级会计人员都要关心并协助工人搞好班组经济核算，记录清工时、料耗用量，分析节约或超支的原因，使工程成本有广泛扎实的群众基础。

三、工程成本核算应设置的会计科目

施工企业为总括地核算和监督建筑企业施工过程中各项施工费用的发生、归集和分配情况，正确计算工程成本，要设置下列总分类会计科目，在此基础上还要进行明细分类核算，以利于成本管理。施工企业的会计科目和其他类型的企业有着共同性，但由于其业务的特殊性，还需要设置特定的会计科目来实现会计的核算，如表 13 －3 所示。

表 13-3　工程成本核算设置的会计科目

会计科目	会计核算
工程施工	“工程施工”科目核算施工企业（建造承包商）实际发生的合同成本和合同毛利。该科目可按建造合同，分别“合同成本”、“间接费用”、“合同毛利”进行明细核算。 企业进行合同建造时发生的人工费、材料费、机械使用费以及施工现场材料的二次搬运费、生产工具和用具使用费、检验试验费、临时设施折旧费等其他直接费用，借记该科目（合同成本），贷记“应付职工薪酬”、“原材料”等科目。 发生的施工、生产单位管理人员职工薪酬、固定资产折旧费、财产保险费、工程保修费、排污费等间接费用，借记“工程施工”科目（间接费用），贷记“累计折旧”、“银行存款”等科目。会计期末，将间接费用分配计入有关合同成本，借记“工程施工”科目（合同成本），贷记“工程施工”科目（间接费用）。 确认合同收入、合同费用时，借记“主营业务成本”科目，贷记“主营业务收入”科目，按其差额借记或贷记“工程施工”（合同毛利）科目。 合同完工时，应将该科目余额与相关工程施工合同的“工程结算”科目对冲，借记“工程结算”科目，贷记“工程施工”科目。 该科目期末借方余额，反映企业尚未完工的建造合同成本和合同毛利
机械作业	“机械作业”科目核算施工企业（建造承包商）及其内部独立核算的施工单位、机械站和运输队使用自有施工机械和运输设备进行机械作业（包括机械化施工和运输作业等）所发生的各项费用。企业及其内部独立核算的施工单位，从外单位或本企业其他内部独立核算的机械站租入施工机械发生的机械租赁费，直接在“工程施工”科目核算。 “机械作业”科目可按施工机械或运输设备的种类等进行明细核算。施工企业内部独立核算的机械施工、运输单位使用自有施工机械或运输设备进行机械作业所发生的各项费用，可按成本核算对象和成本项目进行归集。成本项目一般分为：人工费、燃料及动力费、折旧及修理费、其他直接费用、间接费用（为组织和管理机械作业生产所发生的费用）。 企业发生的机械作业支出，借记“机械作业”科目，贷记“原材料”、“应付职工薪酬”、“累计折旧”等科目。 会计期末，企业及其内部独立核算的施工单位、机械站和运输队为本单位承包的工程进行机械化施工和运输作业的成本，应转入承包工程的成本，借记“工程施工”科目，贷记“机械作业”科目。对外单位、专项工程等提供机械作业（包括运输设备）的成本，借记“劳务成本”科目，贷记“机械作业”科目，该科目期末应无余额

（续表）

会计科目	会计核算
待摊费用	“待摊费用”科目用来核算企业已经支出但应由本期和以后各期分别负担的各项工程施工费用，如低值易耗品摊销、一次支付数额较大的财产保险费、排污费和技术转让费等。 发生各项待摊费用时，借记“待摊费用”科目，贷记“银行存款”等科目。按受益期限分期摊销时，借记“管理费用”、“销售费用”等科目，贷记“待摊费用”科目。本科目期末余额反映尚未摊销的待摊费用
预提费用	“预提费用”用来核算施工企业预先提取但是尚未支付的各项施工费用，如预提收尾工程费用、预提固定资产修理费用等。其贷方登记预先提取计入工程成本的预提费用，在实际发生支付时，借记“预提费用”科目，贷记“银行存款”等科目。期末余额反映尚未支出但已预提的费用

除上述科目外，企业如果由附属内部独立核算的工业企业（如预制构件厂、机械加工厂等）为满足施工工程需要进行产品（包括代制品、代修品）生产并发生各种生产费用，可单设“生产成本——工业生产成本”科目进行核算。企业非独立核算的辅助生产部门为工程施工、产品生产、机械作业、专项工程等生产材料和提供劳务（如设备维修，构件的现场制作，铁木件加工，固定资产清理，供应水、电、气，施工机械安装、拆卸的辅助设备的搭建工程等）所发生的各项费用，可单设“生产成本——辅助生产成本”科目核算。

四、工程成本核算的一般程序

工程成本的核算程序，是指施工企业及其所属施工单位有关部门的成本核算人员，根据成本核算的体制和成本核算的职责，在具体组织工程实际成本核算时所应遵循的次序和步骤，也就是对各种生产费用进行审核、控制，并将它们按照经济用途进行归类，计入各个成本核算对象、各个成本项目的过程所应遵循的步骤，一般分为工程成本的总分类核算和明细分类核算。

（一）工程成本总分类核算的程序

工程成本总分类核算的程序如图 13 – 5 所示。

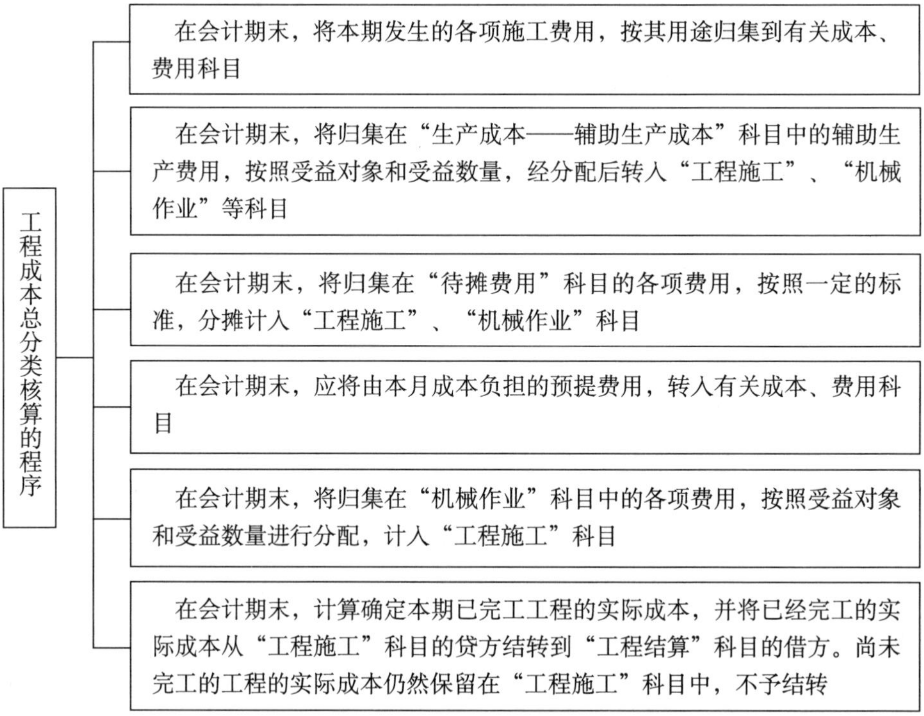

图 13 – 5　工程成本总分类核算的程序

（二）工程成本明细分类核算的程序

施工企业应当按照成本核算对象设置“工程成本明细账（卡）”，按照施工机械或运输设备的种类设置“机械作业明细账”，按照费用的种类或项目设置“待摊费用明细账”、“间接费用明细账”等，用于归集和分配各项施工生产费用。工程成本明细分类核算的程序如图 13 – 6 所示。

工程成本明细分类核算的程序

- 根据各种费用的原始凭证和有关费用分配计算表，将本期发生的施工费用，按照用途分别记入“工程成本明细账(卡)”、“机械作业明细账”、“待摊费用明细账”、“预提费用明细账”、“间接费用明细账”等
- 根据“待摊费用明细账”，编制“待摊费用计算表”，按照一定的标准分配计入“工程成本明细账(卡)”、“机械作业明细账”、“间接费用明细账”等
- 编制“预提费用计算表”，预提应当由本期承担的工程成本，分别计入“工程成本明细账(卡)”、“机械作业明细账”、“间接费用明细账”等
- 根据“机械作业明细账”和“机械使用台账”，编制“机械使用分配表”，将应当由成本核算对象承担的机械使用费分别计入“工程成本明细账(卡)”
- 根据“间接费用明细账”编制“间接费用明细表”，将归集在“工程施工——合同成本——间接费用”下的间接费用，分别计入各成本核算对象的“工程成本明细账(卡)”
- 在会计期末，各项施工费用全部计入“工程成本明细账(卡)”后，计算各个成本核算对象的本期已经完工工程的实际成本，并编制“工程成本表”，将已经完工的“工程成本卡”抽出归档保管

图 13－6　工程成本明细分类核算的程序

第三节　工程成本的会计核算

一、工程成本中材料费的归集和分配

（一）材料费的概念及内容

工程成本中的“材料费”项目，包括在施工过程中耗用、构成工程实体或有助于工程形成的各种主要材料、结构件的实际成本以及周转材料的摊销及租赁费用。

(二)材料费用的会计核算方法及其归集

施工企业建筑安装活动中需要耗费大量的材料，材料品种非常多，大堆材料比重大，各工程往往在同一施工现场、同一时间进行施工。因此，材料费的分配应按照材料费领用的不同情况进行归集分配，并建立健全材料物资的管理制度。具体的归集方法如表 13－4 所示。

表 13－4　材料费用的归集方法

情况	归集方法
能点清数量和分清用料对象的，能直接用于工程的材料，如钢材、木材、水泥	通常按成本核算对象直接计入各工程成本的材料费项目中
能点清数量、集中配料或统一下料的，如油漆、玻璃、木材等	应在领料凭证上注明“工程集中配料”字样，月末由材料管理人员或领用部门根据用料情况，结合材料消耗定额，编制“集中配料耗用分配表”，在各成本核算对象之间分配
不能点清数量，也很难立即分清用料对象的一些大堆材料，如砖、瓦、白灰、砂石等，几个单位工程共同使用	先由材料员或领料部门验收保管，月末实地盘点结存数量，然后根据月初结存数量与本月进料数量，倒轧本月实际数量，结合材料耗用定额，编制“大堆材料耗用计算单”，据以计入各成本核算对象的成本
其他不能点清数量，用于辅助生产部门、机械作业部门的各种材料	应分别计入“辅助生产”、“机械作业”科目的借方
实行材料节约奖的	应按材料节约的数额，直接计入各成本核算对象
成本计算期内已办理领料手续，但没有全部耗用的材料	应在期末进行盘点，填制“退料单”，作为办理退料的凭证，据以冲减本期材料费。工程施工后的剩余材料，应填制“退料单”，办理退料手续。施工过程中发生的残次料和包装物等，应尽量回收利用，并填制“废料交库单”估价入账，并冲减工程材料费

（续表）

情况	归集方法
周转材料	应根据各个工程成本核算对象在用的数量，按照规定的摊销方法计提当月的摊销额，并编制各种“周转材料摊销计算表”

月末，财会部门必须严格审核各种领退料凭证，并根据各种领料凭证、退料凭证及材料成本差异，编制“材料费分配表”，计算收益对象应分配的材料费。

（三）材料费用的分配

材料费用的分配，就是定期地将审核后的领料凭证按材料的用途归类，并将应计入工程成本的材料费用计入工程成本，将不应计入工程成本的材料费计入各自费用项目。

周转材料应按受益的工程项目，采用适当的方法计算摊销额计入各工程成本的材料费项目。租用周转材料的租赁费，应直接计入受益工程项目。

低值易耗品的摊销可直接计入工程成本，应计入“工程施工”、“机械作业”等科目的借方。如摊销数额较大，则应先计入“待摊费用”科目，分期计入上述各科目。

材料费用的分配一般是根据各种领料凭证，按各个成本计算对象汇总编制“耗用材料分配表”，汇总计算各成本计算对象耗用材料计划成本和分摊的材料成本差异。据以记入各项工程成本的材料费项目。

【例 13－1】2012 年 5 月，泰山建筑工程公司第一工程处根据审核无误的各种领料凭证、大堆材料耗用分配表、周转材料摊销分配表等汇总编制的“材料费用分配表”，如表 13－5 所示。

表 13－5　材料费用分配表

单位：第一工程处　　　　2012 年 5 月　　　　单位：元

工程成本核算对象	主要材料								水泥预制件		其他材料		合计		
	钢材		水泥		其他主要材料		合计								
	计划成本	成本差异	计划成本	成本差异	计划成本	成本差异	计划成本	成本差异	计划成本	成本差异	计划成本	成本差异	计划成本	成本差异	
		－1%		－2%		－4%		－1.5%		－1%		－5%		超支	节约
甲工程	120 000	－1 200	50 000	1 000	15 000	－600	185 000	2 775	350 000	－3 500	8 000	400	543 000	3 175	－3 500
乙工程	90 000	－900	30 000	600	12 000	－480	132 000	1 980	70 000	－700	3 000	150	205 000	2 130	－700
合计	210 000	－2 100	80 000	1 600	27 000	－1 080	317 000	4 755	420 000	－4 200	11 000	550	748 000	5 305	－4 200

根据“材料费用分配表”资料，作如下会计分录。

① 确认甲工程应承担的各种材料费用。

借：工程施工——甲工程——材料费	543 000	
贷：原材料——主要材料		185 000
原材料——结构件		350 000
原材料——其他材料		8 000

② 对甲工程应该承担的材料成本差异进行调整。

借：工程施工——甲工程——材料费	3 175	
贷：材料成本差异——主要材料		2 775
材料成本差异——其他材料		400
借：工程施工——甲工程——材料费	-3 500	
贷：材料成本差异——结构件		-3 500

③ 确认乙工程应承担的各种材料费用。

借：工程施工——甲工程——材料费	205 000	
贷：原材料——主要材料		132 000
原材料——结构件		70 000
原材料——其他材料		3 000

④ 对乙工程应该承担的材料成本差异进行调整。

借：工程施工——甲工程——材料费	2 130	
贷：材料成本差异——主要材料		1 980
材料成本差异——其他材料		150
借：工程施工——甲工程——材料费	-700	
贷：材料成本差异——结构件		-700

二、工程成本中人工费的归集和分配

(一)人工费的概念和内容

工程成本中的人工费，是指在施工过程中直接参加施工生产的建筑安装工人以及在施工现场直接为工程制作构件和运料、配料等辅助生产工人的工资、工资性津贴、职工福利费、劳动保护费等。具体如图 13-7 所示。

(二)人工费的归集与分配

人工费的归集与分配如图 13-8 所示。

- 人工费
  - 基本工资：按照规定的标准计算的工资，在结构工资制下包括：基础工资、职务工资和工龄津贴，是职工的基本收入。基本工资又可分为计时工资和计件工资两种形式
  - 经常性奖金：指对完成和超额完成工作量以及有关经济技术指标的职工而支付的各种奖励性报酬。如超产奖、质量奖、安全（无事故）奖、考核各项经济技术指标的综合奖、提前竣工奖、年终奖、节约奖、劳动竞赛奖等
  - 津贴：指为了补偿职工额外或特殊的劳动消耗，鼓励职工安心于劳动强度大、条件艰苦的工作岗位而支付给职工的各种津贴。如高空津贴、井下津贴、野外津贴、夜班津贴和技术性津贴等
  - 补贴：指为了保证职工的工资水平不受物价的影响而支付给职工的各种物价补贴
  - 加班加点工资：指按规定支付给职工的加班工资和加点工资
  - 特殊情况下支付的工资：指根据国家法律、法规和政策的规定，在非工作时间内支付给职工的工资和其他工资

图13－7　人工费的内容

- 人工费归集和分配方法
  - 计件工资制：人工费的受益对象容易确定，根据“工程任务单”和“工程结算汇总表”，将所归集的人工费用直接计入到工程成本中去。借记“工程施工——合同成本——××工程——人工费”科目，贷记“应付职工薪酬”科目
  - 计时工资制
    - 能够正确区分工人劳动的服务对象：可以采用和计件工资制度下同样的方法，直接将人工费计入“工程施工”科目中去
    - 如果建筑安装工人同时为多项工程工作：需要将发生的工资在各个核算对象之间进行分配。分配的方法是按照当月工资总额和工人的出勤日计算出平均日工资，然后乘以各工程当月实际用工数就可求得。分配人工费的计算公式是：

      工人日平均工资＝当月全部计时工资总额/安装工人实际出勤日数

      应负担的人工费＝该成本核算对象当月实际耗费的工作日数×日平均工资

图13－8　人工费的归集和分配

【例 13－2】2012 年 5 月，泰山建筑工程公司第一工程处本年度有甲、乙两个单位工程，分别计算工程成本。本月发生的人工资料如下：

① 本月为折弯钢筋件支付的计件工资 24 000 元，这批钢筋件甲工程耗用 5 吨，乙工程耗用 3 吨。

工资分配标准＝24 000/(3＋5)＝3 000(元)。

计件工资可以明确地归属到甲、乙两个工程中，人工费分配如表 13－6 所示。

表 13－6 人工费分配表(计件工资)

单位：第一工程处　　2012 年 5 月　　单位：元

计件工资项目	甲工程	乙工程
钢筋折弯工资	15 000	9 000
合计	15 000	9 000

② 本月发生计时工资 60 000 元，其中甲工程耗用 2 200 工时，乙工程耗用 1 800 工时。计时工资分配如表 13－7 所示。

表 13－7 人工费分配表(计时工资)

单位：第一工程处　　2012 年 5 月　　单位：元

成本核算对象	耗用工时	平均工时工资	分配人工费
甲工程	2 200	15	33 000
乙工程	1 800		27 000
合计	4 000		60 000

注：表中，平均工时工资＝60 000/(2 200＋1 800)＝15(元/工时)。

根据上述“人工费分配表”，作如下会计分录：

借：工程施工——合同成本——甲工程——人工费　48 000

　　工程施工——合同成本——乙工程——人工费　36 000

　　贷：应付职工薪酬——职工工资　84 000

三、机械使用费的归集和分配

工程成本项目中的“机械使用费”，指建筑安装工程施工过程中使用施工机械所发生的费用(包括机上操作人员人工费，燃料、动力费，机械折旧、修理费，替换工具及部件费，润滑及擦拭材料费，安装、拆卸及辅助设施费，养路费，牌照税，使用外单位施工机械的租赁费，以及保管机械而发生的保管费等)和按照规定支付的施工机械进出场费等。

(一)施工机械的管理

目前，对施工机械的管理一般分为对中小施工机械和大型施工机械两种管理方法。具体如图 13－9 所示。

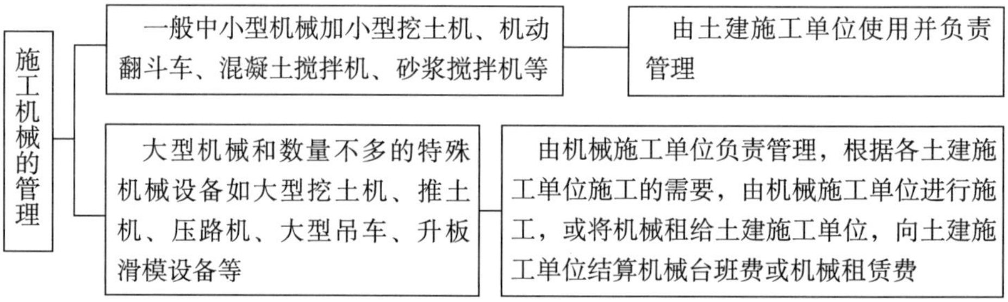

图 13－9　施工机械的管理方法

(二)施工机械的分类

施工企业使用的施工机械可分为租赁的(包括向企业外部和向企业内部独立核算的机械供应站租赁)和自行管理的两种，它们的会计核算方法不同。对于施工企业各工程项目租赁施工机械而支出的租赁和进出场费，应根据结算账单直接计入有关各工程成本“机械使用费”科目，不通过“机械作业”科目。账务处理见如下分录。

借：工程施工——合同成本——××工程(机械使用费)

　　贷：银行存款

对于自有施工机械，其使用过程中发生的费用应首先按机组或单机归集，计算每台班的实际成本，然后根据各个成本核算对象使用台班数，确定应计入各成本核算对象的机械使用费。进行机械作业所发生的各项费用的归集和分配，通过“机械作业”科目进行，并按照机械设备的类别设置明细账，按规定的成本项目归集费用。费用项目的确定通常应和机械台班预算定额的构成内容一致，以便计算出来的台班实际成本与定额相比较，费用发生计入该科目的借方；月末根据归集的费用和设备作业时间计算各类机械的台班成本或按适当的标准分配计入各项工程成本的“机械使用费”项目，同时计入“机械作业”科目的贷方。

（三）机械使用费包括的内容

为了便于与预算数对比分析，机械使用费的内容要和机械台班费定额中规定的内容相同，如图 13－10 所示。

机械使用费内容	
人工费	指施工设备操作人员的工资和职工福利费
燃料、动力费	指施工机械耗用的燃料、动力费
材料费	指施工机械耗用的润滑材料和擦拭材料等
折旧修理费	指对施工机械计提的折旧费、大修理费用摊销和发生的经常修理费，以及租赁施工机械的租赁费
替换工具、部件费	指施工机械上使用的传动皮带、轮胎、胶皮管、钢丝绳、变压器、开关、电线、电缆等替换工具和部件的摊销和维修费
运输装卸费	指将施工机械运到施工现场、远离施工现场（若运往其他现场，运出费用由其他施工现场的工程成本负担）和在施工现场范围内转移的运输、安装、拆卸及试车等费用
辅助设施费	指为使用施工机械而建造、铺设的基础、底座、工作台、行走轨道等费用。施工机械的辅助设施费如果数额较大，也应先记入“待摊费用”、“递延资产”或“长期待摊费用”科目，然后按照在现场内施工的期限，分次从“待摊费用”、“递延资产”或“长期待摊费用”科目转入“机械作业”或“生产成本——机械作业成本”科目，摊入各月工程成本
养路费、牌照费	指为施工运输机械（如铲车等）交纳的养路费和牌照税
间接费用	指机械施工单位组织机械施工、保管机械发生的费用和停机棚的折旧、维修费等。如果是内部独立核算单位，应设置间接费用明细分类账，进行明细分类核算

图 13－10　机械使用费内容

至于施工机械所加工的各种材料，如搅拌混凝土时所用的水泥、砂、石等，应记入工程成本的“材料费”项目，为施工机械担任运料、配料和搬运成品的工人的工资，应记入工程成本的“人工费”项目。

(四)机械使用费的分配方法

1. 按施工机械的实际台时(或完成工程量)分配机械使用费

月末，根据各类机械明细账借方发生额及实际作业台班数计算台班成本，编制“机械使用费分配表”(表13－9)并计入“工程施工——合同成本”科目借方及工程成本计算单的“机械使用费”项目内(表13－8、表13－9)；同时记入“机械作业”科目贷方；当月“机械作业”科目发生的费用一般当月分配完毕，月末没有余额。

【例13－3】2012年6月，泰山建筑工程公司第一工程处的一台吊车和一台铲车分别对本公司的甲、乙两处工程进行了机械作业。“机械作业——吊车机械使用费”明细科目的借方发生额为47 380元，吊车实际作业情况为甲工程132小时、乙工程68小时；“机械作业——铲车机械使用费”明细科目的借方发生额为60 000元，铲车实际作业情况为甲工程90小时、乙工程160小时。

请编制机械使用费分配表，并进行相应的账务处理。

表13－9　机械作业——吊车机械使用费明细账

2012年6月份　　单位：元

日期		摘要	借方						贷方科目
月	日		人工费	燃料及动力费	折旧及修理费	其他直接费	间接费用	合计	
6	6	材料分配表		16 000				16 000	
6	8	修理车间转来修理费			3 500			3 500	
6	19	低值易耗品摊销表			4 600			4 600	
6	20	操作工工资	2 200					2 200	
6	15	安装拆卸费结算单	300					300	
6	30	应由吊车承担的其他直接费用与间接费用				3 400	2 380	5 780	

（续表）

日期		摘要	借方						贷方科目
月	日		人工费	燃料及动力费	折旧及修理费	其他直接费	间接费用	合计	
6	30	本月吊车折旧			15 000			15 000	
6	30	将机械作业费用结转							47 380
		本月合计	2 500	16 000	23 100	3 400	2 380	47 380	47 380

表 13-10　机械使用费分配表

2012 年 6 月份　　　　单位：元

受益对象	吊车			挖土机			合计
	台班数	每台班成本	金额	台班数	每台班成本	金额	
甲工程	132	236.90	31 270.80	90	240	21 600.00	52 870.80
乙工程	68		16 109.20	160		38 400.00	54 509.20
合计	184		47 380.00	250		60 000.00	107 380.00

① 依据机械使用费分配表，对甲工程应分摊的机械使用费进行如下的账务处理。

借：工程施工——合同成本——甲工程　　52 870.80

　　贷：机械作业——吊车　　31 270.80

　　　　机械作业——铲车　　21 600.00

② 依据机械使用费分配表，对乙工程应分摊的机械使用费进行如下的账务处理。

借：工程施工——合同成本——乙工程　　54 509.20

　　贷：机械作业——吊车　　16 109.20

　　　　机械作业——铲车　　38 400.00

2. 先按机械的计划台时费对机械使用费进行分配，然后依据计划机械使用费与实际机械使用费之间的比值调整为实际机械使用费的方法

为了简化计算手续，对于各种中型施工机械的机械使用费，可在月终先根据“机械使用月报”中各种机械的工作台时（或完成工程量）合计和该种机械台时费计划数，算出当月按台时费计划数计算的机械使用费合计，再计算实际发生的机械使用费占按台时费计划数计算的机械使用费计划数合计的百分比，然后将各个成本计算对象按台时费计划数计算的机械使用费计划数，按算得的百分比加以调整：

公式1：

按台时费计划数计算的机械使用费合计 = ∑（机械工作台时合计 × 该机械台时费计划数）

公式2：

某项工程应分配的机械使用费 = ∑（该项工程使用机械的工作台时 × 机械台时费计划数）×（实际发生的机械使用费/按台时费计划数计算的机械使用费合计）

上述内容具体操作步骤如图13－11所示。

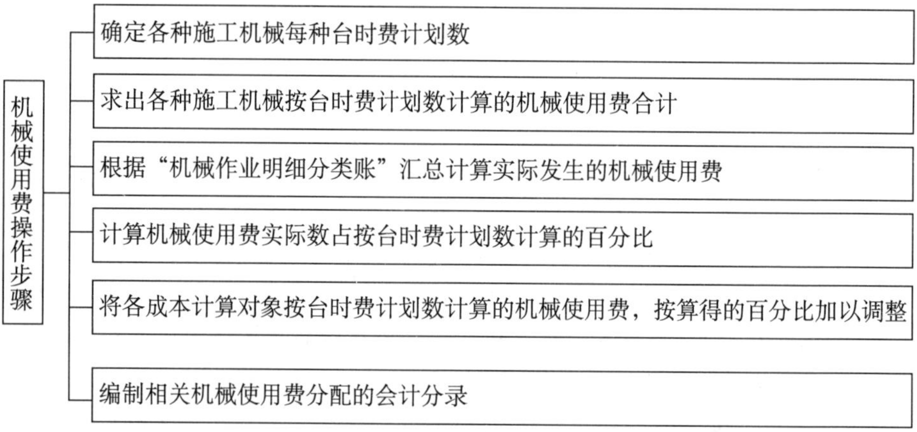

图13－11　机械使用费操作步骤

【例13－4】泰山建筑工程公司机械施工的情况如表13－10所示，2012年6月该企业“机械作业明细分类账”汇总计算实际发生的机械使用费为37 560元。

表 13-10　机械使用费资料

2012 年 6 月

施工机械名称	计划台时费(元/台时)①	本期实际使用台时(台时)②	合计③=①×②(元)	实际机械施工费(元)
履带挖土机	50	380 台时(其中：甲工程 280 台时，乙工程 70 台时，丙工程 30 小时)	19 000	23 600
混凝土搅拌机	15	180 台时(其中：甲工程 90 台时，乙工程 40 台时，丙工程 50 台时)	2 700	2 500
吊车	80	120 台时(其中：甲工程 80 台时，乙工程 40 台时，丙工程 0 台时)	9 600	11 460
合计			31 300	37 560

依据以上的数据，先按机械的计划台时费对机械使用费进行分配，然后依据计划机械使用费与实际机械使用费之间的比值调整为实际机械使用费，并进行相应的账务处理。

计算与处理的步骤如下：

① 各种施工机械按台时费计划数计算的机械使用费合计为 31 300 元。

② 该企业“机械作业明细分类账”汇总计算实际发生的机械使用费为 37 560元。

③ 机械使用费实际数占按台时费计划数计算的百分比=37 560/31 300=1.20。

④ 各成本计算对象按台时费计划数计算的机械使用费，按算得的百分比加以调整后如表 13-11 所示。

根据表中数据，其机械使用费分配的会计分录为：

借：工程施工——合同成本——甲工程　　26 100
　　　　　　　　　　　　——乙工程　　8 760
　　　　　　　　　　　　——丙工程　　2 700
　　贷：机械作业——挖土机　　23 600
　　　　　　　　——搅拌机　　2 500
　　　　　　　　——吊车　　11 460

表 13-11　机械使用费分配表

2012 年 6 月

单位：元

工程名称	履带挖土机			混凝土搅拌机			吊车			按计划数计算的机械使用费总额	调整比例	调整后的机械使用费
	计划数(元/台)	实际工时	总费用	计划数(元/台)	实际工时	总费用	计划数(元/台)	实际工时	总费用			
甲工程		280	14 000		90	1 350		80	6 400	21 750		26 100
乙工程		70	3 500		40	600		40	3 200	7 300		8 760
丙工程	50	30	1 500	15	50	750	80		0	2 250	1.2	2 700
										0		0
合计		380	19 000		180	2 700		120	9 600	31 300		37 560

四、工程成本中辅助生产费用的归集和分配

施工企业一般都设置若干个非独立核算的辅助生产部门。辅助生产部门主要是为工程施工服务，包括机修车间、木工车间、供水站、供电站、混凝土搅拌站、运输队等。为工程施工、管理部门和企业内部其他部门提供产品(如材料、构件、水、电等)和劳务(设备维修、安装)等。

由于新《企业会计准则》取消了“辅助生产”科目，辅助生产部门所发生的各项费用的归集和分配，首先通过“生产成本——辅助生产”科目进行，并按辅助生产车间、单位和产品、劳务的品种设置三级明细账，按规定的成本项目归集费用。

对于辅助生产费用金额较大、业务发生频繁的企业，在不违反会计准则中确认、计量和报告规定的前提下，也可以根据本单位的实际情况单独设立“辅助生产”科目，本书就采用这种方式。

辅助生产费用发生后，记入该科目的借方，月末根据归集的费用计算产品、劳务的总成本和单位成本，然后再按各工程和部门的受益数量分配计入各项工程成本、机械作业成本以及其他费用项目中，同时记入“辅助生产”科目贷方。期末若有借方余额，为在产品实际成本。

辅助生产费用常用的分配方法有：直接分配法、一次交互分配法、计划成本分配法和代数分配法等。由于施工企业辅助生产一般规模较小，品种比较单一，各辅助生产单位之间相互服务数量也较少，因此多采用直接分配法。

所谓直接分配法，就是将各辅助生产单位所实际发生的全部费用，直接分配给辅助生产单位以外的各受益单位，而不考虑各辅助生产单位之间相互服务情况的一种分配方法。

【例 13－5】泰山建筑工程公司运输队本月发生各种费用共 261 900 元，已根据有关凭证登记入账，如表 13－12 辅助生产费用明细账所示。

该公司发生辅助生产费用时，进行的账务处理如下：

借：辅助生产	261 900	
贷：原材料		134 500
应付职工薪酬		71 800
累计折旧		51 800
工程施工——合同成本——其他直接费		1 600
制造费用		2 200

表 13-12 辅助生产费用明细账

类别：运输费　　2012 年 6 月　　单位：元

日期		凭证及摘要	借方						贷方科目
			人工费	燃料及动力费	折旧及修理费	其他直接费	间接费用	合计	
		材料分配表		134 500		1 600		136 100	
		折旧计算表			17 200			17 200	
		修理费			33 800			33 800	
		低值易耗品摊销			800			800	
		工资分配表	71 800					71 800	
		分配制造费用						2 200	261 900
		分配运输费						2 200	
		合计	71 800	134 500	51 800	1 600	2 200	261 900	261 900

月末，根据各辅助生产明细账借方发生额及实际提供的产品、劳务数量，编制"辅助生产费用分配表"如表 13-13 所示。

表 13-13 辅助生产费用分配表

类别：运输费　　2012 年 6 月份　　单位：元

受益对象	受益数量(吨公里)	分配系数	金额
甲项目部	18 580		92 900
乙项目部	12 380		61 900
其中：1 号工程	9 120	5 元/吨公里	45 600
2 号工程	3 260		16 300
公司总部	21 420		107 100
合计	52 380		261 900

根据分配表编制会计分录如下：

借：工程施工——合同成本——甲项目部　　92 900

　　工程施工——乙项目部　　61 900

　　管理费用　　107 100

　　贷：辅助生产　　261 900

五、其他直接费用的归集和分配

其他直接费用是指不包括在人工费、材料费、机械使用费项目内而在预算定额以外，在施工现场发生的材料二次搬运费、临时设施摊销费、生产工具用具使用费、检验试验费、工程定位复测费、工程点交费及场地清理费等。

施工企业发生的其他直接费用，凡是能分清成本对象的，应直接计入各受益的工程成本核算对象下的“其他直接费用”项目中。由于是几个工程共同发生，不能直接确定成本核算对象的其他直接费，可以先行汇总在“其他直接费”明细账中归集，并按照定额用量预算费用或以工程的工料成本作为分配基数，月末或竣工时编制“其他直接费分配表”分配计入各成本核算对象。

【例 13－6】某建筑公司第一工程处，本月发生其他直接费用 19 000 元。其中分配给 1 号工程 12 000 元，2 号工程 7 000 元。账务处理程序如以下分录。

借：工程施工——合同成本——1 号工程　　12 000

　　工程施工——合同成本——2 号工程　　7 000

　　贷：工程施工——合同成本——其他直接费用　　19 000

六、间接费用的归集和分配

(一) 间接费用的内容

建筑安装工程成本中除了各项直接费用外，还包括企业所属各施工单位如工程处、施工队、项目经理部为施工准备、组织和管理施工生产所发生的各项费用。这些费用不能确定其为某项工程所应负担，因而无法将它直接记入各个成本计算对象，为了简化核算手续，可将它先记入“工程施工——间接费用”或“生产成本——工程施工成本——间接费用”科目，然后按照适当分配标准分别记入各项工程成本。

为了编制施工单位间接费用计划，组织间接费用的明细分类核算，以便据以考核费用预算的执行结果，分析各项费用增减变动的原因，进一步节约费用开支，降低工程成本，间接费用应按有关规定分设明细项目，如表 13－14所示。

表 13－14　间接费用明细项目内容

间接费用明细项目	内容
临时设施摊销费	指为保证施工和管理的正常进行而建造的各种临时性生产和生活设施，如临时宿舍、文化福利及公用设施，仓库、办公室、加工厂，以及规定范围内道路、水、电管线等临时设施的摊销费
管理人员工资	指施工单位管理人员的工资、奖金和工资性津贴
职工福利费	指按照施工单位管理人员工资总额的 14% 提取的职工福利费
劳动保护费	指用于施工单位职工的劳动保护用品和技术安全设施的购置、摊销和修理费，供职工保健用的解毒剂、营养品、防暑饮料、洗涤肥皂等物品的购置费或补助费，以及工地上职工洗澡、饮水的燃料费等
办公费	指施工单位管理部门办公用的文具、纸张、账表、印刷、邮电、书报、会议、水电、烧水和集体取暖（包括现场临时宿舍取暖）用煤等费用
差旅交通费	指施工单位职工因公出差期间的旅费、住勤补助费，市内交通费和误餐补助费，职工探亲路费，劳动力招募费，职工离退休、退职一次性路费，工伤人员就医路费，工地转移费，以及现场管理使用的交通工具的油料、燃料、养路费及牌照费等
折旧费	指施工单位施工管理和试验部门等使用属于固定资产的房屋、设备、仪器，以及不实行内部独立核算的辅助生产单位的厂房等的折旧费
修理费	指施工单位施工管理和试验部门等使用属于固定资产的房屋、设备、仪器，以及不实行内部独立核算的辅助生产单位的厂房等的经常修理费和大修理费
工具用具使用费	指施工单位施工管理和试验部门等使用不属于固定资产的工具、器具、家具和检验、试验、测绘、消防用具等的购置、摊销和维修费
保险费	指施工管理用财产、车辆保险费，以及海上、高空、井下作业等特殊工种安全保险费
工程保修费	指工程竣工交付使用后，在规定保修期以内的修理费用。应采用预提方式计入
其他费用	指上列各项费用以外的其他间接费用，如工程排污费等

从间接费用明细项目中，可以看出它与材料费等变动费用不同。间接费用属于相对固定的费用，其费用总额并不随着工程量的增减而成比例的增减。但就单位工程分摊的费用来说，则随着工程数量的变动成反比例的变动，即完成工程数量增加，单位工程分摊的费用随之减少；反之，完成工程数量减少，单位工程分摊的费用随之增加。因此，超额完成工程任务，也可降低工程成本。

(二)间接费用的归集和分配

间接费用属于共同费用，难以分清受益对象。为了归集和分配间接费用，企业应在“制造费用”账户下进行核算，汇总本期发生的各种间接费用，并按费用项目进行明细核算。

当间接费用发生时，计入“制造费用”科目的借方；月末将归集的费用采用一定的标准全数分配，借记相应的工程成本项目，贷记“制造费用”科目，月末应该没有余额。其分配标准因工程类别不同而有所不同：土建工程一般应以工程成本的直接费用为分配标准，安装工程应以安装工程的人工费用为分配标准。

在实际工作中，由于施工单位施工的工程往往有土建工程和安装工程，有时辅助生产单位生产的产品或劳务可能还会对外销售，所以施工单位的间接费用一般要经过两次分配，一次是在不同类的工程、劳务和作业间进行分配，另一次是在同类的工程、劳务和作业间进行分配。对间接费用两次分配的介绍如表 13－15 所示。

表 13－15　间接费用的两次分配

间接费用的两次分配	对应含义和计算公式
第一次分配	第一次分配是将发生的全部间接费用在不同类的工程、劳务和作业间进行分配。一般是以各类工程、劳务和作业中的人工费为基础进行分配，其计算公式如下： 间接费用分配率＝间接费用总额/各类工程(劳务、作业)成本中人工费总额×100% 某类工程应分配的间接费用＝该类工程成本中的人工费×间接费用分配率

（续表）

间接费用的两次分配	对应含义和计算公式
第二次分配	间接费用的第二次分配是将第一次分配到各类的工程间接费用再分配到本类的工程、劳务和作业中去。第二次分配是按各类工程、劳务和作业发生的直接费用或人工费为基础进行分配的，其计算公式如下： (1)土建工程：以工程的直接成本(即人工费、材料费、机械使用费、其他直接费之和)实际发生数或已完工程直接费预算数为标准进行分配。 间接费用分配率＝建筑工程分配的间接费用总额/全部土建工程直接费用总额×100% 某土建工程应分配的间接费用＝该土建工程直接费用×间接费用分配率 (2)安装工程：以工程实际发生人工费或已完工程人工费预算数作为标准分配。 间接费用分配率＝安装工程应分配的间接费用总额/各安装工程人工费用总额×100% 某安装工程应分配的间接费用＝该安装工程人工费×间接费用分配率

另外，在实际核算工作中，对于间接费用的分配，若已给出间接费用定额，也可采用先计算本月实际发生的间接费用与按间接费用定额计算的间接费用的百分比，再将各项建筑安装工程按定额计算的间接费用进行调整。即：

某项工程本月应分配的间接费用＝该项工程本月实际发生的直接费或人工费×该项工程规定的间接费用定额×本月实际发生的间接费用/∑(各项工程本月实际发生的直接费或人工费×各项工程规定的间接费用定额)

【例13－7】泰山建筑公司道路工程处在2012年6月只有甲、乙两处建筑工程，没有安装工程和劳务。本月间接费用的发生情况如表13－16所示，该公司的间接费用采用直接分配法，按照各个工程项目所耗费的直接费用为依据进行分配，本月甲工程发生直接费用750 000元，乙工程发生直接费用650 000元。

表 13－16 间接费用明细账

单位名称：道路工程处　　　　单位：元

日期		凭证及摘要	借方										贷方
月	日		工作人员工资	奖金	职工福利费	办公费差旅费	固定资产及工具使用费	劳动保护费	工程保修费	财产保险费	其他	合计	
6	9	工资汇总分配表	25 800	32 500								58 300	
6	12	以银行存款支付				12 000		9 290	12 600	7 465	1 700	43 055	
6	15	以现金支付费用				6 825		4 394	12 806			24 025	
6	30	折旧计算表					6 800					6 800	
6	30	低耗品摊销表						1 620				1 620	
6	30	材料汇总分配表					6 200					6 200	
6	30	分配间接费用											140 000
		合计	25 800	32 500	0	18 825	13 000	15 304	25 406	7 465	1 700	140 000	140 000

会计处理如下：

编制间接费用分配表如表13－17所示，并进行相应的会计处理。

表13－17　间接费用分配表

2012年6月份　　单位：元

工程项目	直接费	分配系数	金额
甲工程	1 500 000	0.05	75 000
乙工程	1 300 000		65 000
合计	2 800 000		140 000

分配系数＝140 000/2 800 000＝0.05。

根据分配表作会计分录：

借：工程施工——合同成本——甲工程　　75 000

　　工程施工——合同成本——乙工程　　65 000

　　贷：制造费用　　140 000

第四节　工程成本结算

一、月度工程成本结算

施工企业的各项生产费用，按上节所述在各成本核算对象之间进行归集和分配以后，应计入本月各成本核算对象的生产费用，全部归集在“工程施工——合同成本”科目的借方和有关的成本计算单中。

月末，对于已经竣工的工程，自开工到竣工计入该工程成本的全部生产费用，就是该工程的竣工成本；对于尚未竣工或正在施工的工程，还应将本月发生的生产费用和月初结转的上月末未完施工的生产费用之和，在本月已完工程和月末未完施工的成本之间进行分配。公式如下：

月初未完工程成本＋本月生产费用＝已完工程成本＋月末未完工程成本

（一）未完工程成本的计算

施工企业的已完工程，从理论上来说，应指在企业范围内全部竣工，不再需要进行任何施工活动的工程，即竣工工程。但是由于建筑安装工程施工周期长，如果等到工程竣工之后再结算工程成本，不能发挥成本计算在企业管理中的作用，也就满足不了企业管理的需要。因此为了有利于企业经济核算、加速资金周转，及时检查成本计划、考核经济效果，现行制度规定：凡是已经完成预算定额所规定的全部工序，在本企业不需要再进行任何加工的分部分项工程，称为已完工程（或已完施工）。分部分项工程虽不具有完整的使用价值，也不是竣工工程，但是由于在企业内已完成全部施工活动，已可确定工程数量和工程质量，故可将它视为已完工程，计算它的预算成本和预算价值，向客户收取工程价款。对虽已投入人工、材料进行施工，但尚未达到预算定额规定的全部工程内容的一部分工序，则称为未完施工（或未完工程），不能据以收取工程价款。例如砖墙抹石灰砂浆工程，按工程预算定额规定的工程内容为修整表面、清扫、抹灰、抹平、罩面、压光、作护角等工序。如果某房屋砖墙抹石灰浆工程在月末时已完成了上述全部工程内容，就应作为“已完工程”计算；如果只完成了其中一部分工序，则应算做“未完施工”。

未完工程成本的计算，通常是由统计人员月末到施工现场实地丈量盘点未完施工实物量，并按其完成施工的程度折合为已完工程数量，根据预算单价计算未完工程成本。计算公式如下：

未完工程成本 = 未完施工实物量 × 完工程度 × 预算单价

期末未完工程成本一般不负担管理费。如果未完施工工程量占当期全部工程量的比重很小或期初与期末数量相差不大，可以不计算未完工程成本。

根据计算结果填制“未完施工盘点单”，并计入“工程成本计算单”，即可据以结转已完工程实际成本。

【例 13-8】泰山建筑工程有限公司在其承包的一处学校的建筑工程（甲工程）中，包括一项 3 000 平方米的风雨操场工程，该分部分项工程包括平整、硬化和铺设塑胶等三道工序。目前，第二道工序应经完成，约等于已完工程量 70%，折合已完工程量为：

折合已完工程量 = 3 000 × 70% = 2 100（平方米）。

设每平方米涂料工程预算单价为 220 元，3 000 平方米的风雨操场未完工程成本为：

未完工成本 = 2 100 × 220 = 462 000（元）。

再按预算单价所含工、料费比例，进一步分解计算出人工费、材料费等。编制“未完施工盘点单”如表 13－18 所示。

表 13－18 未完施工盘点单

编制：项目部　　2012 年 6 月　　单位：元

单位	分部分项工程		已完工序					其中
工程名称	名称	预算单价	工序名称或内容	占分部分项工程比率	已做数量	折合分部分项工程量	预算成本	人工费
甲工程	塑胶风雨操场	220	已完成硬化	70%	3 000 平方米	2 100 平方米	462 000	69 300
小计							462 000	69 300

（二）已完工程实际成本的计算

月末未完工程成本确定后，即可根据下列公式确定当月各个成本核算对象已完工程的实际成本。

已完工程实际成本＝月初未完工程成本＋本月生产费用－月末未完工程成本

根据各成本核算对象的“成本计算单”的实际成本，填入“已完工程成本表”中实际成本栏，据此结转本月已完工程实际成本，将已完工程的实际成本从“工程施工——合同成本”科目的贷方转入“主营业务成本”科目的借方。

（三）已完工程预算成本的计算

已完工程实际成本确定以后，为了对比考察成本的升降情况和与客户进行结算，还要计算当月已完工程的预算成本和预算价值。

已完工程预算成本的计算是根据已完工程实物量、预算单价和间接费用定额进行的。其计算公式如下：

已完工程预算成本＝∑（实际完成工程量×预算单价）（1＋间接费定额）

已完安装工程预算成本＝∑（实际完成安装工程量×预算单价）＋（已完安装工程人工费×间接费用定额）

在实际工作中，已完工程预算成本通常是由统计部门于月末先行实地丈量已完工程实物量，再根据预算定额中预算单价和间接费用定额，在“已完工程结算表”或“已完工程月报表”中进行计算。

“已完工程结算表”反映的是当月已完工程的预算总价值，由直接费用、间接费用、计划利润和税金四部分组成。直接费用包括按预算单价计算的人工费、材料费、机械使用费、其他直接费用。间接费用包括按间接取费率计算的管理费和临时设施费，劳动保险费等构成的其他间接费用。由于“已完工程结算表”中所提供的预算成本项目所包含内容和实际成本不完全一致，为了和工程实际成本的各个项目进行对比，就须根据“已完工程结算表”将属于预算成本范围的项目进行分解调整如表 13 – 19 所示。

表 13 – 19　“已完工程结算表”的调整项目

项目	内容
调整项目	① 必须分别测算出公司机关管理费和施工单位管理费各自所占比重，将按综合取费率计算的间接费分开
	② 包括在其他间接费用中的临时设施费，已列入工程实际成本的其他直接费项目中的预算成本也应作相应调整
	③ 将预算成本中包括的综合性取费项目，如冬雨季施工增加费、夜间施工增加费等，按所含工、料费比重分解为人工、材料费等项目，分别计入预算成本的相应项目

第十四章
施工企业收入

本章导读

施工企业的收入包括建造工程合同收入和其他业务收入，前者是施工企业的主营业务收入。由于建筑工程的施工周期较长，给施工企业的会计核算带来了很大的困难，对于施工企业的会计人员来说，正确核算企业的收入是一项艰巨而必要的任务。在本章中，我们将重点学习以下内容:

- ☑ 施工企业营业收入的内容有哪些。
- ☑ 工程价款的含义是什么，由哪些内容组成。
- ☑ 工程价款结算的方式有几种，其内容各是什么。
- ☑ 建造合同收入与工程价款收入各自的确认依据有什么不同。
- ☑ 什么是建造合同，什么是固定；造价合同，什么是成本加成合同。
- ☑ 什么是完工百分比法，在什么情况下采用完工百分比法。
- ☑ 固定造价合同与成本加成合同各自需具备什么条件才可认为是合同结果能够可靠估计。
- ☑ 采用完工百分比法时，如何界定完工程度、合同收入和合同成本。

第一节　收入概述

一、收入的概念和特征

收入的概念和特征等介绍如表 14－1 所示。

表 14－1　收入的概念和特征

收入的含义	收入的特点
企业在日常活动中形成的、会导致所有者权益增加的、与所有者投入资本无关的经济利益的总流入	① 收入是企业在日常活动中形成的经济利益的总流入； ② 收入会导致企业所有者权益的增加； ③ 收入与所有者投入资本无关

二、施工企业收入的主要内容

施工企业的营业收入是指企业在生产经营活动中，由于承包工程、销售产品、提供劳务等实现的收入。营业收入是企业生产经营成果的价值表现，是企业的一项重要财务指标。施工企业收入包含的主要内容如图 14－1 所示。

- 施工企业收入
  - 建造工程合同收入
    - 建造工程合同初始收入，指建造承包方与客户在双方签订合同中最初商定的合同总金额。它包括合同工程价款以及向客户收取的临时设施费、劳动保险费、施工机构调迁费等
    - 合同变更收入，是指因客户改变合同规定的作业内容增加的收入
    - 工程索赔款收入，是指因客户或第三方的原因造成的、由建造承包方向客户或第三方收取的、用以补偿不包括在合同造价中的成本款项
    - 奖励款，是指工程达到或超过规定的标准时，客户同意支付给建造承包方的额外款项
  - 其他业务收入
    - 产品销售收入，是指企业内部独立核算的生产单位销售产品取得的收入。如销售自制的各种建筑结构件，钢木门窗、砖、瓦、机械设备和机械配件等
    - 机械作业收入，是指企业或其所属内部独立核算单位的机械或运输设备对外单位或内部其他独立核算单位提供机械作业，运输作业等取得的收入
    - 材料销售收入，是指企业向其他企业(或内部独立核算单位)出售建筑材料或其他材料而获得的收入
    - 无形资产转让收入，是指无形资产对外转让实现的收入
    - 固定资产出租收入，是指企业对外单位出租机械设备等固定资产而取得的收入
    - 对外承包工程收入，是指企业承包国外工程、国内外资工程和提供劳务获得的收入
    - 多种经营收入，指施工企业开展多种经营业务(如饮食、服务、商业等)而获得的收入
    - 其他兼营业务收入

图 14－1　施工企业收入的主要内容

第二节　建造工程合同收入的会计核算

一、建造合同的概念及特征

建造合同的概念及特征如表 14－2 所示。

表 14－2　建造合同的概念和特征

建造合同的概念	建造合同的特征
建造合同，是指为建造一项或数项在设计、技术、功能、最终用途等方面密切相关的资产而订立的合同。其中，所指资产主要包括房屋、道路、桥梁、水坝等建筑物，以及船舶、飞机、大型机械设备等。由于本书主要针对建筑施工企业，如无特殊的说明，建造合同均指建造工程合同	① 先有买主(即客户)，后有标的(即资产)，建造资产的造价在合同签订时就已经确定； ② 资产的建设周期长，一般都要跨越一个会计年度，有的长达数年； ③ 所建造资产的体积大、造价高； ④ 建造合同一般为不可撤销合同

二、建造合同的类型

建造合同一般分为两种类型，即固定造价合同和成本加成合同。对两者的含义及区别的介绍如图 14－2 所示。

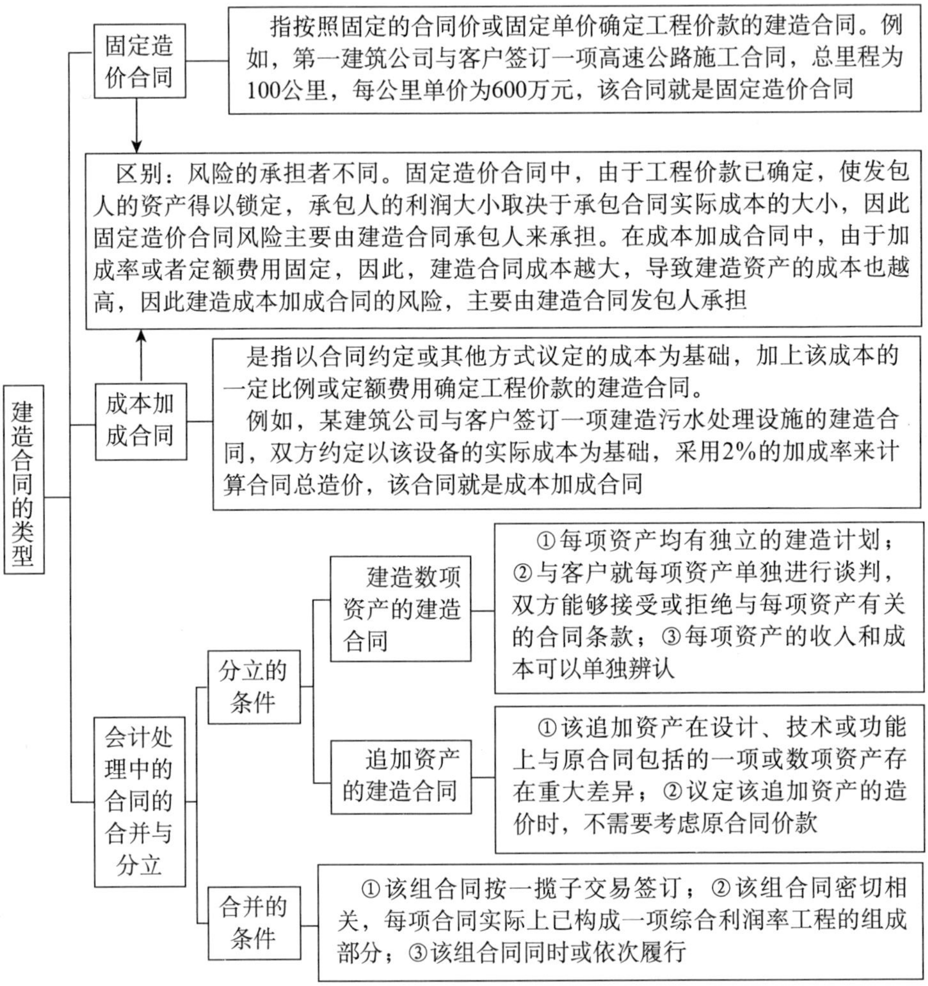

图14－2　建造合同的类型

三、合同收入的内容

合同收入包括合同规定的初始收入和因合同变更、索赔、奖励等形成的收入两部分。合同规定的初始收入，即建造承包商与业主在双方签订的合同中最初商订的合同总金额，它构成了合同收入的基本内容。因合同变更、索赔、奖励等形成的收入并不构成合同双方在签订合同时已在合同中商订的合同总金额，而是在执行合同过程中由于合同变更、索赔、奖励等原因而形成的追加收入。

合同变更是指客户为改变合同规定的作业内容而提出的调整；索赔款是指因客户或第三方原因造成的、向客户或第三方收取的、用以补偿不包括在合同造价中成本的款项；奖励款是指工程达到或超过规定的标准，客户同意支付的额外款项。

（一）初始收入

初始收入是指建造承包商与客户双方签订的合同中最初商订的合同总金额，它构成了合同收入的基本内容。

（二）追加收入

追加收入是指因合同变更、索赔、奖励等形成的收入，这部分收入并不构成合同双方在签订合同时已在合同中商订的合同总金额，而是在执行合同过程中由于合同变更、索赔、奖励等原因而形成的追加收入。建造承包商不能随意确认这部分收入，只有在符合规定条件时才能构成合同总收入。

追加收入具体包括的内容如表 14－3 所示。

表 14－3 追加收入的内容

追加收入的内容	对应的含义	确认的条件
合同变更收入	是指客户为改变合同规定的作业内容而提出的调整。合同的变更可能会导致最初的合同总金额发生变化	① 客户能够认可因变更而增加的收入；② 收入能够可靠地计量
索赔款收入	是指因客户或第三方的原因造成的、由建造承包商向客户或第三方收取的、用于补偿不包括在合同造价中的成本的款项	① 根据谈判情况，预计对方能够同意这项索赔；② 对方同意接受的金额能够可靠地计量
奖励款收入	是指工程达到或超过规定的标准时，客户同意支付给建造承包商的额外款项	① 根据目前合同完成情况，足以判断工程进度和工程质量能够达到或超过既定的标准；② 奖励金额能够可靠地计量

第三节 建造合同收入与费用的账务处理

一、应设置的会计科目

施工企业应根据实施建造合同所发生的经济业务，准确、及时地登记合同发生的实际成本和已办理结算的工程价款及实际已收取的工程价款，并根据工程施工进展情况，准确地确定合同完工进度，计量和确认当期的合同收入和费用。如果建造合同预计发生亏损，应计提损失准备。建造合同的科目设置和账务处理如表 14－4 所示。

表 14－4 建造合同的科目设置

应设置的科目			
工程施工		工程结算	
情况	会计核算	情况	会计核算
企业进行合同建造时发生的人工费、材料费、机械使用费以及施工现场材料的二次搬运费、生产工具和用具使用费、检验试验费、临时设施折旧费等其他直接费用	借记“工程施工（合同成本）”科目，贷记“应付职工薪酬”、“原材料”等科目；发生的施工、生产单位管理人员职工薪酬、固定资产折旧费、财产保险费、工程保修费、排污费等间接费用，借记“工程施工（间接费用）”科目，贷记“累计折旧”、“银行存款”等科目。月末，将间接费用分配计人有关合同成本时，借记“工程施工（合同成本）”科目，贷记“工程施工（间接费用）”科目	企业向购买方办理工程价款结算时	按应结算的金额，借记“应收账款”等科目，贷记“工程结算”科目。合同完工时，将“工程结算”科目余额与相应的“工程施工”科目对冲，借记“工程结算”科目，贷记“工程施工”科目

（续表）

<table>
<tr><th colspan="4">应设置的科目</th></tr>
<tr><th colspan="2">工程施工</th><th colspan="2">工程结算</th></tr>
<tr><th>情况</th><th>会计核算</th><th>情况</th><th>会计核算</th></tr>
<tr><td>根据建造合同准则确认合同收入、合同费用时</td><td>借记“主营业务成本”科目，贷记“主营业务收入”科目，按其差额借记或贷记“工程施工（合同毛利）”科目</td><td rowspan="3">在建造合同未开工或实施过程中，如果合同的预计总成本超过总收入，则应当确认预计损失</td><td>未开工时，按其差额，借记“主营业务成本”科目，贷记“预计负债”科目</td></tr>
<tr><td rowspan="2">合同完工时</td><td rowspan="2">将“工程施工”科目金额与相应的“工程结算”科目对冲，借记“工程结算”科目，贷记“工程施工”科目</td><td>实施过程中，按其差额，借记“资产减值损失”科目，贷记“存货跌价准备——合同预计损失准备”科目</td></tr>
<tr><td>合同完工时，借记“预计负债”或“存货跌价准备——合同预计损失准备”科目，贷记“主营业务成本”科目</td></tr>
</table>

二、合同收入与合同费用的确认

（一）合同收入与合同费用确认的基本原则

合同收入与合同费用确认的基本原则如图 14－3 所示。

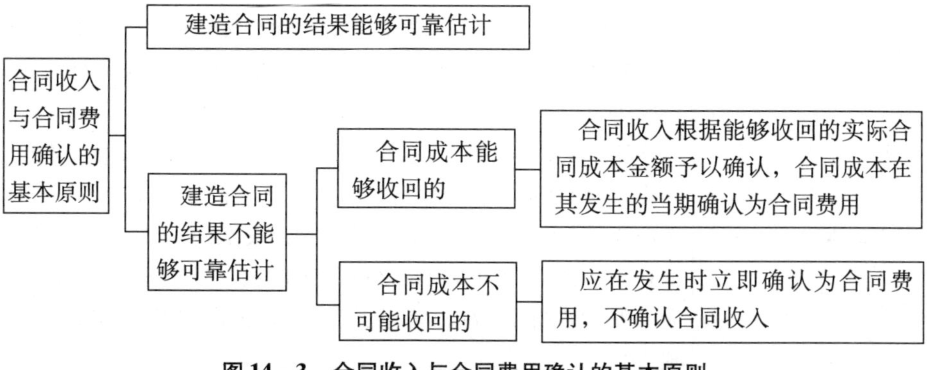

图 14－3　合同收入与合同费用确认的基本原则

(二)结果能够可靠估计的建造合同

建造合同的结果能够可靠估计的，企业应根据完工百分比法在资产负债表日确认合同收入和合同费用。完工百分比法是根据合同完工进度确认合同收入和费用的方法，运用这种方法确认合同收入和费用，能为报表使用者提供有关合同进度及本期业绩的有用信息，体现了权责发生制的要求。

1. 建造合同的结果能够可靠估计的认定标准

建造合同的结果能够可靠估计的认定标准如图 14－4 所示。

固定造价合同的结果能够可靠估计的认定标准
- 合同总收入能够可靠地计量
- 与合同相关的经济利益很可能流入企业
- 实际发生的合同成本能够清楚地区分和可靠地计量
- 合同完工进度和为完成合同尚需发生的成本能够可靠地确定

图 14－4　建造合同的结果能够可靠估计的认定标准

成本加成合同的结果能够可靠估计的认定标准为：与合同相关的经济利益很可能流入企业，实际发生的合同成本能够清楚地区分和可靠地计量。

2. 完工进度的确定

确定合同完工进度有三种方法，如表 14－5 所示。

表 14－5　合同完工进度计算方法

计算合同完工进度的方法	相应内容
根据累计实际发生的合同成本占合同预计总成本的比例确定	该方法是确定合同完工进度比较常用的方法。计算公式如下： 合同完工进度 = 累计实际发生的合同成本 ÷ 合同预计总成本 × 100% 累计实际发生的合同成本是指形成工程完工进度的工程实体和工作量所耗用的直接成本和间接成本，不包括与合同未来活动相关的合同成本（如施工中尚未安装、使用或耗用的材料成本），以及在分包工程的工作量完成之前预付给分包单位的款项（根据分包工程进度支付的分包工程进度款，应构成累计实际发生的合同成本）

（续表）

计算合同完工进度的方法	相应内容
根据已经完成的合同工作量占合同预计总工作量的比例确定	该方法适用于合同工作量容易确定的建造合同，如道路工程、土石方挖掘、砌筑工程等。计算公式如下： 合同完工进度 = 已经完成的合同工作量 ÷ 合同预计总工作量 × 100%
根据实际测定的完工进度确定	该方法是在无法根据上述两种方法确定合同完工进度时所采用的一种特殊的技术测量方法，适用于一些特殊的建造合同，如水下施工工程等。需要注意的是，这种技术测量并不是由建造承包商自行随意测定，而应由专业人员现场进行科学测定

【例 14-1】某建筑公司承建A工程，工期2年，A工程的预计总成本为20 000 000元。第一年，该建筑公司的“工程施工——A工程”账户的实际发生额为12 000 000元。其中：人工费4 000 000元，材料费5 000 000元，机械作业费2 500 000元，其他直接费用和工程间接费用500 000元。经查明，A工程领用的材料中有一批虽已运到施工现场但尚未使用，尚未使用的材料成本为1 000 000元，根据上述资料计算第一年的完工进度如下：

合同完工进度 =（1 200 − 100）÷ 2 000 × 100% = 55%。

【例 14-2】建安公司签订了修建一条100公里高速公路的一项建造合同，合同规定的总金额为6 000 000元，工期为3年。该公司第一年修建了30公里，第二年修建了40公里。根据上述资料，计算合同完工进度如下：

第一年合同完工进度 = 30/100 × 100% = 30%；

第二年合同完工进度 = 30 + 40 × 100% = 70%。

3. 完工百分比法的运用

确定建造合同的完整进度后，就可以根据完工百分比法确认和计量当期的合同收入和费用。当期确认的合同收入和费用可用下列公式计算：

当期确认的合同收入 = 合同总收入 × 完工进度 − 以前会计期间累计已确认的收入

当期确认的合同费用 = 合同预计总成本 × 完工进度 − 以前会计期间累计已确认的费用

当期确认的合同毛利 = 当期确认的合同收入 − 当期确认的合同费用

上述公式中的完工进度指累计完工进度。

对于当期完成的建造合同，应当按照实际合同总收入扣除以前会计期间累计已确认收入后的金额，确认为当期合同收入；同时，按照累计实际发生的合同成本扣除以前会计期间累计已确认费用后的金额，确认为当期合同费用。

【例 14－3】 泰山建筑公司于 2011 年 5 月开始承包一项办公用房的建筑工程，预计 2012 年 8 月完成。合同总造价 12 000 000 元，估计成本为 8 000 000元，最后，实际的工程总成本将为 9 100 000 元。这三年来，此项工程的成本投入情况如表 14－6 所示。

表 14－6　工程的成本投入情况表

单位：万元

项目	2011 年	2012 年	2013 年
本年度实际投入成本	200	300	310
累计发生的成本	200	500	810
估计应继续投入的成本	600	300	0
应收工程结算款项	400	400	400
当年实际收回的工程款	350	450	400

由于此项建造合同的结果能够可靠估计，因此依据完工百分比法对每一年的成本收入进行确认，据累计实际发生的合同成本占合同预计总成本的比例确定完工百分比。对每一年的经济业务进行相应的账务处理如下。

2011 年年末，应进行的账务处理如下：

当年年底的完工进度 = 200/(200 + 600) × 100% = 25%。

当期确认的合同收入 = 1200 × 25% = 300(万元)。

当期确认的合同费用 = 800 × 25% = 200(万元)。

当期确认的合同毛利 = 300 − 200 = 100(万元)。

应进行如下的账务处理：

① 2011 年当工程领用材料、发生人工等累计发生的工程成本时。

借：工程施工——合同成本　　2 000 000

　　贷：原材料、应付职工薪酬等　　2 000 000

② 根据计算所得，2011 年度应确认的收入和毛利为。

借：工程施工——合同毛利　　1 000 000

　　主营业务成本　　2 000 000

　　贷：主营业务收入　　3 000 000

③ 根据合同规定，2011 年确认应收工程价款时。

借：应收账款——应收工程款　　4 000 000

　　贷：工程结算　　4 000 000

④ 2011 年收取工程价款时。

借：银行存款　　3 500 000

　　贷：应收账款——应收工程款　　3 500 000

2012 年年末，应进行的账务处理如下：

当年年底的完工进度 $=500/(500+300)\times100\%=62.5\%$。

当期确认的合同收入 $=1\ 200\times62.5\%-300=450$（万元）。

当期确认的合同费用 $=800\times62.5\%-200=300$（万元）。

当期确认的合同毛利 $=450-300=150$（万元）。

应进行如下的账务处理：

① 2012 年当工程领用材料、发生人工等累计发生的工程成本时。

借：工程施工——合同成本　　3 000 000

　　贷：原材料、应付职工薪酬等　　3 000 000

② 根据计算所得，2012 年度应确认的收入和毛利如下。

借：工程施工——合同毛利　　1 500 000

　　主营业务成本　　3 000 000

　　贷：主营业务收入　　4 500 000

③ 根据合同规定，2012 年确认应收工程价款时。

借：应收账款——应收工程款　　4 000 000

　　贷：工程结算　　4 000 000

④ 2012 年收取工程价款时。

借：银行存款　　4 500 000

　　贷：应收账款——应收工程款　　4 500 000

2013年10月末，工程竣工后应进行的账务处理如下：

当年年底的完工进度＝(200＋300＋310)/810×100%＝100%。

当期确认的合同收入＝1 200×100%－300－450＝450(万元)。

当期确认的合同费用＝810×100%－200－300＝310(万元)。

当期确认的合同毛利＝450－310＝140(万元)。

应进行如下的账务处理：

① 2013年当工程领用材料、发生人工等累计发生的工程成本时。

借：工程施工——合同成本　　3 100 000

　　贷：原材料、应付职工薪酬等　　3 100 000

② 根据计算所得，2013年度应确认的收入和毛利如下。

借：工程施工——合同毛利　　1 400 000

　　主营业务成本　　3 100 000

　　贷：主营业务收入　　4 500 000

③ 根据合同规定，2013年确认应收工程价款时。

借：应收账款——应收工程款　　4 000 000

　　贷：工程结算　　4 000 000

④ 2013年收取工程价款时。

借：银行存款　　4 000 000

　　贷：应收账款——应收工程款　　4 000 000

2013年记录工程完工，结转工程成本时。

借：工程结算　　12 000 000

　　贷：工程施工——合同成本　　8 100 000

　　　　工程施工——合同毛利　　3 900 000

(三)结果不能可靠估计的建造合同

如果建造合同的结果不能可靠估计，则不能采用完工百分比法确认和计量合同收入和费用，而应区别以下两种情况进行会计处理，如表14－7所示。

表 14－7　结果不能可靠估计的建造合同的会计处理

情况	处理
合同成本能够收回的	合同收入根据能够收回的实际合同成本予以确认，合同成本在其发生的当期确认为合同费用
合同成本不可能收回的	应在发生时立即确认为合同费用，不确认合同收入

【例 14－4】泰山建筑公司与客户 F 签订了一项总金额为 1 200 000 元的建造合同。第一年实际发生工程成本 500 000 元，双方均能履行合同规定的义务，但建筑公司在年末时对该项工程的完工进度无法可靠确定。

① 由于该公司不能采用完工百分比法确认收入。客户 F 能够履行合同，当年发生的成本均能收回。所以公司可将当年发生的成本金额同时确认为当年的收入和费用，当年不确认利润。其账务处理如下：

借：主营业务成本　　500 000

　　贷：主营业务收入　　500 000

② 如果该公司当年与客户 F 只办理价款结算 300 000 元，其余款项可能无法收回，在这种情况下，该公司只能将 300 000 元确认为当年的收入，500 000 元应确认为当年的费用。其账务处理如下：

借：主营业务成本　　500 000

　　贷：主营业务收入　　300 000

　　　　工程施工——合同毛利　　200 000

如果使建造合同的结果不能可靠估计的不确定因素不复存在，就不应该再按照上述规定确定合同收入和费用，而应转为按照完工百分比法确认合同收入和费用。

③ 如果到了第二年，完工进度无法可靠确定的因素消除。第二年实际发生成本为 300 000 元，预计为完成合同尚需发生的成本为 200 000 元，则企业应该确认的合同收入和费用如下：

第二年合同完工进度 $=(50+30)/(50+30+20)=80\%$。

第二年确认的合同收入 $=120\times80\%-30=66$（万元）。

第二年确认的合同成本 $=(50+30+20)\times80\%-50=30$（万元）。

第二年确认的合同毛利 $=66-30=36$（万元）。

账务处理如下：

借：主营业务成本　　300 000

　　工程施工——合同毛利　　360 000

　　贷：主营业务收入　　660 000

（四）合同预计损失的处理

建造承包商正在建造的资产，类似于工业企业的在产品，性质上属于建造承包商的存货，期末应当对其进行减值测试。如果建造合同的预计总成本超过合同总收入，则形成合同预计损失，应提取损失准备，并确认为当期费用。合同完工时，将已提取的损失准备冲减合同费用。

【例 14－5】泰山建筑公司签订了一项总金额为 1 200 000 元的固定造价合同，最初预计总成本为 1 000 000 元。第一年实际发生成本 700 000 元。年末，预计为完成合同尚需发生成本 550 000 元。该合同的结果能够可靠估计。该公司在年末应进行如下账务处理：

第一年合同完工进度＝700 000÷（700 000＋550 000）×100%＝56%。

第一年确认的合同收入＝1 200 000×56%＝672 000（元）。

第一年确认的合同费用＝（700 000＋550 000）×56%＝700 000（元）。

第一年确认的合同毛利＝672 000－700 000＝－28 000（元）。

第一年预计的合同损失＝[（700 000＋550 000）－1 200 000]×（1－56%）＝22 000（元）。

第四节　工程价款结算的核算

一、工程价款结算的方式

施工企业对于已完工程或竣工工程，应与发包单位结算工程价款。建筑安装工程价款的结算，一般可采用以下几种方式，如表 14－8 所示。

表 14－8　工程价款结算方式及会计处理

工程价款结算的方式	具体结算的处理
按月结算，即在月终按已完分部分项工程结算工程价款	施工企业在采用按月结算工程价款方式时，要先取得各月实际完成的工程数量，并按照工程预算定额中的工程直接费用预算单价、间接费用定额和合同中采用利税率计算出已完工程造价。实际完成的工程数量，由施工单位根据有关资料计算，并编制“已完工程月报表”，然后按照发包单位编制的“已完工程月报表”，将各个发包单位的本月已完工程造价汇总反映。再根据“已完工程月报表”编制“工程价款结算账单”，与“已完工程月报表”一起，分送发包单位和经办银行，据以办理结算
分段结算，即按工程形象进度划分的不同阶段（部位），分段结算工程价款	施工企业在采用分段结算工程价款方式时，要在合同中规定工程部位完工的月份，根据已完工程部位的工程数量计算已完工程造价，按发包单位编制“已完工程月报表”和“工程价款结算账单”
竣工后一次结算，即在单项工程或建设项目全部建筑安装工程竣工以后结算工程价款	实行完成合同后（竣工）一次结算工程价款办法的工程合同，应于合同完成、施工企业与客户进行工程价款结算时，确认工程结算收入的实现，实现的收入额为承发包双方结算的合同价款总额

“工程价款结算账单”是办理工程价款结算的依据。工程价款结算账单中所列应收工程款应与随同附送的“已完工程月报表”中的工程造价相符，“工程价款结算账单”除了列明应收工程款外，还应列明应扣预收工程款、预收备料款、发包单位供给材料价款等应扣款项，算出本月实收工程款。

为了保证工程按期收尾竣工，工程在施工期间，不论工程长短，其结算工程款一般不得超过承包工程价值的95%，结算双方可以在5%的幅度内协商确定尾款比例，并在工程承包合同中订明。施工企业如已向发包单位出具履约保函或有其他保证的，可以不留工程尾款。

二、工程结算收入的核算

（一）核算结算收入时应设立的科目

为了反映施工企业已完工程结算收入，工程结算成本和工程结算税金及附加，应设置如下会计账户，如表14－9所示。

表14－9　核算结算收入时应设立的科目介绍

项目	主营业务收入	主营业务成本	营业税金及附加	应收账款——应收工程款
设置目的	用以核算企业承包工程实现的工程价款收入，向客户收取的各种索赔款，以及按照规定列做营业收入的临时设施费、劳动保险费、施工机构迁移费等其他款项	用以核算企业已完工程的实际成本	用以反映企业因从事建筑安装生产活动取得工程价款结算收入而按规定缴纳的城市维护建设税和教育费附加等	用以核算企业与客户办理工程价款结算时，按照工程合同规定应向其收取的工程价款和按照规定标准单独计算收取的临时设施费和劳动保险费
借贷科目	本科目贷方登记企业实现的工程价款收入和应向客户收取的临时设施费、劳动保险费及施工机构迁移费等其他款项；借方登记实现的工程价款转入“本年利润”科目的数额，转结后本科目应无余额	本科目借方登记本月办理已完工程价款结算的已完工程实际成本；贷方登记期末转入“本年利润”科目的数额，期末结转后无余额	本科目借方登记企业按规定计算出应缴纳的各种税金及附加费；贷方登记期末转入“本年利润”的数额，结转后本科目应无余额	本科目借方登记根据工程价款结算账单确定的工程价款和同工程价款一并向客户收取的临时设施费和劳动保险费；贷方登记收到的工程款，临时设施费、劳动保险费和根据工程合同规定扣还预收的工程款，以及一定比例的预收备料款；余额在借方，反映尚未收到的应收工程款。本科目应按客户和工程合同进行明细分类核算

（二）核算工程结算收入的账务处理

1. 非竣工结算方式的核算

非竣工结算就是定期结算。按照这种结算办法的规定，建筑安装企业可以向客户预收工程备料款和工程进度款。

现举例说明非竣工结算方式的核算方法。

【例 14－6】 某施工企业承包一项工程，工期 18 个月，施工图预算造价 1 200 000 元，工程合同规定按合同造价的 30% 预付备料款，工程款月中预支，月末按进度结算。

① 收到客户按合同规定拨付的预收备料款 360 000 元。

借：银行存款　　360 000
　　贷：预收账款——预收备料款（某单位）　　360 000

② 本月月中开出"工程款预支账单"，向客户预支工程款 60 000 元，已存入银行。

借：银行存款　　60 000
　　贷：预收账款——预收工程款（某单位）　　60 000

③ 月末开出"工程价款结算账单"，向客户办理工程价款结算，本月完工价款 150 000 元。

借：应收账款——应收工程款　　150 000
　　贷：工程结算　　150 000

④ 本月应扣还预收备料款 50 000 元，抵扣月中预收的工程款60 000元。

借：预收账款——预收工程款　　110 000
　　贷：应收账款——应收工程款　　110 000

⑤ 应另向发报单位收取临时设施费 5 000 元，劳动保险费 1 000 元。

借：应收账款——应收工程款　　6 000
　　贷：工程结算　　6 000

⑥ 按规定税率计算并结转应交的营业税 3 480 元，城市维护建设税 244 元。

借：营业税金及附加　　3 724
　　贷：应交税费——应交营业税　　3 480
　　　　　　　　——应交城建税　　244

⑦ 结转本月已办理结算工程的实际成本96 000元。

借：主营业务成本 96 000

工程施工——合同毛利——某工程 60 000

贷：主营业务收入 156 000

⑧ 结转本月工程结算成本96 000元。

借：本年利润 96 000

贷：主营业务成本 96 000

⑨ 结转本月工程结算收入156 000元。

借：主营业务收入 156 000

贷：本年利润 156 000

⑩ 收到客户46 000元的支票一张。

借：银行存款 46 000

贷：应收账款——应收工程款 46 000

最后工程全部完工，将“工程施工”和“工程结算”科目对冲。

2. 竣工结算方式的核算

在工程项目已经竣工的条件下，需要将“工程施工”科目的余额结转到“工程结算”科目。

现举例说明竣工结算方式的核算方法。

【例14-7】某施工企业年初承包一项工程，施工图预算造价500 000元。工程合同规定，按造价30%付备料款，其中20%由客户直接拨付水泥、钢材抵付备料款。工程价款竣工后一次性付款。

① 收到发包合同规定拨付的备料款50 000元。

借：银行存款 50 000

贷：预收账款——预收备料款 50 000

② 收到客户按规定拨付抵做备料款的水泥、钢材，预算价格为100 000元。该批钢材计划价格与预算价格相同。

借：原材料——水泥、钢材 100 000

贷：预收账款——预收备料款 100 000

③ 年末工程按期竣工交付使用，企业开出“工程价款结算账单”向客户结算工程价490 000元。

借：应收账款——预收工程款(某单位)　　490 000

　　贷：工程结算——某工程　　490 000

④ 从应收款中扣还客户预收的备料款。

借：预收账款——预收工程款　　1 500 000

　　贷：应收账款——应收工程款　　1 500 000

⑤ 按工程价款收入计算并结转应交纳的营业税 14 700 元，城市维护建设税 1 029 元。

借：营业税金及附加　　15 729

　　贷：应交税费——应交营业税　　14 700

　　　　　　　　——应交城建税　　1 029

⑥ 结转该工程实际成本 380 000 元。

借：主营业务成本　　380 000

　　工程施工——合同毛利——某工程　　110 000

　　贷：主营业务收入　　490 000

⑦ 结转该项工程结算成本 380 000 元。

借：本年利润　　380 000

　　贷：主营业务成本　　380 000

⑧ 结转该项工程结算收入 490 000 元。

借：主营业务收入　　490 000

　　贷：本年利润　　490 000

⑨ 收到客户转账支付的工程价款 340 000 元。

借：银行存款　　340 000

　　贷：应收账款——应收工程款　　340 000

⑩ 用银行存款上交营业税 14 700 元和城市维护建设税 1 029 元。

借：应交税费——应交营业税　　14 700

　　　　　　——应交城建税　　1 029

　　贷：银行存款　　15 729

最后工程完工，将“工程施工”和“工程结算”科目对冲。

借：工程结算　　490 000

　　贷：工程施工——合同成本　　380 000

　　　　　　　　——合同毛利　　110 000

3. 分包工程价款结算的核算

施工企业承包的工程，除了自行施工外，往往还要将其中的一部分工程分包给外单位施工，相互之间发生的工程价款结算的核算举例如下。

【例 14－8】 企业根据预付备料款额度，通过银行向分包单位预付备料款 27 600 元时。

借：预付账款——预付分包备料款　　27 600

　　贷：银行存款　　27 600

企业与发包单位办好手续，由发包单位拨给分包单位主要材料一批，计价 20 000 元，抵作预付备料款时。

借：预付账款——预付分包备料款　　20 000

　　贷：预收账款——预收备料款　　20 000

企业按工程分包合同规定，于月中根据工程进度预付给分包单位15 000 元工程款时。

借：预付账款——预付分包工程款　　15 000

　　贷：银行存款　　15 000

月末，根据经审核的分包单位提出的“工程价款结算账单”结算应付已完工程款 32 000 元时。

借：工程施工或生产成本——工程施工成本　　32 000

　　贷：应付账款——应付分包工程款　　32 000

企业根据合同规定，从应付分包工程款中扣除预付的工程款 15 000 元和预付备料款 2 000 元时。

借：应付账款——应付分包工程款　　17 000

　　贷：预付账款——预付分包工程款　　15 000

　　　　预付账款——预付分包备料款　　2 000

从银行存款支付分包单位工程款 15000 元（32 000 － 17 000）时。

借：应付账款——应付分包工程款　　15 000

　　贷：银行存款　　15 000

（三）工程完工时“工程施工”科目与“工程结算”科目的结平

施工企业为了正确组织合同工程成本的核算，应当根据工程合同确定的成本核算对象，开设成本明细账，把工程施工中发生的各种成本费用，及时计入按成本核算对象设置的成本明细账。当合同工程完工时，该明细账汇总的累计发生的费用，即为该项已完工程的实际成本。当工程完工时，将“工程施工”科目的余额，与“工程计算”的科目余额进行对冲。

【例14－9】泰山工程本月完工，工程累计实际成本513 835元，累计结算工程价款620 000元，工程合同毛利106 165元，结转已完工程成本，作如下会计分录：

借：工程结算　　620 000

　　贷：工程施工——合同毛利——某工程　　106 165

　　　　工程施工——合同成本——某工程　　513 835

第五节　其他业务收入的核算

一、其他业务收入的确认

施工企业的其他业务收入一般包括产品销售收入、作业销售收入、材料销售收入和其他销售收入等。各种类型收入的确认条件如下。

（一）商品销售收入的确认

商品销售收入的确认如表14－10所示。

表14－10　商品销售收入的确认

事项	确认的条件（要同时满足）
商品销售收入的确认	① 企业已将商品所有权上的主要风险和报酬转移给购货方；② 企业既没有保留通常与所有权相联系的继续管理权，也没有对已售出的商品实施有效控制；③ 收入的金额能够可靠地计量；④ 相关的经济利益很可能流入企业；⑤ 相关的已发生或将发生的成本能够可靠地计量。

注：商品包括企业为销售而生产的产品和为转售而购进的商品，如工业企业生产的产品、商业企业购进的商品等，企业销售的其他存货如原材料、包装物等，也视同商品

企业销售商品应同时满足表 14－10 中 5 个条件，才能确认收入。任何一个条件没有满足，即使收到货款，也不能确认收入。

(二)提供劳务交易结果能够可靠估计的条件

如果劳务是在同一会计年度开始并完成，应在完成劳务时确认。如果劳务的开始和完成分属不同的会计年度，在提供劳务交易结果能够可靠估计的情况下，应按完成百分比法确认营业收入。提供劳务交易的结果能够可靠估计，需同时满足的条件如表 14－11 所示。

表 14－11　交易结果能够可靠估计的条件

事项	估计的条件(要同时满足)
提供劳务交易结果能够可靠估计的条件	① 收入的金额能够可靠地计量，是指提供劳务收入的总额能够合理地估计。 ② 相关的经济利益很可能流入企业，是指提供劳务收入总额收回的可能性大于不能收回的可能性。 ③ 交易的完工进度能够可靠地确定，是指交易的完工进度能够合理地估计。企业确定提供劳务交易的完工进度。 ④ 交易中已发生和将发生的成本能够可靠地计量，是指交易中已经发生和将要发生的成本能够合理地估计

(三)让渡资产使用权取得收入的确认

施工企业出租机器设备的业务属于让渡资产使用权，让渡资产使用权收入主要包括两类，即利息收入和使用费收入。企业对外出租资产收取的租金、进行债权投资收取的利息、进行股权投资取得的股利，也属于让渡资产使用权形成的收入。

让渡资产使用权收入同时满足下列条件的，才能予以确认：一是相关的经济利益很可能流入企业；二是收入的金额能够可靠地计量。

二、其他业务收入的核算

施工企业的其他销售业务收入应通过“其他业务收入”和“其他业务成本”科目进行核算。为了分别反映产品销售、作业销售、材料销售和其他销售的销售收入和销售成本、销售税金，应在“其他业务收入”科目下设置“产品销售收入”、“作业销售收入”、“材料销售收入”等二级科目；在“其他业务成本”科目下设置“产品销售支出”、“作业销售支出”、“材料销售支出”等二级科目分别进行核算。

(一)产品销售核算

施工企业附属工业企业销售产品实现的销售收入，发生的销售成本和销售税金支出，应分别在“其他业务收入——产品销售收入”和“其他业务成本——产品销售支出”科目核算。

【例14－10】泰山建筑工程公司所属水泥搅拌站销售水泥100吨，每吨售价400元，实际成本为每吨260元。该公司营业税率为3%，城市维护建设税为营业税的7%，教育费附加为营业税的3%。此笔销售业务应缴纳的营业税为1 200元，城建税为84元，教育费附加为36元。

注：泰山建筑工程公司是缴纳营业税的单位，对于其零散的销售业务，视为兼业收入，按缴纳营业税处理。

① 收到货款时，作如下分录。

借：银行存款　　40 000

　　贷：其他业务收入——产品销售收入　　40 000

② 结转成本时，作如下分录。

借：其他业务成本——产品销售支出　　26 000

　　贷：库存商品　　26 000

③ 结转应交营业税、城建税和教育费附加，作如下分录。

借：其他业务成本——产品销售支出　　1 320

　　贷：应交税费——应交营业税　　1 200

　　　　应交税费——应交城建税　　84

　　　　其他应交款——应交教育费附加　　36

④ 月份终了，应将“其他业务收入——产品销售收入”、“其他业务成本——产品销售支出”科目的余额，分别转入“本年利润”科目的贷方和借方，作如下分录。

借：其他业务收入　　40 000

　　贷：本年利润　　40 000

借：本年利润　　27 320
　　贷：其他业务成本　　27 320

(二)作业销售的核算

施工企业为其他企业提供机械、运输作业所发生的销售收入和销售成本、销售税金，应分别在“其他业务收入——作业销售收入”和“其他业务成本——作业销售支出”科目核算。

【例14-11】泰山建筑工程公司出动一台铲车和三辆载重汽车给其他施工企业清运砂石，应收价款10 000元，应交营业税金300元，应缴城市维护建设税21元，应交教育费附加9元。按规定台班成本标准，应结转的作业成本为8 000元。

① 收到作业收入10 000元时，作如下分录。

借：银行存款　　10 000
　　贷：其他业务收入——作业销售收入　　10 000

② 结转机械对外作业成本，作如下分录。

借：其他业务成本——作业销售支出　　8 000
　　贷：机械作业　　8 000

③ 结转应交税费及教育费附加，作如下分录。

借：其他业务成本——作业销售支出　　330
　　贷：应交税费——应交营业税　　300
　　　　应交税费——应交城市维护建设税　　21
　　　　应交税费——应交教育费附加　　9

(三)材料销售的核算

施工企业对外销售材料所发生的收入，应记入“银行存款”、“应收账款”等科目的借方和“其他业务收入——材料销售收入”科目的贷方。结转销售材料的实际成本，记入“其他业务成本——材料销售支出”科目的借方和“原材料”、“材料成本差异”等科目的贷方；应交的税金和教育费附加，应记入“其他业务成本——材料销售支出”科目的借方和“应交税费”、“其他应交款——应交教育费附加”科目的贷方。

【例 14－12】泰山建筑工程公司将本公司剩余的一批地砖对外销售。这批地砖的实际成本为 20 000 元，该公司对材料按照实际成本法进行核算。获得销售款 30 000 元，货款收到并存入开户银行。

注：泰山建筑工程公司是缴纳营业税的单位，对于其零散的销售业务，视为兼业收入，按缴纳营业税处理。

① 收到材料销售货款时，作如下分录。

借：银行存款	30 000	
贷：其他业务收入——材料销售收入		30 000

② 结转材料实际成本，作如下分录。

借：其他业务成本——材料销售支出	20 000	
贷：原材料——主要材料		20 000

③ 这部分销售业务需要缴纳营业税 900 元、城市维护建设税 63 元、应交教育费附加 27 元，作如下分录。

借：其他业务成本——材料销售支出	990	
贷：应交税费——应交营业税		900
应交税费——应交城市维护建设税		63
应交税费——应交教育费附加		27

(四)其他销售的核算

施工企业对其他企业提供技术服务、技术转让所发生的收入，应记入“银行存款”科目的借方和“其他业务收入——技术服务收入”和“其他业务收入——无形资产转让收入”科目的贷方。提供技术服务和技术转让的成本，以及应交税费和教育费附加，应记入“其他业务成本——技术服务支出”、“其他业务成本——无形资产转让支出”科目的借方和“应交教育费附加”等科目的贷方。

施工企业对其他企业出租机械、设备所发生的收入，应记入“银行存款”、“应收账款”等科目的借方和“其他业务收入——机械设备出租收入”科目的贷方。出租机械、设备所发生的各项费用，应先记入“机械作业——机械出租”科目的借方，月终转出出租机械设备实际成本和应交税费、教育费附加时，应记入“其他业务成本——机械设备出租支出”科目的借方和“机械作业——机械出租”、“应交税费”、“其他应交款——应交教育费附加”等科目的贷方。

第十五章
施工企业的期间费用与利润

本章导读

期间费用是指不计入产品生产成本、直接计入发生当期损益的费用。期间费用主要包括管理费用、销售费用和财务费用。利润是企业的收入减去成本费用之后的余额，是企业的经营成果。

在本章中，我们重点学习以下内容：

☑ 哪些支出属于管理费用，如何进行会计核算。

☑ 哪些支出属于销售费用，如何进行会计核算。

☑ 哪些支出属于财务费用，如何进行会计核算。

☑ 如何计算企业的利润。

☑ 如何对企业利润的结转与分配进行会计核算。

第一节　期间费用的核算

一、管理费用

管理费用含义、内容和科目设置的介绍如表 15－1 所示。

表 15－1　管理费用

管理费用含义	管理费用内容	“管理费用”科目
企业为组织和管理生产经营活动而发生的各种管理费用	企业在筹建期间发生的开办费、董事会和行政管理部门在企业的经营管理中发生的或者应由企业统一负担的公司经费(包括行政管理部门职工薪酬、物料消耗、低值易耗品摊销、办公费和差旅费等)、工会经费、董事会费(包括董事会成员津贴、会议费和差旅费等)、聘请中介机构费、咨询费(含顾问费)、诉讼费、业务招待费、房产税、车船使用税、土地使用税、印花税、技术转让费、矿产资源补偿费、研究费用、排污费以及企业生产车间(部门)和行政管理部门发生的固定资产修理费等	核算管理费用的发生和结转情况。该科目借方登记企业发生的各项管理费用，贷方登记期末转入“本年利润”科目的管理费用，结转后该科目应无余额。该科目应按管理费用的费用项目进行明细核算

【例 15－1】某企业筹建期间发生办公费、差旅费等开办费 25 000 元，均用银行存款支付。会计分录如下：

借：管理费用　　25 000

　　贷：银行存款　　25 000

【例 15-2】某企业行政部 9 月份共发生费用 224 000 元，其中：行政人员薪酬 150 000 元，行政部专用办公设备折旧费 45 000 元，报销行政人员差旅费 21 000 元(假定报销人均未预借差旅费)，其他办公、水电费 8 000 元(均用银行存款支付)。会计分录如下：

借：管理费用　　224 000
　贷：应付职工薪酬　　150 000
　　累计折旧　　45 000
　　库存现金　　21 000
　　银行存款　　8 000

二、销售费用

销售费用含义、内容和科目设置的介绍如表 15-2 所示。

表 15-2　销售费用介绍

销售费用含义	销售费用内容	“销售费用”科目
企业在销售商品和材料、提供劳务过程中发生的各项费用	企业在销售商品过程中发生的包装费、保险费、展览费和广告费、商品维修费、预计产品质量保证损失、运输费、装卸费等费用，以及企业发生的为销售本企业商品而专设的销售机构的职工薪酬、业务费、折旧费、固定资产修理费等费用	核算销售费用的发生和结转情况。该科目借方登记企业所发生的各项销售费用，贷方登记期末结转入“本年利润”科目的销售费用，结转后该科目应无余额。该科目应按销售费用的费用项目进行明细核算

【例 15-3】某公司销售部 8 月份共发生费用 220 000 元，其中：销售人员薪酬 100 000 元，销售部专用办公设备折旧费 50 000 元，业务费 70 000 元(均用银行存款支付)。会计分录如下：

借：销售费用　　220 000
　贷：应付职工薪酬　　100 000
　　累计折旧　　50 000
　　银行存款　　70 000

三、财务费用

财务费用的含义、内容和科目设置的介绍如表 15 –3 所示。

表 15 –3 财务费用介绍

财务费用含义	财务费用内容	“财务费用”科目
企业为筹集生产经营所需资金等而发生的筹资费用	利息支出(减利息收入)、汇兑损益以及相关的手续费、企业发生的现金折扣或收到的现金折扣等	核算财务费用的发生和结转情况。该科目借方登记企业发生的各项财务费用，贷方登记期末结转入“本年利润”科目的财务费用。结转后该科目应无余额。该科目应按财务费用的费用项目进行明细核算

【例 15 –4】 某企业于 2013 年 2 月 1 日向银行借入生产经营用短期借款 360 000 元，期限 6 个月，年利率 5%，该借款本金到期后一次归还，利息分月预提、按季支付。假定 2 月份其中 120 000 元暂时作为闲置资金存入银行，并获得利息收入 400 元。假定所有利息均不符合利息资本化条件。2 月份相关利息的会计处理如下：

2 月末，预提当月份应计利息：

360 000 ×5% ÷12 =1 500(元)。

借：财务费用 1 500

　　贷：应付利息 1 500

同时，当月取得的利息收入 400 元应作为冲减财务费用处理。

借：银行存款 400

　　贷：财务费用 400

第二节 利润的核算

对利润的含义及计算的介绍如表 15 –4 所示。

表 15－4　利润的含义及其计算

利润的含义	利润的计算
企业在一定会计期间的经营成果	包括收入减去费用后的净额、直接计入当期利润的利得和损失等。其中直接计入当期利润的利得和损失，是指应当计入当期损益、会导致所有者权益发生增减变动的、与所有者投入资本或者向所有者分配利润无关的利得或者损失

一、营业利润的核算

利润核算的相关公式和有关定义的介绍如表 15－5 所示。

表 15－5　营业利润的核算

各种利润	核算公式	相关定义
营业利润	营业利润＝营业收入－营业成本－营业税金及附加－销售费用－管理费用－财务费用－资产减值损失＋公允价值变动收益（－公允价值变动损失）＋投资收益（投资损失）	营业收入是指企业经营业务所确认的收入总额，包括主营业务收入和其他业务收入。 营业成本是指企业经营业务所发生的实际成本总额，包括主营业务成本和其他业务成本。 资产减值损失是指企业计提各项资产减值准备所形成的损失。 公允价值变动收益（或损失）是指企业交易性金融资产等公允价值变动形成的应计入当期损益的利得（或损失）。 投资收益（或损失）是指企业以各种方式对外投资所取得的收益（或发生的损失）
利润总额	利润总额＝营业利润＋营业外收入－营业外支出	营业外收入是指企业发生的与其日常活动无直接关系的各项利得。 营业外支出是指企业发生的与其日常活动无直接关系的各项损失
净利润	净利润＝利润总额－所得税费用	所得税费用是指企业确认的应从当期利润总额中扣除的所得税费用

二、营业外收入和营业外支出的核算

1. 营业外收入

营业外收入的介绍如表 15 –6 所示。

表 15 –6　营业外收入

含义	包含的内容	“营业外收入”科目	会计处理
企业发生的与其日常活动无直接关系的各项利得	非流动资产处置利得、盘盈利得、罚没利得、捐赠利得、确实无法支付而按规定程序经批准后转做营业外收入的应付款项等	核算营业外收入的取得及结转情况。该科目贷方登记企业确认的各项营业外收入，借方登记期末结转入本年利润的营业外收入。结转后该科目应无余额。该科目应按照营业外收入的项目进行明细核算	确认营业外收入，借记“固定资产清理”、“银行存款”、“库存现金”、“应付账款”等科目，贷记“营业外收入”科目。期末，应将“营业外收入”科目余额转入“本年利润”科目，借记“营业外收入”科目，贷记“本年利润”科目
注：营业外收入并不是企业经营资金耗费所产生的，不需要企业付出代价，实际上是经济利益的净流入，不可能也不需要与有关的费用进行配比	注：非流动资产处置利得包括固定资产处置利得和无形资产出售利得。固定资产处置利得，指企业出售固定资产所取得价款或报废固定资产的材料价值和变价收入等，扣除处置固定资产的账面价值、清理费用、处置相关税费后的净收益；无形资产出售利得，指企业出售无形资产所取得价款，扣除出售无形资产的账面价值、出售相关税费后的净收益。 盘盈利得，主要指对于现金等清查盘点中盘盈的现金等，报经批准后计入营业外收入的金额。 罚没利得，指企业取得的各项罚款，在弥补由于对违反合同或协议而造成的经济损失后的罚款净收益。 捐赠利得，指企业接受捐赠产生的利得		

2. 营业外支出

营业外支出的介绍如表15－7所示。

表15－7　营业外支出

含义	包含的内容	“营业外支出”科目	会计处理
企业发生的与其日常活动无直接关系的各项损失	非流动资产处置损失、盘亏损失、罚款支出、公益性捐赠支出、非常损失等	核算营业外支出的发生及结转情况。该科目借方登记企业发生的各项营业外支出，贷方登记期末结转入本年利润的营业外支出。结转后该科目应无余额。该科目应按照营业外支出的项目进行明细核算	发生营业外支出时，借记“营业外支出”科目，贷记“固定资产清理”、“待处理财产损溢”、“库存现金”、“银行存款”等科目。期末，应将“营业外支出”科目余额转入“本年利润”科目，借记“本年利润”科目，贷记“营业外支出”科目
	流动资产处置损失包括固定资产处置损失和无形资产出售损失。固定资产处置损失，指企业出售固定资产所取得价款或报废固定资产的材料价值和变价收入等，不足以抵补处置固定资产的账面价值、清理费用、处置相关税费所发生的净损失；无形资产出售损失，指企业出售无形资产所取得价款，不足以抵补出售无形资产的账面价值、出售相关税费后所发生的净损失。 盘亏损失，主要指对于固定资产清查盘点中盘亏的固定资产，在查明原因处理时按确定的损失计入营业外支出的金额。 罚款支出，指企业由于违反税收法规、经济合同等而支付的各种滞纳金和罚款。 公益性捐赠支出，指企业对外进行公益性捐赠发生的支出。 非常损失，指企业对于因客观因素（如自然灾害等）造成的损失，在扣除保险公司赔偿后应计入营业外支出的净损失		

【例 15 -5】某公司将拥有的一项非专利技术出售，取得价款 900 000 元，应交的营业税为 45 000 元。该非专利技术的账面余额为 1 000 000 元，累计摊销额为 100 000 元，未计提减值准备。会计分录如下：

借：银行存款　　900 000
　　累计摊销　　100 000
　　营业外支出　　45 000
　　贷：无形资产　　1 000 000
　　　　应交税费——应交营业税　　45 000

三、利润的结转与分配

（一）利润的结转

利润科目设置的介绍如表 15 -8 所示。

表 15 -8　“本年利润”科目的设置

“本年利润”科目设置目的	期末会计核算	年度终了时的会计核算
核算企业本年度内实现的利润总额（或亏损总额）	将各收益类科目的余额转入“本年利润”科目的贷方；将各成本、费用类科目的余额转入“本年利润”科目的借方。转账后，“本年利润”科目如为贷方余额，反映本年度自年初开始累计实现的净利润；如为借方余额，反映本年度自年初开始累计发生的净亏损	将“本年利润”科目的全部累计余额，转入“利润分配”科目，如为净利润，借记“本年利润”科目，贷记“利润分配”科目；如为净亏损，编制相反会计分录。年度结账后，“本年利润”科目无余额

【例 15-6】某企业在2012年度决算时，各损益账户12月31日的余额如下：

科目名称	结前余额(元)
主营业务收入	90 000(贷)
营业税金及附加	4 500(借)
主营业务成本	50 000(借)
销售费用	2 000(借)
管理费用	8 500(借)
财务费用	2 000(借)
其他业务收入	9 400(贷)
其他业务成本	7 400(借)
投资收益	1 500(贷)
营业外收入	3 500(贷)
营业外支出	1 800(借)
所得税	8 500(借)

根据上述资料 企业作如下会计处理。

① 结转主营业务收入。

借：主营业务收入	90 000	
贷：本年利润		90 000

② 结转销售税金、成本和期间费用。

借：本年利润	67 000	
贷：营业税金及附加		4 500
主营业务成本		50 000
销售费用		2 000
管理费用		8 500
财务费用		2 000

③ 结转其他业务收支。

僃：其他业务收入	9 400	
贷：本年利润		9 400

借：本年利润　　7 400

　　贷：其他业务成本　　7 000

④ 结转投资净收益。

借：投资收益　　1 500

　　贷：本年利润　　1 500

⑤ 结转营业外收支。

借：营业外收入　　3 500

　　贷：本年利润　　3 500

借：本年利润　　1 800

　　贷：营业外支出　　1 800

⑥ 结转本年所得税费用。

借：本年利润　　8 500

　　贷：所得税　　8 500

⑦ 计算并结转本年净利润。

"本年利润"科目借方发生额 = 67 000 + 7 400 + 1 800 + 8 500 = 84 700（元）。

"本年利润"科目贷方发生额 = 90 000 + 9 400 + 1 500 + 3 500 = 104 400（元）。

净利润 = 104 400 − 84 700 = 19 700（元）。

借：本年利润　　19 700

　　贷：利润分配——未分配利润　　19 700

(二)利润分配的会计核算

利润分配的会计核算如表 15 − 9 所示。

表 15-9 利润分配介绍

利润分配含义	利润分配的顺序	“利润分配”科目
企业根据国家有关规定和企业章程、投资者协议等，对企业当年可供分配的利润所进行的分配	提取法定盈余公积；提取任意盈余公积；向投资者分配利润 可供分配的利润=当年实现的净利润+年初未分配利润(或-年初未弥补亏损)+其他转入	核算企业利润的分配(或亏损的弥补)和历年分配(或弥补)后的未分配利润(或未弥补亏损)。该科目应分别“提取法定盈余公积”、“提取任意盈余公积”、“应付现金股利或利润”、“盈余公积补亏”、“未分配利润”等进行明细核算。企业未分配利润通过“利润分配——未分配利润”明细科目进行核算。年度终了，企业应将全年实现的净利润或发生的净亏损，自“本年利润”科目转入“利润分配——未分配利润”科目，并将“利润分配”科目所属其他明细科目的余额，转入“未分配利润”明细科目。结转后，“利润分配——未分配利润”科目如为贷方余额，表示累积未分配的利润数额；如为借方余额，则表示累积未弥补的亏损数额

未分配利润是经过弥补亏损、提取法定盈余公积、提取任意盈余公积和向投资者分配利润等利润分配之后剩余的利润，它是企业留待以后年度进行分配的历年结存的利润。相对于所有者权益的其他部分来说，企业对于未分配利润的使用有较大的自主权。

【例 15-7】立兴股份有限公司年初未分配利润为0，本年实现净利润2 000 000元，本年提取法定盈余公积200 000元，宣告发放现金股利800 000元。假定不考虑其他因素，立兴股份有限公司会计处理如下。

①结转本年利润。

借：本年利润　　2 000 000

　　贷：利润分配——未分配利润　　2 000 000

如企业当年发生亏损，则应借记“利润分配——未分配利润”科目，贷记“本年利润”科目。

②提取法定盈余公积、宣告发放现金股利。

借：利润分配——提取法定盈余公积　　200 000
　　　　　——应付现金股利　　800 000
　贷：盈余公积　　200 000
　　　应付股利　　800 000

同时，

借：利润分配——未分配利润　　1 000 000
　贷：利润分配——提取法定盈余公积　　200 000
　　　　　　——应付现金股利　　800 000

结转后，如果"未分配利润"明细科目的余额在贷方，表示累计未分配的利润；如果余额在借方，则表示累积未弥补的亏损。本例中，"利润分配——未分配利润"明细科目的余额在贷方，此贷方余额100 000元(本年利润200 000－提取法定盈余公积200 000－支付现金股利800 000)即为立兴股份有限公司本年年末的累计未分配利润。

（三）盈余公积的会计核算

盈余公积的会计核算如表15－10所示。

表15－10　盈余公积介绍

盈余公积的含义	《公司法》对盈余公积的规定	盈余公积的作用	相关内容
企业按规定从净利润中提取的企业积累资金。公司制企业的盈余公积包括法定盈余公积和任意盈余公积	公司制企业应当按照净利润(减弥补以前年度亏损，下同)的10%提取法定盈余公积。非公司制企业法定盈余公积的提取比例可超过净利润的10%。法定盈余公积累计额已达注册资本的50%时可以不再提取。注：在计算提取法定盈余公积的基数时，不应包括企业年初未分配利润	经批准可用于弥补亏损、转增资本、发放现金股利或利润等	公司制企业可根据股东大会的决议提取任意盈余公积。非公司制企业经类似权力机构批准，也可提取任意盈余公积。法定盈余公积和任意盈余公积的区别在于其各自计提的依据不同，前者以国家的法律法规为依据，后者由企业的权力机构自行决定

1. 提取盈余公积

企业按规定提取盈余公积时，应通过“利润分配”和“盈余公积”等科目处理。

【例 15-8】银丰股份有限公司本年实现净利润为 5 000 000 元，年初未分配利润为 0。经股东大会批准，银丰股份有限公司按当年净利润的 10% 提取法定盈余公积。假定不考虑其他因素，银丰股份有限公司的会计分录如下：

借：利润分配——提取法定盈余公积　　500 000

　　贷：盈余公积——法定盈余公积　　500 000

本年提取盈余公积金额 =5 000 000 ×10% =500 000(元)。

2. 盈余公积补亏

【例 15-9】经股东大会批准，福华股份有限公司用以前年度提取的盈余公积弥补当年亏损，当年弥补亏损的数额为 600 000 元。假定不考虑其他因素，福华股份有限公司的会计分录如下：

借：盈余公积　　600 000

　　贷：利润分配——盈余公积补亏　　600 000

3. 盈余公积转增资本

【例 15-10】因扩大经营规模需要，经股东大会批准，鲁班股份有限公司将盈余公积 400 000 元转增股本。假定不考虑其他因素，鲁班股份有限公司的会计分录如下：

借：盈余公积　　400 000

　　贷：股本　　400 000

4. 用盈余公积发放现金股利或利润

【例 15－11】立兴股份有限公司 2012 年 12 月 31 日普通股股本为 50 000 000 股，每股面值 1 元，可供投资者分配的利润为 5 000 000 元，盈余公积 20 000 000 元。2013 年 3 月 20 日，股东大会批准了 2012 年度利润分配方案，以 2012 年 12 月 31 日为登记日，按每股 0.2 元发放现金股利。立兴股份有限公司共需要分派 10 000 000 元现金股利，其中动用可供投资者分配的利润 55 000 元、盈余公积 500 000 元。假定不考虑其他因素，立兴股份有限公司会计处理如下。

① 宣告分派股利时。

借：利润分配——应付现金股利　　5 000 000
　　盈余公积　　5 000 000
　　贷：应付股利　　10 000 000

② 支付股利时。

借：应付股利　　10 000 000
　　贷：银行存款　　10 000 000

本例中，立兴股份有限公司经股东大会批准，以未分配利润和盈余公积发放现金股利，属于以未分配利润发放现金股利的部分 5 000 000 元应记入"利润分配——应付现金股利"科目，属于以盈余公积发放现金股利的部分 5 000 000 元应记入"盈余公积"科目。

第十六章
所得税

本章导读

企业所得税是对我国企业和经营单位的生产经营所得和其他所得征收的一种税。通过税收筹划，可以使企业合理避税，有利于企业经济利益的实现。所得税会计利用应纳税暂时性差异与可抵扣暂时性差异，确认相关的递延所得税负债与递延所得税资产，并在此基础上确定每一期间利润表中的所得税费用。这一做法可以使所得税的计算和缴纳更符合经济实质。企业会计准则规定，企业应采用资产负债表债务法核算所得税。在本章中，我们重点学习以下内容：

☑ 什么是所得税会计，它具有什么特点。

☑ 进行所得税核算时，一般应按照怎样的程序。

☑ 什么是暂时性差异，什么是永久性差异，如何进行计算。

☑ 什么是递延所得税资产，如何进行会计核算。

☑ 什么是递延所得税负债，如何进行会计核算。

第一节 所得税会计概述

一、所得税会计的特点

企业会计准则是为了规范企业的财务会计行为，保护投资者和股东的利益，对经营者的经营成果在计算标准、内容、方法上所作的规定；而应纳税所得额的确定是按照税法处理国家和纳税人之间的分配关系，两者的目的不同，因此，两者对于收入、成本、费用、利润、资产、负债、所有者权益等的确认与计量亦不完全相同。

《中华人民共和国企业所得税暂行条例》第九条规定：纳税人在计算应纳税所得额时，其财务、会计处理办法同国家有关税收的规定有抵触的，应当按照国家有关税收的规定计算纳税。这就是说，企业当期应交的所得税与当期按会计利润计算的所得税费用之间存在差异。其中，一部分差异是由于会计准则与税法对企业资产和负债的计量的规定不同引起的，在以后会计期间，随着资产价值的收回和负债的支付，这部分差异会逐期转回。因此，根据权责发生制原则（某项应税交易或事项在某一会计期间确认、与其相关的所得税影响亦应在该期间确认）和配比原则（同一会计期间的会计利润与所得税费用应相互配比），企业应将这部分差异确认为递延所得税资产和递延所得税负债。

二、所得税会计核算的一般程序

采用资产负债表债务法核算所得税的情况下，企业一般应于每一资产负债表日进行所得税的核算。发生特殊交易或事项时，如企业合并，在确认因交易或事项产生的资产、负债时即应确认相关的所得税影响。企业进行所得税核算的一般程序如图 16－1 所示。

平时领用、发出的存货，都按计划成本计算，月份终了再将本月发出存货应负担的成本差异进行分摊，随同本月发出存货的计划成本记入有关账户，将发出存货的计划成本调整为实际成本。发出存货应负担的成本差异，必须按月分摊，不得在季末或年末一次分摊

按照企业会计准则中对于资产和负债计税基础的确定方法，以适用的税收法规为基础，确定资产负债表中有关资产、负债项目的计税基础

比较资产、负债的账面价值与其计税基础，对于两者之间存在差异的，分析其性质，除企业会计准则中规定的特殊情况外，分别应纳税暂时性差异与可抵扣暂时性差异，确定该资产负债表日与应纳税暂时性差异及可抵扣暂时性差异相关的递延所得税负债和递延所得税资产的应有金额，并将该金额与期初递延所得税负债和递延所得税资产的余额相比，确定当期应予进一步确认的递延所得税负债和递延所得税资产的金额或应予转销的金额，作为构成利润表中所得税费用的递延所得税

确定利润表中的所得税费用。利润表中的所得税费用包括当期所得税和递延所得税两个组成部分，其中，当期所得税是指当期发生的交易或事项按照适用的税法规定计算确定的当期应交所得税；递延所得税是当期确认的递延所得税资产和递延所得税负债金额或予以转销的金额的综合结果

图 16－1　企业进行所得税核算的一般程序

按照适用的税法规定计算确定当期应纳税所得额，将应纳税所得额与适用的所得税税率计算的结果确认为当期应交所得税（即当期所得税），同时结合当期确认的递延所得税资产和递延所得税负债（即递延所得税），作为利润表中应予确认的所得税费用。

第二节　计税基础和暂时性差异

一、暂时性差异

暂时性差异，是指资产或负债的账面价值与其计税基础之间的差额。其中，账面价值是指按照企业会计准则规定确定的有关资产、负债在企业的资

产负债表中应列示的金额。由于资产、负债的账面价值与其计税基础不同，产生了在未来收回资产或清偿负债的期间内，应纳税所得额增加或减少并导致未来期间应交所得税增加或减少的情况，在这些暂时性差异发生的当期，应当确认相应的递延所得税负债或递延所得税资产。根据暂时性差异对未来期间应税金额影响的不同，分为应纳税暂时性差异和可抵扣暂时性差异。

某些不符合资产、负债的确认条件，未作为财务会计报告中资产、负债列示的项目，如果按照税法规定可以确定其计税基础，该计税基础与其账面价值之间的差额也属于暂时性差异。

(一)应纳税暂时性差异

应纳税暂时性差异，是指在确定未来收回资产或清偿负债期间的应纳税所得额时，将导致产生应税金额的暂时性差异。该差异在未来期间转回时，会增加转回期间的应纳税所得额，即在未来期间不考虑该事项影响的应纳税所得额的基础上，由于该暂时性差异的转回会进一步增加转回期间的应纳税所得额和应交所得税金额。在该暂时性差异产生当期，应当确认相关的递延所得税负债。产生应纳税暂时性差异的情况介绍如表 16－1 所示。

表 16－1　产生应纳税暂时性差异的情况

产生差异的情况	具体解释
资产的账面价值大于其计税基础	一项资产的账面价值代表的是企业在持续使用及最终出售该项资产时会取得的经济利益的总额，而计税基础代表的是一项资产在未来期间可予税前扣除的总金额。资产的账面价值大于其计税基础，该项资产未来期间产生的经济利益不能全部税前抵扣，两者之间的差额需要交税，产生应纳税暂时性差异
负债的账面价值小于其计税基础	一项负债的账面价值为企业预计在未来期间清偿该项负债时的经济利益流出，而其计税基础代表的是账面价值在扣除税法规定未来期间允许税前扣除的金额之后的差额。因负债的账面价值与其计税基础不同产生的暂时性差异实质上是税法规定就该项负债在未来期间可以税前扣除的金额。负债的账面价值小于其计税基础，则意味着就该项负债在未来期间可以税前抵扣的金额为负数，即应在未来期间应纳税所得额的基础上调增，增加应纳税所得额和应交所得税金额，产生应纳税暂时性差异

（二）可抵扣暂时性差异

可抵扣暂时性差异，是指在确定未来收回资产或清偿负债期间的应纳税所得额时，将导致产生可抵扣金额的暂时性差异。该差异在未来期间转回时会减少转回期间的应纳税所得额，减少未来期间的应交所得税。在该暂时性差异产生当期，应当确认相关的递延所得税资产。产生可抵扣暂时性差异的情况如表 16－2 所示。

表 16－2　产生可抵扣暂时性差异的情况

产生差异的情况	具体解释
资产的账面价值小于其计税基础	资产在未来期间产生的经济利益少，按照税法规定允许税前扣除的金额多，则企业在未来期间可以减少应纳税所得额并减少应交所得税，形成可抵扣暂时性差异
负债的账面价值大于其计税基础	负债产生的暂时性差异实质上是税法规定就该项负债可以在未来期间税前扣除的金额。一项负债的账面价值大于其计税基础，意味着未来期间按照税法规定构成负债的全部或部分金额可以自未来应税经济利益中扣除，减少未来期间的应纳税所得额和应交所得税，产生可抵扣暂时性差异

对于按照税法规定可以结转以后年度的未弥补亏损及税款抵减，虽不是因资产、负债的账面价值与计税基础不同产生的，但本质上可抵扣亏损和税款抵减与可抵扣暂时性差异具有同样的作用，均能够减少未来期间的应纳税所得额，进而减少未来期间的应交所得税，在会计处理上，视同可抵扣暂时性差异，符合条件的情况下，应确认与其相关的递延所得税资产。

二、资产的计税基础

本部分介绍如表 16－3 所示。

表 16－3　资产的计税基础

资产计税基础的含义	一般情况	特殊情况例题说明
企业收回资产账面价值过程中，按照税法规定计算应纳税所得额时可以自应税经济利益中抵扣的金额。即资产的计税基础＝未来可税前列支的金额	资产在取得时，其入账价值(账面价值)与其计税基础是相同的。但由于在后续计量过程中因企业会计准则规定与税法规定不同，使得资产的账面价值与计税基础之间产生了暂时性差异	假设某项环保设备的原价为 1 000 万元，使用年限为 10 年，会计处理时按直线法计提折旧，税收处理时按双倍余额递减法计算税前扣除折旧费用，净残值为 0。在使用 2 年后的会计期末，企业对该项设备计提了 80 万元的固定资产减值准备。则在该会计期末，该项设备的账面价值＝1 000－100－100－80＝720(万元)，计税基础＝1 000－200－160＝640(万元)，二者之间的暂时性差异为 80 万元

三、负债的计税基础

本部分介绍如表 16－4 所示。

表 16－4　负债的计税基础

负债的计税基础含义	一般情况	特殊情况例题说明
负债的账面价值减去未来期间按照税法规定计算应纳税所得额时可予抵扣的金额，即：负债的计税基础＝负债的账面价值－未来可税前列支的金额	短期借款、应付票据、应付账款、其他应付款等负债的确认和偿还，不会对当期损益和应纳税所得额产生影响，因此其计税基础即为账面价值	某些情况下，对自费用中提取的负债的确认可能会影响损益，并影响不同期间的应纳税所得额，使其计税基础与账面价值之间产生差额。 例：企业会计准则规定对于预计负债，在满足确认条件时，按照履行现时义务所需支出的最佳估计数确认。假定企业因产品售后服务确认了 100 万元预计负债，计入当期损益。按照税法规定，与预计负债相关的费用，视相关交易事项的具体情况，一般在实际发生时准予税前扣除，因此该项预计负债的计税基础为 0。这就是说，在期末资产负债表中，该项预计负债的账面价值为 100万元，计税基础为零，二者之间的暂时性差异为 100 万元

四、特殊项目产生的暂时性差异

暂时性差异是指资产或负债的账面价值与其计税基础之间的差额。未作为资产和负债确认的项目，按照税法规定可以确定其计税基础的，该计税基础与其账面价值之间的差额也属于暂时性差异。例如，对企业附有销售退回条件的商品销售尚未确认的收入，按税法规定应当计缴所得税，这就是说，虽然企业没有将应收的款项确认为一项资产，但仍产生了暂时性差异。

按照暂时性差异对未来期间应税金额的影响，可将暂时性差异分为应纳税暂时性差异和可抵扣暂时性差异。

应纳税暂时性差异是指在确定未来收回资产或清偿负债期间的应纳税所得额时，将导致产生应税金额的暂时性差异。例如，交易性金融资产的公允价值变动。按照企业会计准则规定，交易性金融资产期末应以公允价值计量，公允价值的变动计入当期损益；而税法规定交易性金融资产在持有期间公允价值变动不计入应纳税所得额，即其计税基础保持不变，这就产生了交易性金融资产的账面价值与计税基础之间的差异。

【例16－1】假定某企业持有一项交易性金融资产，成本为10 000 000元，期末公允价值为15 000 000元，即期末账面价值为15 000 000元，而计税基础仍维持10 000 000元不变。由于该项资产的升值部分5 000 000元在将来收回时将会产生应交所得税，因此该项资产的账面价值15 000 000元与其计税基础10 000 000元之间的差额5 000 000元属于应纳税暂时性差异。

可抵扣暂时性差异，是指在确定未来收回资产或清偿负债期间的应纳税所得额时，将导致产生可抵扣金额的暂时性差异。

【例16－2】某企业期末持有一批存货，原账面价值(账面成本)为10 000 000元，估计其可变现净值为8 000 000元，按照存货准则规定，计提了存货跌价准备2 000 000元。但是税法规定存货跌价损失在发生实质性损失前不允许税前扣除，因此该批存货的计税基础仍为10 000 000元。由于存货跌价准备在存货处置时可从应纳税所得额中扣除，在期末资产负债表中，该批存货的账面价值8 000 000元与其计税基础10 000 000万元之间的差额2 000 000元属于可抵扣暂时性差异。

由上可知，资产的账面价值大于其计税基础或者负债的账面价值小于其计税基础的，产生应纳税暂时性差异；资产的账面价值小于其计税基础或者负债的账面价值大于其计税基础的，产生可抵扣暂时性差异。

按照税法规定允许用以后年度的所得弥补的可抵扣亏损及可结转以后年度的税款抵减，按照可抵扣暂时性差异的原则处理。

企业在取得资产、负债时，应当确定其计税基础，并在资产负债表日，根据资产的账面价值和计税基础的变化情况，重新计算资产、负债的账面价值和计税基础的期末数。如果资产、负债的账面价值与其计税基础的期末数存在差异的，应当按准则的规定分别认定为应纳税暂时性差异和可抵扣暂时性差异。

第三节　递延所得税资产及递延所得税负债的确认和计量

一、递延所得税资产和递延所得税负债的确认和计量

(一)递延所得税资产和递延所得税负债的确认

期末，企业应按照暂时性差异与适用所得税税率计算的结果，确定递延所得税资产和递延所得税负债。其中，根据可抵扣暂时性差异和适用所得税税率计算的结果为递延所得税资产，根据应纳税暂时性差异和适用所得税税率计算所得税资产，应当以未来期间很可能取得用来抵扣可抵扣暂时性差异的应纳税所得额为的结果为递延所得税负债。

确认由可抵扣暂时性差异产生的递延所得。企业在确定未来期间很可能取得的应纳税所得额时，包括未来期间企业正常生产经营活动实现的应纳税所得额，以及在可抵扣暂时性差异转回期间因应纳税暂时性差异的转回增加的应纳税所得额，并应提供相关的证据。资产负债表日，有确凿证据表明未来期间很可能获得足够的应纳税所得额用来抵扣可抵扣暂时性差异的，应当确认以前期间未确认的递延所得税资产。

企业对于能够结转以后年度的可抵扣亏损和税款抵减，应当以很可能获得用来抵扣可抵扣亏损和税款抵减的未来应纳税所得额为限，确认相应的递

延所得税资产。

企业对与子公司、联营企业及合营企业投资相关的可抵扣暂时性差异，确认为相应的递延所得税资产，应同时满足的条件如图 16－2 所示。

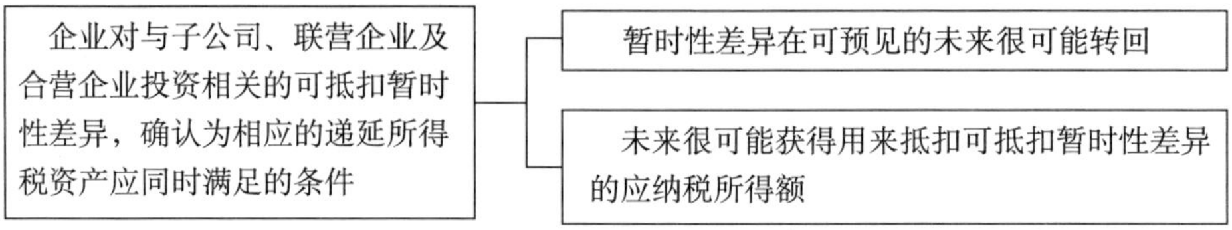

图 16－2　可抵扣暂时性差异确认为相应的递延所得税资产应同时满足的条件

除下列交易中产生的递延所得税负债以外，企业应当确认所有应纳税暂时性差异产生的递延所得税负债：

① 商誉的初始确认。

② 同时具有下列特征的交易中产生的资产或负债的初始确认：

a. 该项交易不是企业合并；

b. 交易发生时既不影响会计利润也不影响应纳税所得额（或可抵扣亏损）。

企业对与子公司、联营企业及合营企业投资相关的应纳税暂时性差异，应当确认相应的递延所得税负债。但是，同时满足下列条件的除外：

① 投资企业能够控制暂时性差异转回的时间；

② 该暂时性差异在可预见的未来很可能不会转回。

同时具有下列特征的交易中，因资产或负债的初始确认所产生的递延所得税资产不予确认：

① 该项交易不是企业合并；

② 交易发生时既不影响会计利润也不影响应纳税所得额（或可抵扣亏损）。

（二）递延所得税资产和递延所得税负债的计量

资产负债表日，对于递延所得税资产和递延所得税负债，应当根据税法规定，按照预期收回该资产或清偿该负债期间的适用税率计量。

适用税率发生变化的，应对已确认的递延所得税资产和递延所得税负债进行重新计量，除直接在所有者权益中确认的交易或者事项产生的递延所得税资产和递延所得税负债以外，应当将其影响数计入变化当期的所得税费用。

递延所得税资产和递延所得税负债的计量，应当反映资产负债表日企业预期收回资产或清偿负债方式的所得税影响，即在计量递延所得税资产和递延所得税负债时，应当采用与收回资产或清偿债务的预期方式相一致的税率和计税基础。

企业不应当对递延所得税资产和递延所得税负债进行折现。

(三)递延所得税资产和递延所得税负债的转回

递延所得税负债和递延所得税资产确认后，相关的应纳税暂时性差异或可抵扣暂时性差异于以后期间转回的，应当调整原已确认的递延所得税资产和递延所得税负债。即在资产负债表日，企业应当对递延所得税资产的账面价值进行复核。如果未来期间很可能无法获得足够的应纳税所得额用以抵扣递延所得税资产的利益，应当减记递延所得税资产的账面价值。在很可能获得足够的应纳税所得额时，减记的金额应当转回。

需要注意的是，企业应当将当期和以前期间应交未交的所得税确认为所得税负债，将已支付的所得税超过应支付的部分确认为所得税资产。这里的所得税资产与所得税负债不同于递延所得税资产和递延所得税负债。在资产负债表日，对于当期和以前期间形成的当期所得税负债(或资产)，应当按照税法规定计算的预期应交纳(或返还)的所得税金额计量。

二、所得税费用的核算

企业某一会计期间的所得税费用(或收益)，即当期利润表中的所得税费用(或收益)，由按税法规定计算的当期所得税费用(即当期应交所得税)和递延所得税费用(或收益)两部分组成。其中递延所得税费用等于因确认递延所得税负债而产生的所得税费用减去因确认递延所得税资产而产生的所得税费用，差额为负数的，即为递延所得税收益。

显然，所得税费用(或收益)计算的关键在于递延所得税费用(或收益)的计算，而递延所得税费用(或收益)计算的关键在于确定资产、负债的计税基础，资产、负债的计税基础一经确定，即可计算暂时性差异并在此基础上确认、计算递延所得税资产、递延所得税负债以及递延所得税费用。所得税费用科目的设置如表 16－5 所示，资产负债表日的账务处理如表 16－6 所示。

表 16－5 科目的设置

	所得税费用	递延所得税资产	递延所得税负债
核算的内容	核算企业根据所得税准则确认的应从当期利润总额中扣除的所得税费用	核算企业根据所得税准则确认的可抵扣暂时性差异产生的所得税资产	核算企业根据所得税准则确认的应纳税暂时性差异产生的所得税负债
明细的设置	按照“当期所得税费用”、“递延所得税费用”进行明细核算	按照可抵扣暂时性差异的具体项目进行明细核算	按照应纳税暂时性差异的具体项目进行明细核算
期末的核算	期末，应将该科目的余额转入“本年利润”科目，结转后本科目应无余额	期末借方余额反映企业已确认的递延所得税资产的余额。根据税法规定可用以后年度税前利润弥补的亏损及税款抵减产生的所得税资产，也在该科目核算	期末贷方余额反映企业已确认的递延所得税负债的余额

表 16－6 资产负债表日的账务处理

资产负债表日的状况	相应的会计处理
确定当期应交所得税	借记“所得税费用——当期所得税费用”科目，贷记“应交税费——应交所得税”科目
确认递延所得税资产	借记“递延所得税资产”科目，贷记“所得税费用——递延所得税费用”、“资本公积——其他资本公积”等科目；本期应确认的递延所得税资产大于其账面余额的，应按其差额确认；本期应确认的递延所得税资产小于其账面余额的差额，编制相反的会计分录
非同一控制下企业合并中取得资产、负债的入账价值与其计税基础不同形成可抵扣暂时性差异	购买日根据所得税准则确认递延所得税资产，同时调整商誉，借记“递延所得税资产”科目，贷记“商誉”科目

（续表）

资产负债表日的状况	相应的会计处理
预计未来期间很可能无法获得足够的应纳税所得额用以抵扣可抵扣暂时性差异	按原已确认的递延所得税资产中应减记的金额，借记“所得税费用——当期所得税费用”、“资本公积——其他资本公积”科目，贷记“递延所得税资产”科目
确认递延所得税负债	借记“所得税费用——递延所得税费用”、“资本公积——其他资本公积”等科目，贷记“递延所得税负债”科目。本期应予确认的递延所得税负债大于其账面余额的，应按其差额确认；应予确认的递延所得税负债小于其账面余额的，编制相反的会计分录
非同一控制下企业合并中取得资产、负债的入账价值与其计税基础不同形成应纳税暂时性差异	购买日据所得税准则确认递延所得税负债，同时调整商誉，借记“商誉”科目，贷记“递延所得税负债”科目
据税收优惠政策向税务部门申请获得退回的所得税	一律应在实际收到时冲减收到当期的所得税费用，即借记“银行存款”科目，贷记“所得税费用——当期所得税费用”科目
结转所得税费用	借记“本年利润”科目，贷记“所得税费用（当期所得税费用、递延所得税费用）”。 企业缴纳所得税时，借记“应交税费——应交所得税”科目，贷记“银行存款”科目

【例16－3】甲公司2012年12月31日和2013年12月31日资产负债表中有关项目金额及其计税基础分别如表16－7、表16－8所示。

表 16-7　资产负债表中有关项目金额

单位：元

序号	项目	账面价值	计税基础	暂时性差异	
				应纳税暂时性差异	可抵扣暂时性差异
1	存货	20 000 000.00	22 000 000.00	-	2 000 000.00
2	无形资产	600 000.00	-	600 000.00	-
3	预计负债	1 000 000.00	-	-	1 000 000.00
	合计			600 000.00	3 000 000.00

表 16-8　资产负债表中有关项目金额

单位：元

序号	项目	账面价值	计税基础	暂时性差异	
				应纳税暂时性差异	可抵扣暂时性差异
1	存货	16 000 000.00	16 000 000.00	-	-
2	无形资产	7 000 000.00	8 000 000.00	-	1 000 000.00
3	预计负债	600 000.00	-	-	600 000.00
4	交易性金融资产	4 000 000.00	2 000 000.00	2 000 000.00	
	合计			2 000 000.00	1 600 000.00

除上述项目外，该公司其他资产、负债的账面价值与其计税基础不存在差异，且递延所得税资产和递延所得税负债2012年不存在期初余额，适用的所得税税率为33%。假定按照税法规定计算确定的2012年应交所得税为6 000 000元，2013年应交所得税为6 600 000元。该公司预计在未来期间能够产生足够的应纳税所得额用来抵扣可抵扣暂时性差异。

2012年12月31日，甲公司计算确认的递延所得税负债、递延所得税资产、递延所得税费用以及所得税费用如下：

递延所得税负债=600 000×33%=198 000(元)。

递延所得税资产=3 000 000×33%=990 000(元)。

递延所得税费用=198 000-990 000=-792 000(元)。

所得税费用 =6 000 000 - 792 000 =5 208 000(元)。

会计分录如下:

借:所得税费用——当期所得税费用 6 000 000

贷:应交税费——应交所得税 6 000 000

借:所得税费用——递延所得税费用 198 000

贷:递延所得税负债 198 000

借:递延所得税资产 990 000

贷:所得税费用——递延所得税费用 990 000

2013 年 12 月 31 日,甲公司计算确认的递延所得税负债、递延所得税资产、递延所得税费用以及所得税费用如下:

期末递延所得税负债 =2 000 000 ×33% =660 000(元)。

减:期初递延所得税负债 198 000 元

本年递延所得税负债增加 462 000 元

期末所得税资产 =1 600 000 ×33% =528 000(元)。

减:期初递延所得税资产 990 000 元

本年递延所得税资产减少 462 000 元

递延所得税费用 =462 000 +462 000 =924 000(元)。

所得税费用 =6 600 000 +924 000 =7 524 000(元)。

会计分录如下:

借:所得税费用——当期所得税费用 6 600 000

贷:应交税费——应交所得税 6 600 000

借:所得税费用——递延所得税费用 462 000

贷:递延所得税负债 462 000

借:所得税费用——递延所得税费用 462 000

贷:递延所得税资产 462 000

三、递延所得税的特殊处理

递延所得税的特殊处理如表 16 -9 所示。

表 16-9 递延所得税的特殊处理

递延所得税的特殊情况	会计处理	举例说明
直接计入所有者权益的交易或事项产生的递延所得税费用(或收益)	按照准则规定确认递延所得税资产或递延所得税负债，并计入资本公积(其他资本公积)	直接计入所有者权益的交易或事项，如可供出售金融资产公允价值的变动，使相关的资产、负债的账面价值与计税基础之间形成暂时性差异
企业合并中产生的递延所得税费用(或收益)	在确认递延所得税负债或递延所得税资产的同时，相关的递延所得税费用(或收益)，一般应调整在企业合并中应予确认的商誉	因企业会计准则规定与税法规定对企业合并类型的划分标准不同，可能造成合并中取得资产、负债的入账价值与其计税基础的差异

【例 16-4】假定甲公司发行60 000 000元的股份购入乙公司100%的净资产，该项合并符合税法规定的免税改组条件，购买日各项可辨认资产、负债的公允价值及其计税基础如表16-10所示。

表 16-10 资产、负债的公允价值及其计税基础表

单位：万元

	账面价值	计税基础	暂时性差异
固定资产	2 700.00	1 550.00	1 150.00
应收账款	2 100.00	2 100.00	-
存货	1 740.00	1 240.00	500.00
其他应付款	-300.00	-	-300.00
应付账款	-1 200.00	-1 200.00	-
不包括递延所得税的可辨认净资产的公允价值	5 040.00	3 690.00	1 350.00

假定乙公司适用的所得税税率为30%，则该项交易中应确认递延所得税负债及商誉金额如下：

可辨认净资产公允价值	5 040
减：递延所得税负债(1 350 ×30%)	405
可辨认净资产的税后公允价值	4 635
加：商誉	1 365
企业合并成本	6 000

四、所得税的信息披露

递延所得税资产和递延所得税负债应当分别作为非流动资产和非流动负债在资产负债表中列示。所得税费用应当在利润表中单独列示。

在附注中披露的与所得税有关的信息要求如图 16 –3 所示。

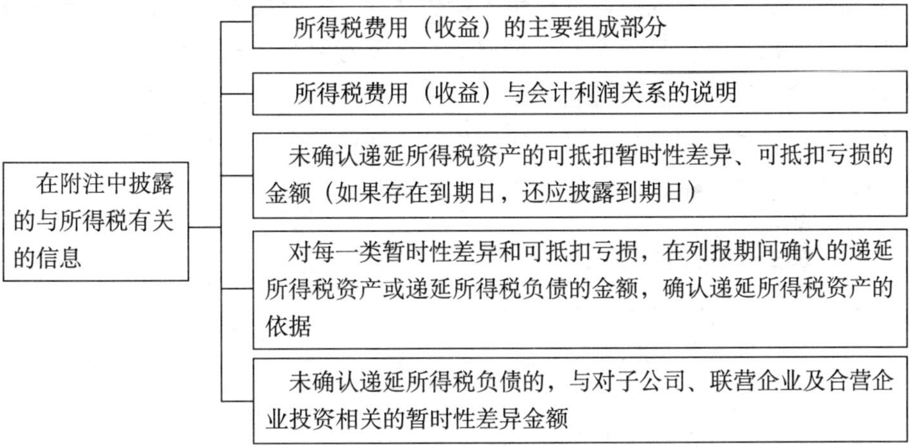

图 16 –3　在附注中披露的与所得税有关的信息

第十七章 会计报表

本章导读

会计报表是会计部门和会计人员最终的工作成果，它是高度概括地说明企业财务状况、经营成果以及现金流量的文件。会计报表是企业财务状况及经营状况的晴雨表，是一个有机的整体，是财务会计报表分析的基础，是纳税评估的重要资料，也是纳税评估的出发点和落脚点。它能向投资者、监管部门及公司管理层提供公司经营发展的较全面的信息。因此，是会计学习的重中之重。在本章中，我们重点学习以下内容:

☑ 什么是会计报表。

☑ 会计报表具有什么作用。

☑ 会计报表包括哪些类别。

☑ 什么是资产负债表。

☑ 资产负债表能提供哪些信息。

☑ 如何编制资产负债表。

☑ 什么是损益表。

☑ 损益表能提供哪些信息。

☑ 如何编制损益表。

☑ 什么是现金流量表。

☑ 现金流量表能提供哪些信息。

☑ 如何编制现金流量表。

☑ 什么是所有者权益变动表。

☑ 所有者权益变动表能提供哪些信息。

☑ 如何编制所有者权益变动表。

第一节　会计报表概述

一、会计报表

在实际工作中，人们往往将财务报告和会计报表混为一谈。对两者的比较如表 17－1 所示。

表 17－1　财务报告和会计报表

财务报告含义	会计报表含义	两者联系
用于综合反映单位财务状况和经营成果的书面文件，由会计报表和财务情况说明书两大部分构成	以日常核算资料为主要依据编制的，用来集中反映各单位一定时期的财务状况、经营成果以及成本费用情况的一系列表式报告	会计报表是财务报告的主体组成部分；我国当前法规规定，会计报表是指资产负债表、利润表、现金流量表和会计报表附注以及相关附表

二、会计报表的作用

会计报表就像一面镜子，从中可以看到各单位的财务状况和经营全貌，为实施经营管理和进行相关决策提供丰富的会计信息。会计报表的作用如图 17－1 所示。

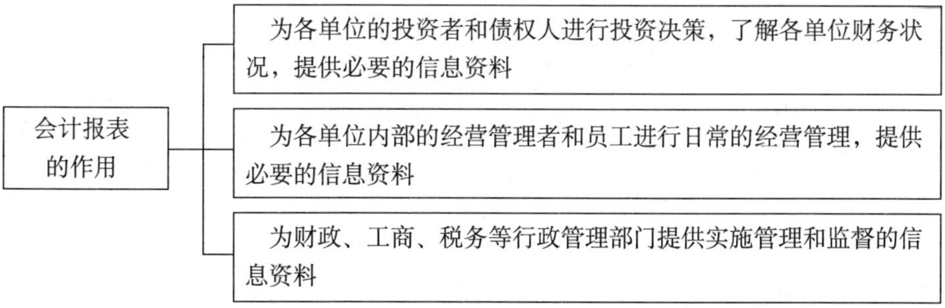

图 17－1　会计报表的作用

三、会计报表的分类

对会计报表分类标准和各类报表的介绍如表 17－2、表 17－3 所示。

表 17－2　会计报表的分类

会计报表的分类标准	分类	具体内容	具体要求
按会计报表编制和报送的时间差异	月报	在月份终了时编制的反映月末或当月情况的会计报表	要求简明扼要，以便及时反映各单位的主要情况和主要问题。常用的月报有资产负债表、利润表、应交增值税明细表等
	季报	在季度终了时编制的反映季末或当季情况的会计报表	所包括的会计报表一般较少
	年报	在年度终了时编制的反映年末或当年情况的会计报表	要求做到全面完整，能总结全年的经济活动。常见的年报有利润分配表、现金流量表和主营业务收支明细表等
按会计报表的编制单位分类	单位报表	由独立核算的会计主体编制的，用以反映本会计主体的财务状况和经营成果的报表	
	汇总报表	由上级主管部门将其所属单位报送的会计报表，连同本单位会计报表汇总编制的综合性会计报表	
按会计报表的服务对象不同	内部报表	适应单位内部经营管理的需要而编制的不对外公开的会计报表，如单位的成本费用明细表、存货明细表等	一般没有规范的格式，不需统一的指标体系，各单位可根据自己的情况和需要自行制定
	外部报表	为满足外部会计信息使用者的需要，按照国家财务、会计制度编制的会计报表，如资产负债表、利润表、现金流量表等	外部报表的种类、格式、内容及编制方法均有统一规定，任何单位不得随意增减变动

注：股份有限公司还应编制半年报(即中期报告)。

表 17－3 会计报表分类

分类的依据	会计报表的种类
按照会计报表反映内容的性质划分	财务状况类报表，如资产负债表、现金流量表等
	经营成果类报表，如利润表
	成本费用类报表
按照会计报表反映内容的主次关系分类	主表
	附表
按照服务的对象分类	内部报表、外部报表
按照编制主体分类	单位报表、合并报表
按照编报时间分类	中期报表(包括月报、季报和半年报)、年度报表
按照计量用的货币分类	记账本位币报表、外币报表

四、会计报表的结构

会计报表作为一种商业语言，是通过各个会计要素和项目，用特定的排列顺序和组合，以特有的逻辑关系来披露财务信息。只有熟悉会计报表的基本框架，理解各个会计要素的内在联系，才能顺利地编出或读懂会计报表，掌握会计报表所提供的信息。对会计报表的结构组成部分的介绍如表 17－4 所示。

表 17－4 会计报表的结构

会计报表的构成	表头部分	主体部分	补充资料部分
具体内容	展示报表的名称、编号、编制单位、编制日期、金额计量单位等	报表的核心和主干，会计报表基本是通过这一部分来总括地表述单位的财务状况和经营成果	一般列在报表的下端，所提供的是使用者需要了解但在基本部分内无法反映或难以单独反映的一些资料，如期末库存商品余额、已贴现的商业承兑汇票金额等

为充分表达使用者要了解的信息，以及方便使用者阅读和理解，在每一报表内部，都必须按一定的逻辑关系来设置相应项目。由于会计报表的种类、作用和性质不同，其结构也必然不一样。为便于对比，各种对外报送的主要

会计报表，都需按统一的格式和结构来填列。

五、会计报表的编制要求

为了保证会计报表的质量，充分发挥其作用，我国《企业会计准则》规定了编制会计报表的基本要求："会计报表应按登记完整、核对无误的账簿记录和其他有关资料编制，做到数字真实、计算准确、内容完整、报送及时。"会计报表的编制要求如表 17－5 所示。

表 17－5　会计报表的编制要求

基本要求	数字真实，计算准确	内容完整	编报及时
具体内容	能够真实准确地反映企业的财务状况和经营成果，所以会计报表中各项目的数字必须以核对无误的账簿记录和其他资料填写，不得用预计数字、估计数字代替真实数字，更不得弄虚做假，伪造报表数字，同时还要对会计报表中各项目的金额采用正确的计算方法，确保计算结果的准确；为了保证数字真实、准确，在编制会计报表时要根据程度按期结账、认真对账和财产清查，使会计账簿所有记录准确无误	会计信息的内容必须全面、系统地反映出企业经营活动的全部情况，为此要求企业必须按规定的报表种类、格式和内容来编制，不得漏编漏报，对不同会计期间应编报的各种会计报表，都必须填列完整；同时，要求企业在每种会计报表中应填写的各项指标，不论是表内项目还是表外补充资料，都必须填列齐全，对某些不便列入报表的重要资料，应在括号内说明或以附注等形式加以说明	如果会计信息的报告期被不适当地拖延，即使是最真实最完整的会计报表也将失去其效用。所以，会计报表必须按照规定的期限和程序，及时编制、及时报送。 根据我国会计制度规定：月份会计报表应于月份终了后 6 天内报出；季度报告应于季度终了后 15 天内报出；中报应于年度中期结束后 60 天内报出；年度会计报表应于年度终了后 4 个月内报出。法律、法规另有规定者，从其规定

为了保证会计报表及时报送，各企业应当科学地组织好日常核算工作，认真做好记账、算账、对账和按期结账等工作。

六、新《企业会计准则》所要求的财务报表的组成

按照《企业会计准则》的要求，一套完整的财务报表至少应当包括资产负债表、利润表、现金流量表、所有者权益变动表（对于股份制公司而言，也称之为股东权益变动表）以及附注。对财务报表的组成部分的介绍如表17－6所示。

表17－6　财务报表的组成

财务报表的组成	含义	相关内容
资产负债表	反映企业在某一特定日期所拥有的资产、需偿还的债务，以及股东（投资者）拥有的净资产情况	我国企业资产负债表采用账户式结构，左方为资产，右方为负债和所有者权益。在资产负债表中，资产项目按照流动资产和非流动资产分类列示，负债按照流动负债和非流动负债列示，在各类别下再按照性质分项列示。资产负债表各项目主要有按照总账科目余额、按照明细科目余额直接或分析填列、根据总账及相关备抵科目余额分析填列等方法
利润表	反映企业在一定会计期间的经营成果，即利润或亏损的情况，表明企业运用所拥有的资产的获利能力	我国企业利润表采用多步式进行编制。利润表中可反映营业利润、利润总额和净利润金额，利润表项目一般按其发生额填列
现金流量表	反映企业在一定会计期间现金和现金等价物流入和流出的情况。现金流量表反映企业在某一会计期间现金和现金等价物流入和流出的情况	我国企业现金流量表采用报告式，分为经营活动产生的现金流量、投资活动产生的现金流量和筹资活动产生的现金流量三类。企业应当采用直接法编制经营活动产生的现金流量。采用直接法编制经营活动的现金流量时，可以采用工作底稿法或T型账户法，也可以根据有关科目记录分析填列
所有者权益变动表	反映构成所有者权益的各组成部分当期的增减变动情况	企业的净利润及其分配情况是所有者权益变动的组成部分，相关信息已经在所有者权益变动表及其附注中反映，企业不需要再单独编制利润分配表

（续表）

财务报表的组成	含义	相关内容
附注	财务报表不可或缺的组成部分	对在资产负债表、利润表、现金流量表和所有者权益变动表等报表中列示项目的文字描述或明细资料，以及对未能在这些报表中列示项目的说明等

第二节　资产负债表

一、资产负债表的概念

资产负债表能从整体上反映一个企业的实力及其财务状况，因而被誉为企业的“第一会计报表”。报表使用者通过阅读和分析资产负债表可获得的财务信息如图 17－2 所示。

报表使用者通过阅读和分析资产负债表，可获得的财务信息

- 某一日期资产的总额，表明企业拥有或控制的经济资源及其分布情况
- 某一日期的负债总额及其结构，表明企业未来需要用多少资产或劳务清偿债务
- 所有者权益的情况，表明投资者在企业资产中所占的份额，了解所有者权益的构成情况
- 资产负债表还能够提供进行财务分析的基本资料，如通过资产负债表可以计算流动比率、速动比率等

图 17－2　报表使用者通过阅读和分析资产负债表可获得的财务信息

二、资产负债表内容与结构

资产负债表主要反映资产、负债和所有者权益三方面的内容，并满足“资产＝负债十所有者权益”平衡式。资产的相关内容介绍如表 17－7 所示，负债的相关内容介绍如表 17－8 所示。

表 17－7　资产的相关内容

项目		内容
资产的含义		反映由过去的交易、事项形成并由企业在某一特定日期所拥有或控制的、预期会给企业带来经济利益的资源。按照流动资产和非流动资产两大类别在资产负债表中列示
资产的分类	流动资产	预计在一个正常营业周期中变现、出售或耗用，或者主要为交易目的而持有，或者预计在资产负债表日起一年内(含一年)变现的资产，或者自资产负债表日起一年内交换其他资产或清偿负债的能力不受限制的现金或现金等价物；具体包括货币资金、交易性金融资产、应收票据、应收账款、预付款项、应收利息、应收股利、其他应收款、存货和一年内到期的非流动资产等
	非流动资产	流动资产以外的资产。具体包括长期股权投资、固定资产、在建工程、工程物资、固定资产清理、无形资产、开发支出、长期待摊费用以及其他非流动资产等

表 17－8　负债的相关内容

项目		内容
负债的含义		反映在某一特定日期企业所承担的、预期会导致经济利益流出企业的现时义务。按照流动负债和非流动负债在资产负债表中进行列示
负债的分类	流动负债	预计在一个正常营业周期中清偿，或者主要为交易目的而持有，或者自资产负债表日起一年内(含一年)到期应予以清偿，或者企业无权自主地将清偿推迟至资产负债表日后一年以上的负债。具体包括短期借款、应付票据、应付账款、预收款项、应付职工薪酬、应交税费、应付利息、应付股利、其他应付款、一年内到期的非流动负债等
	非流动负债	流动负债以外的负债。具体包括长期借款、应付债券和其他非流动负债等

所有者权益，是企业资产扣除负债后的剩余权益，反映企业在某一特定日期股东(投资者)拥有的净资产的总额，它一般按照实收资本、资本公积、盈余公积和未分配利润分项列示。

三、资产负债表的填列方法

资产负债表的填列方法如表 17－9 所示。

表 17－9 资产负债表的填列方法

对应项目	填列方法	相关说明
年初余额	据上年末资产负债表“期末余额”栏内所列数字填列	如果本年度资产负债表规定的各个项目的名称和内容同上年度不相一致，应对上年年末资产负债表各项目的名称和数字按本年度的规定进行调整，按调整后的数字填入本表“年初余额”栏内
若干科目期末余额	直接根据总账科目的余额填列	交易性金融资产、固定资产清理、长期待摊费用、递延所得税资产、短期借款、交易性金融负债、应付票据、应付职工薪酬、应交税费、应付利息、应付股利、其他应付款、递延所得税负债、实收资本、资本公积、库存股、盈余公积等项目，应当根据相关总账科目的余额直接填列
	据几个总账科目的余额计算填列	“货币资金”项目，应当根据“库存现金”、“银行存款”、“其他货币资金”等科目期末余额合计填列
	据有关明细科目的余额计算填列	“应付账款”项目，应当根据“应付账款”、“预收账款”等科目所属明细科目期末贷方余额合计填列
	据总账科目和明细科目的余额分析计算填列	“长期应收款”项目，应当根据“长期应收款”总账科目余额减去“未实现融资收益”总账科目余额，再减去所属相关明细科目中将于一年内到期的部分填列；“长期借款”项目，应当根据“长期借款”总账科目余额扣除“长期借款”科目所属明细科目中将于一年内到期的部分填列；“应付债券”项目，应当根据“应付债券”总账科目余额扣除“应付债券”科目所属明细科目中将于一年内到期的部分填列；“长期应付款”项目，应当根据“长期应付款”总账科目余额减去“未确认融资费用”总账科目余额，再减去所属相关明细科目中将于一年内到期的部分填列

（续表）

对应项目	填列方法	相关说明
若干科目期末余额	据总账科目与其备抵科目抵销后的净额填列	“存货”项目，应当根据“原材料”、“库存商品”、“发出商品”、“周转材料”等科目期末余额，减去“存货跌价准备”科目期末余额后的金额填列；“持有至到期投资”项目，应当根据“持有至到期投资”科目期末余额，减去“持有至到期投资减值准备”科目期末余额后的金额填列；“固定资产”项目，应当根据“固定资产”科目期末余额，减去“累计折旧”、“固定资产减值准备”等科目期末余额后的金额填列

四、资产负债表项目的填列说明

资产负债表项目的填列说明如表 17－10、表 17－11、表 17－12 所示。

表 17－10　资产项目的填列说明

资产项目	反映内容	填列说明
货币资金	反映企业库存现金、银行结算户存款、外埠存款、银行汇票存款、银行本票存款、信用卡存款、信用证保证金存款等的合计数	据“库存现金”、“银行存款”、其他货币资金”科目期末余额的合计数填列
交易性金融资产	反映企业持有的以公允价值计量且其变动计入当期损益的为交易目的所持有的债券投资、股票投资、基金投资、权证投资等金融资产	据“交易性金融资产”科目的期末余额填列
应收票据	反映企业因销售商品、提供劳务等而收到的商业汇票，包括银行承兑汇票和商业承兑汇票	据“应收票据”科目的期末余额，减去“坏账准备”科目中有关应收票据计提的坏账准备期末余额后的金额填列

（续表）

资产项目	反映内容	填列说明
应收账款	反映企业因销售商品、提供劳务等经营活动应收取的款项	据“应收账款”和“预收账款”科目所属各明细科目的期末借方余额合计减去“坏账准备”科目中有关应收账款计提的坏账准备期末余额后的金额填列。如“应收账款”科目所属明细科目期末有贷方余额的，应在本表“预收款项”项目内填列
预付款项	反映企业按照购货合同规定预付给供应单位的款项等	据“预付账款”和“应付账款”科目所属各明细科目的期末借方余额合计数，减去“坏账准备”科目中有关预付款项计提的坏账准备期末余额后的金额填列。如“预付账款”科目所属各明细科目期末有贷方余额的，应在资产负债表“应付账款”项目内填列
应收利息	反映企业应收取的债券投资等的利息	据“应收利息”科目的期末余额，减去“坏账准备”科目中有关应收利息计提的坏账准备期末余额后的金额填列
应收股利	反映企业应收取的现金股利和应收取其他单位分配的利润	据“应收股利”科目的期末余额，减去“坏账准备”科目中有关应收股利计提的坏账准备期末余额后的金额填列
其他应收款	反映企业除应收票据、应收账款、预付账款、应收股利、应收利息等经营活动外其他各种应收、暂付款项	据“其他应收款”科目的期末余额，减去“坏账准备”科目中有关其他应收款计提的坏账准备期末余额后的金额填列
存货	反映企业期末在库、在途和在加工中的各种存货的可变现净值	据“材料采购”、“原材料”、“低值易耗品”、“库存商品”、“周转材料”、“委托加工物资”“委托代销商品”、“生产成本”等科目的期末余额合计，减去“受托代销商品款”、“存货跌价准备”科目期末余额后的金额填列。材料采用计划成本核算，以及库存商品采用计划成本核算或售价核算的企业，还应按加或减材料成本差异、商品进销差价后的金额填列

（续表）

资产项目	反映内容	填列说明
一年内到期的非流动资产	反映企业将于一年内到期的非流动资产项目金额	据有关科目的期末余额填列
长期股权投资	反映企业持有的对子公司、联营企业和合营企业的长期股权投资	据“长期股权投资”科目的期末余额，减去“长期股权投资减值准备”科目的期末余额后的金额填列
固定资产	反映企业各种固定资产原价减去累计折旧和累计减值准备后的净额	据“固定资产”科目的期末余额，减去“累计折旧”和“固定资产减值准备”科目期末余额后的金额填列
在建工程	反映企业期末各项未完工程的实际支出，包括交付安装的设备价值、未完建筑安装工程已经耗用的材料、工资和费用支出、预付出包工程的价款等可收回金额	据“在建工程”科目的期末余额，减去“在建工程减值准备”科目期末余额后的金额填列
工程物资	反映企业尚未使用的各项工程物资的实际成本	据“工程物资”科目的期末余额填列
固定资产清理	反映企业因出售、毁损、报废等原因转入清理但尚未清理完毕的固定资产的净值，以及固定资产清理过程中所发生的清理费用和变价收入等各项金额的差额	据“固定资产清理”科目的期末借方余额填列，如“固定资产清理”科目期末为贷方余额，以“－”号填列

（续表）

资产项目	反映内容	填列说明
无形资产	反映企业持有的无形资产，包括专利权、非专利技术、商标权、著作权、土地使用权等	据“无形资产”的期末余额，减去“累计摊销”和“无形资产减值准备”科目期末余额后的金额填列
开发支出	反映企业开发无形资产过程中能够资本化形成无形资产成本的支出部分	据“研发支出”科目中所属的“资本化支出”明细科目期末余额填列
长期待摊费用	反映企业已经发生但应由本期和以后各期负担的分摊期限在一年以上的各项费用。长期待摊费用中在一年内(含一年)摊销的部分，在资产负债表“一年内到期的非流动资产”项目填列	据“长期待摊费用”科目的期末余额减去将于一年内(含一年)摊销的数额后的金额填列
其他非流动资产	反映企业除长期股权投资、固定资产、在建工程、工程物资、无形资产等以外的其他非流动资产	据有关科目的期末余额填列

表 17－11　负债项目的填列说明

负债项目	反映内容	填列说明
短期借款	反映企业向银行或其他金融机构等借入的期限在一年以下(含一年)的各种借款	据“短期借款”科目的期末余额填列

（续表）

负债项目	反映内容	填列说明
应付票据	反映企业购买材料、商品和接受劳务供应等而开出、承兑的商业汇票，包括银行承兑汇票和商业承兑汇票	据“应付票据”科目的期末余额填列
应付账款	反映企业因购买材料、商品和接受劳务供应等经营活动应支付的款项	据“应付账款”和“预付账款”科目所属各明细科目的期末贷方余额合计数填列；如“应付账款”科目所属明细科目期末有借方余额的，应在资产负债表“预付款项”项目内填列
预收款项	反映企业按照购货合同规定预付给供应单位的款项	据“预收账款”和“应收账款”科目所属各明细科目的期末贷方余额合计数填列。如“预收账款”科目所属各明细科目期末有借方余额，应在资产负债表“应收账款”项目内填列
应付职工薪酬	反映企业根据有关规定应付给职工的工资、职工福利、社会保险费、住房公积金、工会经费、职工教育经费、非货币性福利、辞退福利等各种薪酬。外商投资企业按规定从净利润中提取的职工奖励及福利基金，也在本项目列示	—
应交税费	反映企业按照税法规定计算应交纳的各种税费，包括增值税、消费税、营业税、所得税、资源税、土地增值税、城市维护建设税、房产税、土地使用税、车船使用税、教育费附加、矿产资源补偿费等。企业代扣代交的个人所得税，也通过本项目列示。企业所交纳的税金不需要预计应交数的，如印花税、耕地占用税等，不在本项目列示	据“应交税费”科目的期末贷方余额填列；如“应交税费”科目期末为借方余额，应以“-”号填列

（续表）

负债项目	反映内容	填列说明
应付利息	反映企业按照规定应当支付的利息，包括分期付息到期还本的长期借款应支付的利息、企业发行的企业债券应支付的利息等	据“应付利息”科目的期末余额填列
应付股利	反映企业分配的现金股利或利润。企业分配的股票股利，不通过本项目列示	据“应付股利”科目的期末余额填列
其他应付款	反映企业除应付票据、应付账款、预收款项、应付职工薪酬、应付股利、应付利息、应交税费等经营活动以外的其他各项应付、暂收的款项	据“其他应付款”科目的期末余额填列
一年内到期的非流动负债	反映非流动负债中将于资产负债表日后一年内到期部分的金额，如将于一年内偿还长期借款	据有关科目的期末余额填列
长期借款	反映企业向银行或其他金融机构借入的期限在一年以上(不含一年)的各项借款	据‘长期借款”科目的期末余额填列
应付债券	反映企业为筹集长期资金而发行的债券本金和利息	据“应付债券”科目的期末余额填列
其他非流动负债	反映企业除长期借款、应付债券等项目以外的其他非流动负债	据有关科目的期末余额填列。其他非流动负债项目应根据有关科目期末余额减去将于一年内(含一年)到期偿还数后的余额填列。非流动负债各项目中将于一年内(含一年)到期的非流动负债，应在“一年内到期的非流动负债”项目内单独反映

表 17－12　所有者权益的填列说明

所有者权益项目	反映内容	填列说明
实收资本（或股本）	反映企业各投资者实际投入的资本（或股本）总额	据“实收资本”（或“股本”）科目的期末余额填列
资本公积	反映企业资本公积的期末余额	据“资本公积”科目的期末余额填列
盈余公积	反映企业盈余公积的期末余额	据“盈余公积”科目的期末余额填列
未分配利润	反映企业尚未分配的利润	据“本年利润”科目和“利润分配”科目的余额计算填列。未弥补的亏损在本项目内以“－”号填列

五、资产负债表编制示例

【例 17－1】 立兴建筑有限公司 2012 年 12 月 31 日的资产负债表（年初余额略）及 2013 年 12 月 31 日的科目余额表分别如表 17－13 和表17－14。假设立兴建筑有限公司 2013 年度除计提固定资产减值准备导致固定资产账面价值与其计税基础存在可抵扣暂时性差异外，其他资产和负债项目的账面价值均等于其计税基础。假定立兴公司未来很可能获得足够的应纳税所得额用来抵扣可抵扣暂时性差异，适用的所得税税率为 25%。

表 17－13　资产负债表

会企 01 表

编制单位：立兴建筑有限公司　　2012 年 12 月 31 日　　单位：元

资产	期末余额	年初余额	负债和股东权益	期末余额	年初余额
流动资产：			流动负债：		
货币资金	1 406 300		短期借款	300 000	
交易性金融资产	15 000		交品性金融负债	0	
应收票据	246 000		应付票据	200 000	

（续表）

资产	期末余额	年初余额	负债和股东权益	期末余额	年初余额
应收账款	299 100		应付账款	953 800	
预付款项	100 000		预收款项	0	
应收利息	0		应付职工薪酬	110 000	
应收股利	0		应交税费	36 600	
其他应收款	5 000		应付利息	1 000	
存货	2 580 000		应付股利	0	
一年内到期的非流动资产	0		其他应付款	50 000	
其他流动资产	100 000		一年内到期的非流动负债	1 000 000	
流动资产合计	4 751 400		其他流动负债	0	
非流动资产：			流动负债合计	2 651 400	
可供出售金融资产	0		非流动负债：		
持有至到期投资	0		长期借款	600 000	
长期应收款	0		应付债券	0	
长期股权投资	250 000		长期应付款	0	
投资性房地产	0		专项应付款	0	
固定资产	1 100 000		预计负债	0	
在建工程	1 500 000		递延所得税负债	0	
工程物资	0		其他非流动负债	0	
固定资产清理	0		非流动负债合计	600 000	
生产性生物资产	0		负债合计	3 251 400	
油气资产	0		股东权益：		
无形资产	600 000		实收资本(或股本)	5 000 000	
开发支出	0		资本公积	0	
商誉	0		减：库存股	0	
长期待摊费用	0		盈余公积	100 000	
递延所得税资产	0		未分配利润	50 000	
其他非流动资产	200 000		股东权益合计	5 150 000	
非流动资产合计	3 650 000				
资产总计	8 401 400		负债和股东权益总计	8 401 400	

表 17－14　科目余额表

单位：元

科目名称	借方余额	科目名称	贷方余额
库存现金	2 000	短期借款	50 000
银行存款	805 831	应付票据	100 000
其他货币资金	7 300	应付账款	953 800
交易性金融资产	0	其他应付款	50 000
应收票据	66 000	应付职工薪酬	180 000
应收账款	600 000	应交税费	226 731
坏账准备	－1 800	应付利息	0
预付账款	100 000	应付股利	32 215.85
其他应收款	5 000	一年内到期的长期负债	0
材料采购	275 000	长期借款	1 160 000
原材料	45 000	股本	5 000 000
周转材料	38 050	盈余公积	124 770.4
库存商品	2 122 400	利润分配(未分配利润)	218 013.75
材料成本差异	4 250		
其他流动资产	100 000		
长期股权投资	250 000		
固定资产	2 401 000		
累计折旧	－170 000		
固定资产减值准备	－30 000		
工程物资	300 000		
在建工程	428 000		
无形资产	600 000		
累计摊销	－60 000		
递延所得税资产	7 500		
其他长期资产	200 000		
合计	8 095 531	合计	8 095 531

根据上述资料，编制立兴建筑有限公司 2013 年 12 月 31 日的资产负债表，如表 17－15 所示。

表 17－15 资产负债表

会企 01 表

编制单位：立兴建筑有限公司　　2013 年 12 月 31 日　　单位：元

资产	期末余额	年初余额	负债和所有者权益（或股东权益）	期末余额	年初余额
流动资产：			流动负债：		
货币资金	815 131	1 406 300	短期借款	50 000	300 000
交易性金融资产	0	15 000	交易性金融负债	0	0
应收票据	66 000	246 000	应付票据	100 000	200 000
应收账款	598 200	299 100	应付账款	953 800	953 800
预付款项	100 000	100 000	预收款项	0	0
应收利息	0	0	应付职工薪酬	180 000	110 000
应收股利	0	0	应交税费	226 731	36 600
其他应收款	5 000	5 000	应付利息	0	1 000
存货	2 484 700	2 580 000	应付股利	32 215.85	0
一年内到期的非流动资产	0	0	其他应付款	50 000	50 000
其他流动资产	100 000	100 000	一年内到期的非流动负债	0	1 000 000
流动资产合计	4 169 031	4 751 400	其他流动负债	0	0
非流动资产：			流动负债合计	1 592 746.85	2 651 400
可供出售金融资产	0	0	非流动负债：		
持有至到期投资	0	0	长期借款	1 160 000	600 000
长期应收款	0	0	应付债券	0	0
长期股权投资	250 000	250 000	长期应付款	0	0
投资性房地产	0	0	专项应付款	0	0
固定资产	2 201 000	1 100 000	预计负债	0	0

（续表）

资产	期末余额	年初余额	负债和所有者权益（或股东权益）	期末余额	年初余额
在建工程	428 000	1 500 000	递延所得税负债	0	0
工程物资	300 000	0	其他非流动负债	0	0
固定资产清理	0	0	非流动负债合计	1 160 000	600 000
生产性生物资产	0	0	负债合计	2 752 746.85	3 251 400
油气资产	0	0	所有者权益（或股东权益）：		
无形资产	540 000	600 000	实收资本（或股本）	5 000 000	5 000 000
开发支出	0	0	资本公积	0	0
商誉	0	0	减：库存股	0	0
长期待摊费用	0	0	盈余公积	124 770.40	100 000
递延所得税资产	7 500	0	未分配利润	218 013.75	50 000
其他非流动资产	200 000	200 000	所有者权益（或股东权益）合计	5 342 784.15	5 150 000
非流动资产合计	3 926 500	3 650 000			
资产总计	8 095 531	8 401 400	负债和所有者权益（或股东权益）总计	8 095 531	8 401 400

第三节　利润表

一、利润表的概念和作用

利润表是指反映企业在一定会计期间的经营成果的报表。通过提供利润表，可以反映企业在一定会计期间收入、费用、利润（或亏损）的数额、构成情况，帮助财务报表使用者全面了解企业的经营成果，分析企业的获利能力及盈利增长趋势，从而为其作出经济决策提供依据。

二、利润表的编制

1. 利润表的编制步骤

利润表的编制步骤如图 17－3 所示。

以营业收入为基础，减去营业成本、营业税金及附加、销售费用、管理费用、财务费用、资产减值损失，加上公允价值变动收益（减去公允价值变动损失）和投资收益减去投资损失），计算出营业利润

以营业利润为基础，加上营业外收入，减去营业外支出，计算出利润总额

以利润总额为基础，减去所得税费用，计算出净利润（或净亏损）

图 17－3　利润表编制的三个步骤

普通股或潜在普通股已公开交易的企业及正处于公开发行普通股或潜在普通股过程中的企业，还应当在利润表中列示每股收益信息。

2. 利润表项目的填列方法

利润表各项目均需填列“本期金额”和“上期金额”两栏。

在编制中期利润表时，“本期金额”栏应分为“本期金额”和“年初至本期末累计发生额”两栏，分别填列各项目本期(月、季或半年)各项目实际发生额，以及自年初起至本期(月、季或半年)末止的累计实际发生额。“上期金额”栏应分为“上年可比本期金额”和“上年初至可比本期末累计发生额”两栏，应根据上年可比中期利润表“本期金额”下对应的两栏数字分别填列。上年度利润表与本年度利润表的项目名称和内容不一致的，应对上年度利润表项目的名称和数字按本年度的规定进行调整。年终结账时，由于全年的收入和支出已全部转入“本年利润”科目，并且通过收支对比结出本年净利润的数额。因此，应将年度利润表中的“净利润”数字，与“本年利润”科目结转到“利润分配——未分配利润”科目的数字相核对，检查账簿记录和报表编制的正确性。

利润表中“本期金额”、“上期金额”栏内各项数字，除“每股收益”项目

外，应当按照相关科目发生额分析填列。

3. 利润表项目的填列说明

利润表项目的填列说明如表 17－16 所示。

表 17－16　利润表项目的填列说明

利润表项目	反映内容	填列说明
营业收入	反映企业经营主要业务和其他业务所确认的收入总额	据“主营业务收入”和“其他业务收入”科目的发生额分析填列
营业成本	反映企业经营主要业务和其他业务所发生的成本总额	据“主营业务成本”和“其他业务成本”科目的发生额分析填列
营业税金及附加	反映企业经营业务应负担的消费税、营业税、城市建设维护税、资源税、土地增值税和教育费附加等	据“营业税金及附加”科目的发生额分析填列
销售费用	反映企业在销售商品过程中发生的包装费、广告费等费用和为销售本企业商品而专设的销售机构的职工薪酬、业务费等经营费用	据“销售费用”科目的发生额分析填列
管理费用	反映企业为组织和管理生产经营发生的管理费用	据“管理费用”的发生额分析填列
财务费用	反映企业筹集生产经营所需资金等而发生的筹资费用	据“财务费用”科目的发生额分析填列
资产减值损失	反映企业各项资产发生的减值损失	据“资产减值损失”科目的发生额分析填列
公允价值变动收益	反映企业应当计入当期损益的资产或负债公允价值变动收益	据“公允价值变动损益”科目的发生额分析填列，如为净损失，本项目以“－”号填列

（续表）

利润表项目	反映内容	填列说明
投资收益	反映企业以各种方式对外投资所取得的收益	据“投资收益”科目的发生额分析填列。如为投资损失，本项目以“-”号填列
营业利润	反映企业实现的营业利润	如为亏损，本项目以“-”号填列
营业外收入	反映企业发生的与经营业务无直接关系的各项收入	据“营业外收入”科目的发生额分析填列
营业外支出	反映企业发生的与经营业务无直接关系的各项支出	据“营业外支出”科目的发生额分析填列
利润总额	反映企业实现的利润	如为亏损，本项目以“-”号填列
所得税费用	反映企业应从当期利润总额中扣除的所得税费用	据“所得税费用”科目的发生额分析填列
净利润	反映企业实现的净利润	如为亏损，本项目以“-”号填列

二、利润表编制示例

【例17-2】接**【例17-1】**，立兴股份有限公司2013年度有关损益类科目本年累计发生净额如表17-17所示。

表17-17　立兴股份有限公司损益类科目2013年度累计发生净额

单位：元

科目名称	借方发生额	贷方发生额
主营业务收入		1 250 000
主营业务成本	750 000	
营业税金及附加	2 000	
销售费用	20 000	
管理费用	157 100	
财务费用	41 500	

（续表）

科目名称	借方发生额	贷方发生额
资产减值损失	30 900	
投资收益		31 500
营业外收入		50 000
营业外支出	19 700	
所得税费用	85 300	

根据上述资料，编制立兴建设有限公司2013年度利润表，如表17－18所示。

表17－18　利润表

会企02表

编制单位：立兴建设有限公司　　　　2013年　　　　单位：元

项目	本期金额	上期金额（略）
一、营业收入	1 250 000	
减：营业成本	750 000	
营业税金及附加	2 000	
销售费用	20 000	
管理费用	157 100	
财务费用	41 500	
资产减值损失	30 900	
加：公允价值变动收益（损失以"－"号填列）	0	
投资收益（损失以"－"号填列）	31 500	
其中：对联营企业和合营企业的投资收益	0	
二、营业利润（亏损以"－"号填列）	280 000	
加：营业外收入	50 000	
减：营业外支出	19 700	
其中：非流动资产处置损失	（略）	
三、利润总额（亏损总额以"－"号填列）	310 300	
减：所得税费用	85 300	

（续表）

项目	本期金额	上期金额（略）
四、净利润（净亏损以"－"号填列）	225 000	
五、每股收益：	（略）	
（一）基本每股收益		
（二）稀释每股收益		
六、综合收益		
（一）其他综合收益		
（二）综合收益总额		

第四节　现金流量表

一、现金流量表的概念和作用

现金流量表是反映企业在一定会计期间现金和现金等价物流入和流出的报表。

通过现金流量表，可以为报表使用者提供企业一定会计期间内现金和现金等价物流入和流出的信息，便于使用者了解和评价企业获取现金和现金等价物的能力，据以预测企业未来现金流量。

二、现金流量及其分类

现金流量的相关概念介绍如表 17－19 所示，现金流量的分类及产生如表 17－20所示。

表 17－19　现金流量的相关概念

概念	具体含义	相关说明
现金流量	一定会计期间内企业现金和现金等价物的流入和流出	企业从银行提取现金、用现金购买短期到期的国库券等现金和现金等价物之间的转换不属于现金流量

（续表）

概念	具体含义	相关说明
现金	企业库存现金以及可以随时用于支付的存款，包括库存现金、银行存款和其他货币资金(如外埠存款、银行汇票存款、银行本票存款等)等	不能随时用于支付的存款不属于现金
现金等价物	企业持有的期限短、流动性强、易于转换为已知金额现金、价值变动风险很小的投资。期限短，一般是指从购买日起三个月内到期	通常包括三个月内到期的债券投资等。权益性投资变现的金额通常不确定，因而不属于现金等价物。企业应当根据具体情况，确定现金等价物的范围，一经确定不得随意变更

表 17－20　现金流量的分类及产生

现金流量的分类	相关活动的概念	现金流的产生途径
经营活动产生的现金流量	经营活动：企业投资活动和筹资活动以外的所有交易和事项	销售商品或提供劳务、购买商品、接受劳务、支付工资和交纳税款等流入和流出的现金和现金等价物
投资活动产生的现金流量	投资活动：企业长期资产的购建和不包括在现金等价物范围内的投资及其处置活动	购建固定资产、处置子公司及其他营业单位等流入和流出的现金和现金等价物
筹资活动产生的现金流量	筹资活动：导致企业资本及债务规模和构成发生变化的活动	吸收投资、发行股票、分配利润、发行债券、偿还债务等流入和流出的现金和现金等价物。偿付应付账款、应付票据等商业应付款等属于经营活动，不属于筹资活动

三、现金流量表的编制

企业应当采用直接法列示经营活动产生的现金流量。直接法，是指通过现金收入和现金支出的主要类别列示经营活动的现金流量。采用直接法编制经营活动的现金流量时，一般以利润表中的营业收入为起算点，调整与经营活动有关的项目的增减变动，然后计算出经营活动的现金流量。采用直接法具体编制现金流量表时，可以采用工作底稿法或T型账户法，也可以根据有关科目记录分析填列。对经营活动产生的现金流量的介绍如表17－21所示，投资活动产生的现金流量的介绍如表17－22所示，筹资活动产生的现金流量如表17－23所示。

表17－21　经营活动产生的现金流量

现金流	具体内容
销售商品、提供劳务收到的现金	反映企业本年销售商品、提供劳务收到的现金，以及以前年度销售商品、提供劳务本年收到的现金（包括应向购买者收取的增值税销项税额）和本年预收的款项，减去本年销售本年退回商品和以前年度销售本年退回商品支付的现金。企业销售材料和代购代销业务收到的现金，也在本项目反映
收到的税费返还	反映企业收到返还的所得税、增值税、营业税、消费税、关税和教育费附加等各种税费返还款
收到其他与经营活动有关的现金	反映企业经营租赁收到的租金等其他与经营活动有关的现金流入，金额较大的应当单独列示
购买商品、接受劳务支付的现金	反映企业本年购买商品、接受劳务实际支付的现金（包括增值税进项税额），以及本年支付以前年度购买商品、接受劳务的未付款项和本年预付款项，减去本年发生的购货退回收到的现金。企业购买材料和代购代销业务支付的现金，也在本项目反映
支付给职工以及为职工支付的现金	反映企业本年实际支付给职工的工资、奖金、各种津贴和补贴等职工薪酬（包括代扣代缴的职工个人所得税）
支付的各项税费	反映企业本年发生并支付、以前各年发生本年支付以及预交的各项税费，包括所得税、增值税、营业税、消费税、印花税、房产税、土地增值税、车船使用税、教育费附加等
支付其他与经营活动有关的现金	反映企业经营租赁支付的租金、支付的差旅费、业务招待费、保险费、罚款支出等其他与经营活动有关的现金流出，金额较大的应当单独列示

表 17－22 投资活动产生的现金流量

现金流	具体内容
收回投资收到的现金	反映企业出售、转让或到期收回除现金等价物以外的对其他企业长期股权投资而收到的现金，但处置子公司及其他营业单位收到的现金净额除外
取得投资收益收到的现金	反映企业除现金等价物以外的对其他企业的长期股权投资等分回的现金股利和利息等
处置固定资产、无形资产和其他长期资产收回的现金净额	反映企业出售、报废固定资产、无形资产和其他长期资产所取得的现金（包括因资产毁损而收到的保险赔偿收入），减去为处置这些资产而支付的有关费用后的净额
处置子公司及其他营业单应收到的现金净额	反映企业处置子公司及其他营业单位所取得的现金，减去相关处置费用以及子公司及其他营业单位持有的现金和现金等价物后的净额
购建固定资产、无形资产和其他长期资产支付的现金	反映企业购买、建造固定资产、取得无形资产和其他长期资产所支付的现金（含增值税款等），以及用现金支付的应由在建工程和无形资产负担的职工薪酬
投资支付的现金	反映企业取得除现金等价物以外的对其他企业的长期股权投资所支付的现金以及支付的佣金、手续费等附加费用，但取得子公司及其他营业单位支付的现金净额除外
取得子公司及其他营业单位支付的现金净额	反映企业购买子公司及其他营业单位购买出价中以现金支付的部分，减去子公司及其他营业单位持有的现金和现金等价物后的净额
收到其他与投资活动有关的现金与支付其他与投资活动有关的现金	反映企业除上述七项外收到或支付的其他与投资活动有关的现金，金额较大的应当单独列示

表 17－23　筹资活动产生的现金流量

现金流	具体内容
吸收投资收到的现金	反映企业以发行股票、债券等方式筹集资金实际收到的款项，减去直接支付的佣金、手续费、宣传费、咨询费、印刷费等发行费用后的净额
取得借款收到的现金	反映企业举借各种短期、长期借款而收到的现金
偿还债务支付的现金	反映企业为偿还债务本金而支付的现金
分配股利、利润或偿付利息支付的现金	反映企业实际支付的现金股利、支付给其他投资单位的利润或用现金支付的借款利息、债券利息
收到其他与筹资活动有关的现金、支付其他与筹资活动有关的现金	反映企业除上述四项外收到或支付的其他与筹资活动有关的现金，金额较大的应当单独列示

“汇率变动对现金及现金等价物的影响”项目，反映下列项目之间的差额：

企业外币现金流量折算为记账本位币时，采用现金流量发生日的即期汇率近似的汇率折算的金额（编制合并现金流量表时折算境外子公司的现金流量，应当比照处理）。

企业外币现金及现金等价物净增加额按年末汇率折算的金额填列。

四、现金流量表编制示例

【例 17－3】接【例 17－1】和【例 17－2】，立兴公司其他相关资料如下：

2013 年度利润表有关项目的明细资料如下：

① 管理费用的组成：职工薪酬 80 000 元，无形资产摊销 30 000 元，折旧费 20 000 元，支付其他费用 23 100 元。

② 财务费用的组成：计提借款利息 10 500 元，支付应收票据（银行承兑汇票）贴现利息 30 000 元。

③ 资产减值损失的组成：计提坏账准备 800 元，计提固定资产减值准备 30 000 元。上年年末坏账准备余额为 800 元。

④ 投资收益的组成：收到股息收入 90 500 元，与本金一起收回的交易性股票投资收益 500 元，自公允价值变动损益结转投资收益 4 000 元。

⑤ 营业外收入的组成：处置固定资产净收益 150 000 元（其所处置固定资产原价为 400 000 元，累计折旧为 250 000 元。收到处置收入 300 000 元）。假定不考虑与固定资产处置有关的税费。

⑥ 营业外支出的组成：报废固定资产净损失 18 500 元（其所报废固定资产原价为 200 000 元，累计折旧为 180 000 元，支付清理费用 300 元，收到残值收入 1 800 元）。

⑦ 所得税费用的组成：当期所得税费用 212 500 元，递延所得税收益 7 500 元。

除上述项目外，利润表中的销售费用 180 000 元至期末已经支付。

资产负债表有关项目的明细资料如下：

① 本期收回交易性股票投资本金 15 000 元、公允价值变动 4 000 元，同时实现投资收益 500 元。

② 存货中生产成本、制造费用的组成：职工薪酬 353 800 元，折旧费 90 000 元。

③ 应交税费的组成：本期增值税进项税额 165 512 元，增值税销项税额 207 536 元，已交增值税 10 000 元；应交所得税期末余额为 21 376 元，应交所得税期初余额为 0；应交税费期末数中应由在建工程负担的部分为 100 000 元。

④ 应付职工薪酬的期初数无应付在建工程人员的部分，本期支付在建工程人员职工薪酬 200 000 元。应付职工薪酬的期末数中，应付在建工程人员的部分为 25 000 元。

⑤ 应付利息均为短期借款利息，其中本期计提利息 10 500 元，支付利息 10 500 元。

⑥ 本期用现金购买固定资产 1 200 000 元，工程物资 100 000 元。

⑦ 本期用现金偿还短期借款 250 000 元，偿还一年内到期的长期借款 501 000 元，借入长期借款 560 000 元。

根据以上资料，采用分析填列的方法，编制立兴公司 2013 年度的现金流量表。

立兴股份有限公司2013年度现金流量表各项目金额，分析确定如下：

① 销售商品、提供劳务收到的现金 = 主营业务收入 + 应交税费(应交增值税——销项税额) + (应收账款年初余额 - 应收账款期末余额) + (应收票据年初余额 - 应收票据期末余额) - 当期计提的坏账准备 - 票据贴现的利息 = 1 250 000 + 212 500 + (299 100 - 598 200) + (246 000 - 66 000) - 900 - 30 000 = 1 312 500(元)。

② 购买商品、接受劳务支付的现金 = 主营业务成本 + 应交税费(应交增值税——进项税额) - (存货年初余额 - 存货期末余额) + (应付账款年初余额 - 应付账款期末余额) + (应付票据年初余额 - 应付票据期末余额) + (预付账款期末余额 - 预付账款年初余额) - 当期列入生产成本、制造费用的职工薪酬 - 当期列入生产成本、制造费用的折旧费和固定资产修理费 = 750 000 + 42 466 - (2 580 000 - 2 484 700) + (953 800 - 953 800) + (200 000 - 100 000) + (100 000 - 100 000) - 324 900 - 80 000 = 392 266(元)。

③支付给职工以及为职工支付的现金 = 生产成本、制造费用、管理费用中职工薪酬 + (应付职工薪酬年初余额 - 应付职工薪酬期末余额) - [应付职工薪酬(在建工程)年初余额 - 应付职工薪酬(在建工程)期末余额] = 324 900 + 17 100 + (110 000 - 180 000) - (0 - 28 000) = 300 000(元)。

④ 支付的各项税费 = 当期所得税费用 + 营业税金及附加 + 应交税费(应交增值税——已交税金) - (应交所得税期末余额 - 应交所得税期初余额) = 92 800 + 2 000 + 100 000 - (20 097 - 0) = 174 703(元)。

⑤ 支付其他与经营活动有关的现金 = 其他管理费用 + 销售费用 = 60 000 + 20 000 = 80 000(元)。

⑥ 收回投资收到的现金 = 交易性金融资产贷方发生额 + 与交易性金融资产一起收回的投资收益 = 16 000 + 500 = 16 500(元)。

⑦ 取得投资收益收到的现金 = 收到的股息收入 = 30 000(元)。

⑧ 处置固定资产收回的现金净额 = 300 000 + (800 - 500) = 300 300(元)。

⑨ 购建固定资产支付的现金 = 用现金购买的固定资产、工程物资 + 支付给在建工程人员的薪酬 = 101 000 + 300 000 + 200 000 = 601 000(元)。

⑩ 取得借款收到的现金＝560 000（元）。

⑪ 偿还债务支付的现金＝250 000＋1 000 000＝1 250 000（元）。

⑫ 偿付利息支付的现金＝12 500（元）。

将净利润调节为经营活动现金流量各项目计算分析如下：

① 资产减值准备＝900＋30 000＝30 900（元）。

② 固定资产折旧＝20 000＋80 000＝100 000（元）。

③ 无形资产摊销＝60 000（元）。

④ 处置固定资产、无形资产和其他。

长期资产的损失（减：收益）＝－50 000（元）。

⑤ 固定资产报废损失＝19 700（元）。

⑥ 财务费用＝11 500（元）。

⑦ 投资损失（减：收益）＝－31 500（元）。

⑧ 递延所得税资产减少＝0－7 500＝－7 500（元）。

⑨ 存货的减少＝2 580 000－2 484 700＝95 300（元）。

⑩ 经营性应收项目的减少＝（246 000－66 000）＋（299 100＋900－598 200－1 800）＝－120 000（元）。

⑪ 经营性应付项目的增加＝（100 000－200 000）＋（953 800－953 800）＋［（180 000－28 000）－110 000］＋［（226 731－100 000）－36 600］＝32 131（元）。

根据上述数据，编制现金流量表（如表17－24）及其补充资料（如表17－25）。

表17－24 现金流量表

会企03表

编制单位：立兴股份有限公司　　　　2013年　　　　单位：元

项目	本期金额	上期金额
一、经营活动产生的现金流量：		略
销售商品、提供劳务收到的现金	1 312 500	
收到的税费返还	0	
收到其他与经营活动有关的现金	0	
经营活动现金流入小计	1 312 500	

（续表）

项目	本期金额	上期金额
购买商品、接受劳务支付的现金	392 266	
支付给职工以及为职工支付的现金	300 000	
支付的各项税费	174 703	
支付其他与经营活动有关的现金	80 000	
经营活动现金流出小计	946 969	
经营活动产生的现金流量净额	365 531	
二、投资活动产生的现金流量：		
收回投资收到的现金	16 500	
取得投资收益收到的现金	30 000	
处置固定资产、无形资产和其他长期资产收回的现金净额	300 300	
处置子公司及其他营业单位收到的现金净额	0	
收到其他与投资活动有关的现金	0	
投资活动现金流入小计	346 800	
购建固定资产、无形资产和其他长期资产支付的现金	601 000	
投资支付的现金	0	
取得子公司及其他营业单位支付的现金净额	0	
支付其他与投资活动有关的现金	0	
投资活动现金流出小计	601 000	
投资活动产生的现金流量净额	−254 200	
三、筹资活动产生的现金流量：		
吸收投资收到的现金	0	
取得借款收到的现金	560 000	
收到其他与筹资活动有关的现金	0	
筹资活动现金流入小计	560 000	
偿还债务支付的现金	1 250 000	

（续表）

项目	本期金额	上期金额
分配股利、利润或偿付利息支付的现金	12 500	
支付其他与筹资活动有关的现金	0	
筹资活动现金流出小计	1 262 500	
筹资活动产生的现金流量净额	-702 500	
四、汇率变动对现金及现金等价物的影响	0	
五、现金及现金等价物净增加额	-591 169	
加：期初现金及现金等价物余额	1 406 300	
六、期末现金及现金等价物余额	815 131	

表 17-25　现金流量表补充资料

补充资料	本期金额	上期金额
1. 将净利润调节为经营活动现金流量：		略
净利润	225 000	
加：资产减值准备	30 900	
固定资产折旧、油气资产折耗、生产性生物资产折旧	100 000	
无形资产摊销	60 000	
长期待摊费用摊销	0	
处置固定资产、无形资产和其他长期资产的损失（收益以"-"号填列）	-50 000	
固定资产报废损失（收益以"-"号填列）	19 700	
公允价值变动损失（收益以"-"号填列）	0	
财务费用（收益以"-"号填列）	11 500	
投资损失（收益以"-"号填列）	-31 500	
递延所得税资产减少（增加以"-"号填列）	-2 500	

（续表）

补充资料	本期金额	上期金额
递延所得税负债增加（减少以"－"号填列）	0	
存货的减少（增加以"－"号填列）	95 300	
经营性应收项目的减少（增加以"－"号填列）	－120 000	
经营性应付项目的增加（减少以"－"号填列）	32 131	
其他	0	
经营活动产生的现金流量净额	365 531	
2. 不涉及现金收支的重大投资和筹资活动：		
债务转为资本	0	
一年内到期的可转换公司债券	0	
融资租入固定资产	0	
3. 现金及现金等价物净变动情况：		
现金的期末余额	815 131	
减：现金的期初余额	1 406 300	
加：现金等价物的期末余额	0	
减：现金等价物的期初余额	0	
现金及现金等价物净增加额	－591 169	

第五节　所有者权益变动表

一、所有者权益变动表的内容及结构

所有者权益变动表的内容及结构如表 17－26 所示。

表 17－26　所有者权益变动表的内容及结构

项目	内容
所有者权益变动表	反映构成所有者权益各组成部分当期增减变动情况的报表
结构	当期损益、所有者权益的利得和损失，以及与所有者的资本交易导致的所有者权益的变动分别列示
单独列示反映的信息项目	净利润；直接所有者权益的利得和损失项目及其总额；会计政策变更和差错更正的累积影响金额；所有者投入资本和向所有者分配利润等；提取的盈余公积；实收资本或股本、资本公积、盈余公积、未分配利润的期初和期末余额及其调节情况

二、所有者权益变动表的填列方法

“上年年末余额”项目，反映企业上年资产负债表中实收资本(或股本)、资本公积、库存股、盈余公积、未分配利润的年末余额。

“会计政策变更”、“前期差错更正”项目，分别反映企业采用追溯调整法处理的会计政策变更的累积影响金额和采用追溯重述法处理的会计差错更正的累积影响金额。

“本年增减变动额”项目(如表 17－26 所示)。

【例 17－4】接**【例 17－1】**、**【例 17－2】**和**【例 17－3】**，立兴股份有限公司其他相关资料为：提取盈余公积 24 770.4 元，向投资者分配现金股利 32 215.85元。

根据上述资料，编制立兴股份有限公司 2013 年度的所有者权益变动表，如表 17－27 所示。

表 17－27　所有者权益变动表

会企 04 表

编制单位：立兴股份有限公司　　2013 年度　　单位：元

项　目	本年金额						上年金额					
	实收资本（或股本）	资本公积	减：库存股	盈余公积	未分配利润	所有者权益合计	实收资本（或股本）	资本公积	减：库存股	盈余公积	未分配利润	所有者权益合计
一、上年年末余额	5 000 000	0	0	100 000	50 000	5 150 000						
加：会计政策变更												
前期差错更正												
二、本年年初余额	5 000 000	0	0	100 000	50 000	5 150 000						
三、本年增减变动金额（减少以“－”号填列）												
（一）净利润					225 000	225 000						
（二）直接计入所有者权益的利得和损失												
1. 可供出售金融资产公允价值变动净额												

（续表）

项目	本年金额						上年金额					
	实收资本（或股本）	资本公积	减：库存股	盈余公积	未分配利润	所有者权益合计	实收资本（或股本）	资本公积	减：库存股	盈余公积	未分配利润	所有者权益合计
2. 权益法下被投资单位其他所有者权益变动的影响												
3. 与计入所有者权益项目相关的所得税影响												
4. 其他												
上述（一）和（二）小计												
（三）所有者投入和减少资本												
1. 所有者投入资本												
2. 股份支付计入所有者权益的金额												
3. 其他												

（续表）

项　目	本年金额						上年金额					
	实收资本（或股本）	资本公积	减：库存股	盈余公积	未分配利润	所有者权益合计	实收资本（或股本）	资本公积	减：库存股	盈余公积	未分配利润	所有者权益合计
（四）利润分配												
1. 提取盈余公积				24 770.4	-24 770.4	0						
2. 对所有者（或股东）的分配					-32 215.85	-32 215.85						
3. 其他												
（五）所有者权益内部结转												
1. 资本公积转增资本（或股本）												
2. 盈余公积转增资本（或股本）												
3. 盈余公积弥补亏损												
4. 其他												
四、本年年末余额	5 000 000	0	0	124 770.4	190 717.75	5 315 488.15						

第六节 一般企业报表附注

一、报表附注包含的主要内容

报表附注包含的主要内容如图 17－4 所示。

报表附注包含的内容

- （一）企业的基本情况：
  ① 企业注册地、组织形式和总部地址；
  ② 企业的业务性质和主要经营活动；
  ③ 母公司以及集团最终母公司的名称；
  ④ 财务报告的批准报出者和财务报告批准报出日
- （二）财务报表的编制基础
- （三）遵循企业会计准则的声明：企业应当声明编制的财务报表符合《企业会计准则》的要求，真实、完整地反映了企业的财务状况、经营成果和现金流量等有关信息
- （四）重要会计政策和会计估计：企业应当披露采用的重要会计政策和会计估计，在披露重要会计政策和会计估计时，应当披露重要会计政策的确定依据和财务报表项目的计量基础，以及会计估计中所采用的关键假设和不确定因素
- （五）会计政策和会计估计变更以及差错更正的说明：企业应当按照《企业会计准则第28号——会计政策、会计估计变更和差错更正》及其应用指南的规定，披露会计政策和会计估计变更以及差错更正的有关情况
- （六）报表重要项目的说明
- （七）或有事项：按照《企业会计准则第13 号——或有事项》第十四条和第十五条的相关规定进行披露
- （八）资产负债表日后事项
  ① 每项重要的资产负债表日后非调整事项的性质、内容，及其对财务状况和经营成果的影响，无法作出估计的，应当说明原因；
  ② 资产负债表日后，企业利润分配方案中拟分配的以及经审议批准宣告发放的股利或利润
- （九）关联方关系及其交易

图 17－4 报表附注包含的内容

二、报表重要项目的说明

企业对报表重要项目的说明，应当按照资产负债表、利润表、现金流量表、所有者权益变动表及其项目列示的顺序，采用文字和数字描述相结合的方式进行披露。报表重要项目的明细金额合计，应当与报表项目金额相衔接。